Reihe Praxis Deutsch
Herausgegeben von Jürgen Baurmann
und Clemens Kammler



Juliane Köster

# Aufgaben im Deutschunterricht

## Wirksame Lernangebote und Erfolgskontrollen

Klett | Kallmeyer

Bibliografische Information der Deutschen Nationalbibliothek
Die Deutsche Nationalbibliothek verzeichnet diese Publikation in der Deutschen Nationalbibliografie; detaillierte bibliografische Daten sind im Internet über http://dnb.d-nb.de abrufbar.

**Impressum**

Juliane Köster
**Aufgaben im Deutschunterricht**
Wirksame Lernangebote und Erfolgskontrollen

Erschienen in der Reihe *Praxis Deutsch*
Herausgegeben von Jürgen Baurmann und Clemens Kammler

1. Auflage 2016



Cover: unter Verwendung eines Motivs von © Serghei Velusceac - Fotolia.com
Redaktion: Michael Banse, Leipzig
Realisation: Stefan Zielasko
Druck: BELTZ Bad Langensalza GmbH, Bad Langensalza
Printed in Germany

ISBN: 978-3-7800-4806-6

Juliane Köster

# Aufgaben im Deutschunterricht

## Wirksame Lernangebote und Erfolgskontrollen

Klett | Kallmeyer

## Teil B

# Vorwort

**Warum ein Aufgabenbuch?**

Aufgaben sind das Herzstück des Unterrichts. Lernaufgaben bewegen die Schüler[1] zu aktivem Wissenserwerb und zur Problembearbeitung. Indem sie die Schüler in den Dialog mit den Lernanforderungen bringen, sind sie die Alternative zum rezeptiven Nachvollzug, wie ihn Lehrervortrag oder Lehrbuchtexte fordern. Als Leistungsaufgaben sind sie Hebel des Leistungsausweises. Ob diese Funktionen in konkreten Situationen mit konkreten Schülern erfüllt werden, ist eine Frage der jeweiligen Aufgabenmerkmale, die seit PISA 2000 zunehmend ausdifferenziert wurden. Diese neueren Erträge der Aufgabenforschung sind ein weiterer Grund für dieses Buch. Denn didaktische Reflexion und kollegialer Austausch sind auf präzise und prägnante Unterscheidungen angewiesen. Zwar ist bereits in den Erprobungsfassungen der „Einheitliche[n] Prüfungsanforderungen in der Abiturprüfung" (1975 ff.) nicht nur zwischen „inhaltsbezogenen Kenntnissen und Fähigkeiten" und „methodenbezogenen Kenntnissen und Fähigkeiten" unterschieden worden, sondern auch zwischen drei „Lernzielkontrollebenen", die die Makro-Operatoren „Wiedergeben", „Zusammenhänge herstellen", „Reflektieren und beurteilen"[2] einführten, und damit die Unterscheidung zentraler kognitiver Anforderungen ermöglichten. Aber diese Unterscheidungen wurden nicht als didaktisch sinnvolles Instrument wahrgenommen, sondern als Normierungsversuch, der „heftige Diskussionen und kraftvolle Abwehrkämpfe"[3] provozierte. Das führte zu einem Jahrzehnte währenden Stillstand. Erst in der Diskussion der PISA-Leseaufgaben wurden nicht nur die unterschiedlichen Dimensionen kognitiver Tätigkeit wieder aufgegriffen, sondern auch unterschiedliche Aufgabenformate debattiert. Damit ließen sich sinnlich wahrnehmbare exekutive Tätigkeiten – wie „unterstreichen", „ankreuzen", „eine Lücke füllen", „einen Fließtext verfassen" – als Indikatoren bestimmter unsichtbarer geistiger Leistungen von eben diesen abgrenzen. Ob „ankreuzen" eine dem Deutschunterricht angemessene Anforderung sei, wurde zum Gegenstand heftiger Auseinandersetzung. Vor diesem Hintergrund erscheint es lohnend, die in den darauf folgenden 15 Jahren getroffenen Forschungserträge einem breiteren Publikum vorzustellen und offenzulegen, was Aufgaben lern- und leistungswirksam macht.

---

1 Um des besseren Leseflusses willen ist in diesem Buch das generische Maskulinum verwendet, das die Feminina gleichzeitig mit meint.

2 http://www.kmk.org/fileadmin/Dateien/veroeffentlichungen_beschluesse/2004/2004_10_15-Bildungsstandards-Deutsch-Primar.pdf, S. 17

3 Dieter Lenzen (2012): Lehrerbildung in Deutschland – Lost in Translation. https://www.uni-hamburg.de/uhh/organisation/praesidium/praesident/lehrerbildung-deutschland.pdf, S. 3.

**Was bietet das Buch?**
Das Buch gründet in der Überzeugung, dass Theorie eine gute Sache ist, und setzt deshalb auf die produktive Wechselwirkung von Aufgabentheorie und Aufgabenpraxis. Deshalb bietet es in beiden Teilen Aufgabenbeispiele, die mit dem Buchstaben A und einer Klammer im Text kenntlich gemacht sind. In Teil A stehen sie im Dienst der theoretischen Darstellung und konkretisieren zentrale Aufgabenmerkmale. Demgegenüber sind die Aufgaben im Teil B als Aufgabensequenzen angelegt, die auch im Download (kenntlich mit dem Symbol ) angeboten werden. Sie bilden eine Folge von Lern- und Übungsaufgaben, die in eine Leistungsaufgabe münden. Ob die vorgeschlagenen Aufgaben funktionieren, darüber kann nur die Erprobung befinden. Vor diesem Hintergrund gilt also: Die Aufgaben in Teil B sind *keine Rezepte*. Sie sind das Produkt geistiger Anstrengung und unterrichtlicher Erfahrung. Sie sind darüber hinaus Resultat externer Revision eines Lehrerkollegen, Herrn Dr. Wolfgang Bick, und des vorzüglichen Lektorats durch Herrn Michael Banse. Sie profitieren von zahllosen Gesprächen mit Kolleginnen und Kollegen. Unter ihnen danke ich besonders Dr. Thomas Berger, Maria Geipel und Dr. Marie Lessing-Sattari. Unter den Schülerinnen und Schülern hat vor allem Hannah Matuschek zur Evaluation einzelner Aufgaben beigetragen. Ihr sei ebenso gedankt wie Kerstin Wuthenow für die engagierte Korrektur der Druckfahne.

Es ist jedoch nicht auszuschließen, dass sich einzelne Aufgaben für einige Schüler oder Schülergruppen als ungeeignet erweisen. Ebenso wenig ist auszuschließen, dass einige Aufgaben nicht den Geschmack aller Lehrkräfte treffen. Denn Aufgaben haben, wie die Studie von Iris Winkler gezeigt hat, in erheblichem Maß mit didaktischen Überzeugungen zu tun. Deshalb gilt für alle Aufgaben in Teil B: Sie müssen nicht in der vorliegenden Form genutzt werden. Sie sind offen für Modifikation und erfüllen auch dann ihren Zweck, wenn sie Anregung liefern oder zur Entwicklung neuer Aufgaben motivieren. Denn gerade in der Aufgabendebatte sind ideologische Barrieren besonders wirksam. Ob eine Aufgabe als zu leicht oder zu schwer betrachtet wird, als zu offen oder als zu kleinschrittig, als zu komplex oder zu einfach, als zu abstrakt, als zu wenig motivierend, ist häufiger eine Sache des Prinzips als der Empirie. Entscheidend ist deshalb, dass die Aufgaben erprobt und die Lösungen sorgfältig evaluiert werde. Nur so lässt sich ermitteln, was die Aufgabe tatsächlich leistet: Wozu sie die einzelnen Schüler bewegt, woran diese sich abarbeiten, wo sie straucheln und welchen Anforderungen sie sich verweigern.

Lern- und Leistungsaufgaben sind nicht nur für Schüler eine Herausforderung, sondern auch für die Lehrkräfte. Sache der Schüler ist es, eine angemessene Lösung zu finden, und Sache der Lehrkräfte, die Lösungen vor dem Hintergrund der Aufgabe prüfen, um herauszufinden, unter welchen Bedingungen Aufgaben optimale Lern- und Leistungsmotivatoren sind.

Juliane Köster — Jena, im Mai 2016

# Teil A

# 1. Warum Aufgabenreflexion wichtig ist

Im Deutschunterricht gelten Aufgaben als selbstverständlicher Bestandteil des Lehrerhandelns, sodass sie lange wenig reflexive Aufmerksamkeit erfahren haben. Ausgelöst durch PISA 2000 und unterstützt durch entsprechende Orientierungen in der Lernforschung wird eine theoriegeleitete Diskussion von Lern- und Leistungsaufgaben in der wissenschaftlichen Deutschdidaktik jedoch zunehmend wahrnehmbar. Neu ist zum einen, dass die Aufgabe als das zentrale Element des Unterrichts betrachtet wird. Neu ist zum anderen, dass der Blick auf Aufgaben sehr viel differenzierter geworden ist. Es liegen Forschungsergebnisse zu Aspekten der Auswahl, Wirksamkeit und Schwierigkeit von Aufgaben vor sowie zur Bedeutung von Operatoren und zur Rolle des Vorwissens beim Textverstehen. Auf dieser Basis können Lehrkräfte lernwirksame Entscheidungen treffen. Denn die Güte einer Aufgabe hängt nicht von einzelnen Merkmalen ab, sondern davon, ob sie ihre Funktion bestmöglich erfüllt. Eine Lernaufgabe ist gut, wenn ihre Bearbeitung dazu führt, dass die je konkreten Schüler immer das Unterrichtsziel erreichen und fachspezifische Kompetenzen erwerben. Das schließt ein, dass die Ergebnisse im Gespräch verhandelt und gesichert werden. Eine Leistungsaufgabe ist gut, wenn sie allen – auch leistungsschwächeren – Schülern Gelegenheit gibt, zu zeigen, was sie gelernt haben. Das bedeutet zugleich: Gute Aufgaben sind das Resultat vielfältiger Entscheidungen der Lehrkraft. Das gilt auch dann, wenn man berücksichtigt, „dass Lehrerhandeln [...] prinzipieller Erfolgsunsicherheit ausgesetzt" ist (vgl. Baumert/Kunter 2006: 478).

Die Entwicklung und Auswahl von „Aufgaben" ist mehreren Einflussgrößen ausgesetzt. Neben der unterrichtlichen Praxis spielen die Bildungsadministration, die Bildungsmedien und die wissenschaftliche Deutschdidaktik eine Rolle. Die Ausführungen in diesem Buch sind allem voran an den Bedürfnissen der unterrichtlichen Praxis orientiert, sodass die Perspektive der unmittelbar Betroffenen, der Lehrkräfte und der Schüler, in diesem ersten Kapitel nur ganz knapp behandelt wird.

## 1.1 Die Perspektive der unmittelbar Betroffenen

Was Aufgaben betrifft, so haben Schüler und Lehrkräfte eine gemeinsame Erwartung: Aufgaben sollen Erfolg ermöglichen: Und zwar gleichermaßen beim Erwerb von Wissen und Können wie bei dessen Überprüfung in der Leistungssituation.

Lehrkräfte wollen wissen, wodurch sich Lern- und Leistungsaufgaben unterscheiden, wann eine Aufgabe kompetenzorientiert ist und in welchen Unterrichtsphasen welche Aufgaben gestellt werden können. Sie fragen nach Aufgabenmerkmalen, nach dem Schwierigkeitsgrad einer Aufgabe und nach der Rolle von Operatoren und Fragen in der Aufgabenstellung. Sie fragen, wodurch sich Übungs- und Transferaufgaben unterscheiden und wie sich Aufgaben und selbstreguliertes Lernen zueinander verhalten.

Aus Schülerperspektive gibt es zwei weitere Gründe, die das Nachdenken über Aufgaben rechtfertigen und die als Kriterien für gute Aufgaben taugen. Die Aufgabe muss einladend sein und Gewinn versprechen. Sie sollte Neugier auf die Lösung wecken oder mit einer Tätigkeit verbunden sein, die den Schülern auch einen zumindest kleinen Lustgewinn verspricht. Ein vertrautes Beispiel für den hohen Aufforderungscharakter einer Situation ist Folgendes: Wenn es gilt, eine Tür mit einem Schlüssel zu öffnen, einen schwer beweglichen Schraubverschluss zu lösen, und der jeweilige Akteur erfolglos bleibt, dann wächst das Bedürfnis der Nebenstehenden, es selbst zu probieren. So fragen Schüler: Spricht mich die Aufgabe an? Fordert sie mich zur Lösung heraus? Verspricht die Aufgabe Lernzuwachs? Und abschließend fragen sie: Hat die Aufgabe Lernzuwachs oder Erfahrungszuwachs gebracht?

Des Weiteren geht es Schülern darum, dass Aufgaben keine zu großen Hürden bieten, dass sie zugänglich und selbsterklärend sind. Unter Zugänglichkeit ist nicht nur die Möglichkeit des schnellen Zugriffs zu verstehen, sondern auch die Verständlichkeit und der Umfang einer Aufgabe. Eine kurze und prägnante Aufgabe genießt den Vorzug vor umfangreichen Aufgaben. Das gilt auch für Aufgaben, die an ein umfangreiches Textkorpus gebunden sind. Schüler ziehen Anforderungen, die konkret formuliert sind, abstrakt formulierten vor. Bezogen auf den Darstellungsmodus lösen sie lieber Ankreuz- und Zuordnungsaufgaben als Schreibaufgaben. Diese Einschätzungen müssten jedoch in wissenschaftlichen Studien empirisch überprüft werden.

## 1.2 Bildungsadministration

Die Beschaffenheit von Aufgaben steht in deutlichem Zusammenhang mit Bildungsstandards und Lehrplänen einerseits und zentralen Prüfungsaufgaben andererseits. Darüber hinaus finanziert die Kultusministerkonferenz (KMK) das Institut zur Qualitätsentwicklung im Bildungswesen (IQB) an der Humboldt-Universität zu Berlin, das in vielfältiger Hinsicht und mit nicht zu unterschätzender Wirksamkeit an der Aufgabenentwicklung und Aufgabenforschung beteiligt ist. Das gilt sowohl für die Entwicklung der Lern- und Leistungsaufgaben, die die Bildungsstandards für die Abschlüsse der Sekundarstufe I und für die Allgemeine Hochschulreife illustrieren, als auch für die Entwicklung von Testaufgaben, wie sie in Vergleichsarbeiten (VERA) und Evaluationsstudien eingesetzt werden.

Seit 2003 sind für alle Schulstufen und Abschlüsse Bildungsstandards entwickelt worden, denen Aufgabenbeispiele zur Konkretisierung und Illustration der Standards beigegeben sind. In den Bildungsstandards Deutsch für den Mittleren Schulabschluss wird auf schwierigkeitsbestimmende Merkmale von Aufgaben zur Standardüberprüfung hingewiesen. Darüber hinaus ist unter der Regie des IQB für die beiden Sekundarstufen jeweils eine Handreichung erschienen, die der Illustration der Bildungsstandards verpflichtet ist. Darin werden sowohl die Ziele der Standards erläutert als auch Anregungen und Hilfen zur konkreten Umsetzung im Unterricht gegeben (vgl. Behrens/Böhme 2014; Becker-Mrotzek u. a. 2015).

Auf der Website des IQB finden sich bereits Beispielaufgaben für das Deutschabitur. Ein Aufgabenpool mit Abituraufgaben, aus dem sich die Länder – um einheitlicher Standards willen – bedienen sollen, wird zurzeit entwickelt.

## 1.3 Bildungsmedien

Seit Deutschbücher keine Lese- oder Sprachbücher mehr sind, sondern Arbeitsbücher zum Kompetenzerwerb, spielen sie hinsichtlich des Aufgabenangebots eine erhebliche Rolle. Es hängt in erster Linie vom eingeführten Lehrmittel bzw. von den Handreichungen, die im Unterricht zur Verfügung stehen, ab, welche Aufgaben tatsächlich im Deutschunterricht genutzt werden. Lehrmittel für den Deutschunterricht unterscheiden sich sowohl im Umfang als auch in der Qualität des Aufgabenangebots. Es gibt Lehrbücher, die aufeinander aufbauende Aufgaben anbieten, also Aufgabensequenzen, die bestimmten Auswahl- und Anordnungsprinzipien folgen, indem sie z. B. „von der Totalen ins Detail" gehen, „vom Detail zur Totalen" oder „von Rekonstruktion zur Bewertung" etc. Andere Lehrbücher schränken das Aufgabenangebot bewusst ein, um die Lehrkräfte nicht zu gängeln. Es ist also vor allem der Aufgabenbestand eines Lehrmittels, der sowohl die Zielsetzungen als auch die Konkretisierung im Unterricht bestimmt.

## 1.4 Ergebnisse neuerer Aufgabenforschung

Einschlägig geforscht wird nicht nur in den Teildisziplinen der Deutschdidaktik, sondern auch in den Bereichen der Lehr-Lernforschung: also in der Lernpsychologie, in der allgemeinen Didaktik, in der Schulpädagogik. Dabei fällt auf, dass bestimmte Bereiche starke „Forschungsaffinität" haben, wie z. B. die bei Vergleichsarbeiten eingesetzten Testaufgaben. Entsprechendes gilt für psychometrisch relevante Aspekte wie z. B. Fragen der Messgenauigkeit bei der Bewertung von Testaufgaben, die die Studie von Lintorf, McElvany, Rjosk u. a. (2011) bestimmt haben. Das gilt auch z. B. für die Erfassung orthografischer Kompetenz (vgl. Fay 2010; Fay/Berkling/Stüker 2012; Blatt/Frahm 2014) und die Entwicklung von Kompetenzstufenmodellen (vgl. Roick/Henschel 2015).

Zur neueren Aufgabenforschung werden vor allem solche Beiträge gezählt, die eine qualitative bzw. quantitative empirische Ausrichtung zeigen oder im Kontext der Hypothesengewinnung theoriegeleitete Zuarbeit leisten. Entscheidende Impulse für diesen Forschungsrahmen sind von den deutschdidaktischen Symposien in Lüneburg (2004: Deutschunterricht empirisch) und Weingarten (2006: Kompetenzen im Deutschunterricht) ausgegangen.

Elsbeth Stern und Michael Felten (2012: 9) eröffnen ihr „Cross-over-Projekt" zwischen Lernforschung und Schulpraxis mit dem dringlichen Statement „Auf die Aufgabe kommt es an!". Dabei betonen sie nicht nur die Notwendigkeit kognitiven Anregungspotenzials der Aufgabe, sondern auch die Verknüpfung der Aufgabe (task) mit Werkzeugen (tool) und mit dem Auswertungsgespräch (talk).

Die deutschdidaktische Aufgabenforschung hat nicht zuletzt durch die kontroverse Diskussion der Leseaufgaben in PISA 2000 (vgl. z.B. Abraham/Bremerich-Vos/Frederking/Wieler [Hrsg.] 2003; Karg 2005) erhebliche Impulse erhalten. In den letzten 15 Jahren sind wichtige praxisrelevante Forschungsergebnisse vor allem zu Aspekten der Auswahl, Wirksamkeit und Schwierigkeit von Aufgaben gewonnen worden sowie zur Bedeutung von Operatoren und zur Rolle des Vorwissens beim Textverstehen.

### 1.4.1 Aufgabenpräferenzen von Lehrkräften im Literaturunterricht

Iris Winklers Erhebung über „Aufgabenpräferenzen für den Literaturunterricht" (2011) ermittelt, welche Art von Lernaufgaben Deutschlehrkräfte beim Umgang mit literarischen Texten bevorzugen und mit welchen überindividuellen Einstellungen diese Auswahlentscheidungen einhergehen. Das Projekt fokussiert Erarbeitungsaufgaben im Literaturunterricht, d. h. Aufgaben zur Erschließung literarischer Texte. Die Studie geht von einem Aufgabenbegriff aus, der Aufgaben unterschiedlicher Komplexität und Offenheit umfasst und hinsichtlich dieser Merkmale keine normativen Ansprüche an Aufgaben formuliert. Befragt wurden 482 Deutschlehrer an Gymnasien. Der eingesetzte Fragebogen enthielt sowohl acht Aufgabenbeispiele als auch Items zur Ermittlung allgemeiner lernprozessbezogener Grundeinstellungen, um Befunde hierzu mit Aufgabenpräferenzen in Beziehung setzen zu können. Als konkretes Ergebnis konnten vier Typen von Aufgabenpräferenzen ermittelt werden. Die meisten (53,4%) der befragten Personen gehören zur Gruppe der „Trendorientierten" (Gruppe 1). Die Bezeichnung dieser Gruppe als „Trendorientierte" begründet Winkler damit, dass die Angehörigen dieser Klasse hohe Zustimmung zu einem populären Konzept des Literaturunterrichts zeigen und sich an generell wahrnehmbaren Entwicklungslinien des Literaturunterrichts zu orientieren scheinen. Akzeptiert werden alle Aufgaben, die insofern im „Trend" liegen, als sie eine bestimmte Grundrichtung des Literaturunterrichts abbilden. Zugleich handle es sich bei dieser Klasse um die größte der ermittelten Klassen, ihr Antwortprofil bilde also auch deshalb einen „Trend" i. S. von „herrschendem Zeitgeschmack" ab.

Die Gruppe der „Angebotsorientierten", die allen Aufgabenbeispielen gleichmäßig zustimmen und keine Präferenzen zeigen, ist mit 102 Personen (26,7%) die zweitgrößte in der Stichprobe (Gruppe 2). Das Profil dieser Gruppe bleibt diffus, weil die erhobenen indifferenten Daten weder über die Gründe für das Antwortverhalten noch über die Qualität des Aufgabeneinsatzes im Unterricht Informationen liefern.

Der Gruppe der „Lernerorientierten" werden 47 (12,3 %) der befragten Lehrer zugeordnet (Gruppe 3). Ein zentrales Indiz für die Lernerorientierung dieser Klasse ist, dass die hoch geschätzten Aufgaben thematisch gerade die Fragen in den Blick nehmen, die für die Lernenden lebensbedeutsam erscheinen.

Die Lehrkräfte dieser Gruppe bevorzugen deutlich eine maximal offene Aufgabe, die eigenständiges Entdecken und individuelles Deuten der Lernenden verlangt, aber orientierende Vorgaben vermissen lässt. Ebenso deutlich werden von dieser Klasse die Aufgaben aus dem Fragebogen abgelehnt, deren Entscheidungsspielraum sowohl theoretisch als auch im Urteil der Aufgabenexpertinnen gering ist. Die Option für Aufgaben mit großem Entscheidungsspielraum wird hier zum Merkmal von Lernerorientierung.

Als „Gegenstandsorientierte" bezeichnet Winkler die 27 Personen (7,1% der Befragten), deren Itemprofil im Wesentlichen spiegelbildlich zu dem der „Lernerorientierten" verläuft; d. h. diejenigen Aufgaben, die von den Lernerorientierten abgelehnt werden, finden die Zustimmung dieser kleinsten Klasse und umgekehrt (Gruppe 4). „Gegenstandsorientierung" bedeute hier, „diejenigen Aufgaben auffallend hoch ein[zu]schätz[en], die den Text und seine Merkmale ins Zentrum der Aufmerksamkeit des Aufgabenbearbeiters rücken" (270).

### 1.4.2 Aufgabenwirksamkeit

Die Wirksamkeit einer Aufgabe hängt von der Fachkompetenz der Lehrkraft ab. In einer kleineren Untersuchung in zwei bayerischen und zwei thüringischen Gymnasialklassen hat Winkler (2005) die Bedeutung des Lehrerhandelns im Zusammenhang von Aufgaben und Lernerfolg differenziert beschrieben. Anhand von Erarbeitungsaufgaben zu Brittings Erzählung *Brudermord im Altwasser* untersucht sie, ob Schüler lernen, dass Schauplatzbeschreibungen in der Erzählliteratur nicht einfach Schauplätze beschreiben, sondern bildhafte Miniaturen der ganzen erzählten Geschichte sein können. Winklers Untersuchung zeigt, dass Erfolg und Misserfolg jeweils vom Unterrichtsmaterial, vom Kontext und vom Lehrerhandeln abhängen. Sie kommt zu dem Ergebnis, dass lehrerzentrierter Unterricht die vom Schulbuch vorgesehenen Lernziele am besten erreichte und dass hingegen *der* Unterricht das Lernziel verfehlte, der sich auf die vom Schulbuch mitgelieferten Arbeitsaufträge konzentrierte. Es kommt also – so Winkler – alles darauf an, wie Lehrer die im Lehrbuch angebotenen Aufgaben nutzen. Allem voran kommt es aber darauf an, dass die Lehrkraft nicht nur die Aufgabe durchschaut, sondern auch den Gegenstand, auf den sich diese bezieht. Umfassende Gegenstandsexpertise der Lehrkraft ist eine notwendige, wenn auch nicht hinreichende Bedingung für gelingenden Unterricht (vgl. Kunter/Baumert 2011). Zugleich müssen die Schüler die Anforderungen der Aufgabe verstehen. In komplexen Aufgaben müssen die einzelnen konkreten Anforderungen von den Schülern erschlossen werden. Wenn das nicht gelingt, kann sich das Wirksamkeitspotenzial einer Aufgabe nicht entfalten.

### 1.4.3 Geltung von Aufgabenarten und Operatoren

In Zeiten zentraler Abschlussprüfungen erhält die Standardisierung von Aufgaben zunehmend Gewicht. Diese Standardisierung läuft zum einen über die Aufgabenarten, die Leistungen in allen drei Anforderungsbereichen verlangen und laut KMK „Grundmuster dar[stellen], die miteinander kombinierbar sind" (BS AHR 2012, S. 28).

| **Textbezogenes Schreiben: Aufgabenarten** | | | | **Materialgestütztes Schreiben: Aufgabenarten** | |
|---|---|---|---|---|---|
| Interpretation literarischer Texte | Analyse pragmatischer Texte | Erörterung literarischer Texte | Erörterung pragmatischer Texte | Materialgestütztes Verfassen informierender Texte | Materialgestütztes Verfassen argumentierender Texte |

Tab. 1: Grundmuster von Aufgabenarten

Ganz ähnlich verhält es sich mit den Bildungsstandards für die Sekundarstufe I. Dort werden folgende Aufgabenarten unterschieden (BS MSA 2003: 22).

| **Grundlage** | **Aufgabe** | **Schreibvoraussetzung** | **Aufgabenart** |
|---|---|---|---|
| Literarischer Text<br>Sachtext<br>Textmaterial (lineare und nichtlineare Texte, Bilder u. Ä.)<br>Problemstellung | Aufgabenstellung | Textbearbeitung<br>Problembearbeitung | einen Text untersuchen |
| | | | von einer Textgrundlage ausgehend informieren, argumentieren, erörtern<br>eine Problemstellung erörtern |
| | | | einen Text umformen oder weiterschreiben<br>von einer Textgrundlage ausgehend, einen Text gestalten, entwerfen |

Tab. 2: Unterscheidung von Aufgabenarten in den Bildungsstandards Sek. I

Vor diesem Hintergrund fragt Michael Steinmetz (2013: 89), ob die Anforderungen der Aufgabenart „Interpretation literarischer Texte" für die Abiturienten seiner Stichprobe „unter den gegebenen schulischen Voraussetzungen im hier operationalisierten Sinn realisierbar" sind. Sein Fazit besteht darin, dass die Leistungsanforderungen für die Abiturprüfung den Ergebnissen seiner Studie zufolge „nur die Rolle von Exzellenz- bzw. Maximalanforderungen für Abiturienten übernehmen" (ebd.: 91) können. Demgegenüber sind die Anforderungen, die die Bildungsstandards für den Mittleren Schulabschluss mit der Untersuchung literarischer Texte verbinden, „für Abiturienten im Sinne der Regelstandards realisierbar" (ebd.).

Zum anderen soll die Standardisierung der Aufgaben über verbindliche Operatoren gewährleistet werden. Die Bildungsstandards für die Allgemeine Hochschulreife heben hervor, dass die „in den Arbeitsaufträgen verwendeten Operatoren [...] in einen Bezug zu den Anforderungsbereichen gestellt werden müssen, wobei die Zuordnung vom Kontext der Aufgabenstellung und ihrer unterrichtlichen Einordnung abhängig ist und damit eine eindeutige Zuordnung zu nur einem Anforderungsbereich nicht immer möglich ist" (BS AHR 2012: 22). Damit wäre klargestellt, dass z. B. die Wiedergabe von Texten keine banale Sache sein muss und von der Wiedergabe gelernten Wissens zu unterscheiden ist. Die Wiedergabe komplexer Texte setzt nicht nur Wissen voraus, sondern schließt auch anspruchsvolle Operationen ein, wie z. B. Reduzieren, Abstrahieren etc.

Hinsichtlich der Geltung von Operatoren gibt Bremerich-Vos (2013) ein Doppeltes zu bedenken.

(1) Obwohl die KMK und die Bildungsadministration der Länder den Anspruch erheben, dass die „Gebrauchsweisen der Operatoren [...] hinreichend normiert" seien, variieren „die – wiederum exemplarisch erfassten – Auslegungen der EPA in einzelnen Bundesländern [...] nicht unerheblich".

(2) Auch in anderen Fächern spielen nicht nur Operatoren wie „analysieren", sondern auch „(be)nennen", „beschreiben", „zusammenfassen", „deuten", „prüfen" eine Rolle, würden „dort aber zum Teil markant anders gefasst" (Bremerich-Vos 2013: 21). Darüber hinaus sei zu vermuten, dass die Schüler „mit ‚Fällen' konfrontiert [werden], mit Exempeln von Aufgaben, die als Analyse- und Interpretationsaufgaben insofern beglaubigt sind, als sie schon einmal in Prüfungen eine Rolle spielten" und setze damit auf den „analogischen Sinn" der Schüler, also „darauf, dass sie, wenn im Ernstfall Analysieren und Interpretieren gefragt sind, so verfahren werden wie in den paradigmatischen Fällen" (ebd.: 31).

### 1.4.4 Die Rolle der Wissensvoraussetzungen beim Textverstehen

Kompetenzen sind eine Verbindung von Wissen und Können. Deshalb wird v. a. aus literaturdidaktischer Perspektive diskutiert, in welcher Weise „Fachwissen das literarische Verstehen stört und fördert" (Spinner 2012: 53). Störend sei es vor allem dann, wenn die Anwendung formaler Wissensbestände den Blick auf den Text als Ganzheit und damit den Zugang zur Individualität des literarischen Textes verstelle. Aus der Perspektive ästhetischer Erziehung stellt sich deshalb die Frage, ob für das Verständnis einer Novelle Wissen über die „unerhörte Begebenheit" und den „Falken" erforderlich ist und ob das Verständnis einer Ballade durch Wissen über das Zusammenspiel „epischer, lyrischer und dramatischer Elemente" befördert wird. Aus dieser Perspektive formuliert Spinner seine Reserve gegenüber einem Literaturunterricht, der darauf zielt, „Merkmale von Märchen, von Kurzgeschichten, von Novellen usw. erkennen und benennen zu können". Zum einen seien „solche Merkmalsbestimmungen [...] nicht unproblematisch", da „die Großzahl der tatsächlichen Texte [...] keineswegs eindeutig diesen Merkmalen" entspreche (Spinner 2006: 13). Zum anderen berge die Gattungsdidaktik „auch die Gefahr in sich, dass die Besonderheit des jeweiligen Textes nicht mehr ernst genommen wird, weil man nur auf das Gattungstypische blickt" (ebd.). Spinner plädiert deshalb für die Arbeit mit Prototypen. Denn die Prototypentheorie erlaube, Merkmale zu stufen und zwischen typischen und weniger typischen Exemplaren einer Gattung zu unterscheiden. Streng genommen plädiert Spinner aber für die Orientierung an Exemplaren (vgl. Köster 2015: 6). Denn auch Prototypen sind durch abstrahierende Merkmale bestimmt, wobei zwischen mehr oder weniger typischen Merkmalen unterschieden wird. So ist bezogen auf Vögel das Merkmal „flugfähig" weniger typisch als „eierlegend". Bezogen auf die Fabel gilt z. B., dass die belehrende Absicht typischer ist als die Unterhaltungsfunktion. Demgegenüber gehen Exemplartheorien gerade *nicht* von einer abstrakten Repräsentation des Prototypen aus, sondern davon, dass wir uns einzelne Exemplare „zusammen mit der Kategorienbezeichnung einprägen" (Waldmann 2002: 15). Also: „Vom Fuchs und vom Raben" ist eine Fabel. Wenn ein neues Exemplar an dieses erinnert, dann ist anzunehmen, dass es sich ebenfalls um eine Fabel handelt. „Ähnlichkeitsvergleiche werden also mit Exemplaren, nicht mit abstrakten Prototypen vollzogen." (Ebd.: 15) Eben davon geht auch Spinner aus, wenn er sagt, „dass sich das Gehirn Begriffe vor allem mithilfe typischer Beispiele merkt" (Spinner 2012: 65). Durch seine Option für den Ähnlichkeitsvergleich zeigt er größere Nähe zu „Exemplartheorien" als zur Prototypentheorie. Denn es sind nicht mehr oder weniger typische Merkmale, sondern typische – ganzheitliche – Beispiele, die Spinner als „Ankerpunkte für die Orientierung in der literarischen Vielfalt" dienen und die „durch Vergleichen die Aufmerksamkeit [...] für abweichende Variationen" schärfen können (Spinner 2006: 13).

Auch in Ricarda Freudenbergs Studie *Zur Rolle des Vorwissens beim Verstehen literarischer Texte* (2012) geht es um fachspezifische Wissensbestände und deren erkennbare Nutzung. Freudenberg untersucht Prüfungsarbeiten aus dem Zentralabitur eines großen Bundeslandes. Die Prüflinge sollen Hoffmannswaldaus Sonett „Vergänglichkeit der Schönheit" interpretieren und anschließend mit Brechts Sonett „Entdeckung an einer jungen Frau" vergleichen. Die Studie bezieht sich in erster Linie auf die Anwendung des im Unterricht erworbenen Gattungs-, Metaphern- und Epochenwissens. Ein wichtiges Ergebnis dieser Arbeit besteht darin, dass bei der Vorwissensnutzung die Beschaffenheit des literarischen Gegenstands, d. h. sein Schwierigkeitsgrad, eine entscheidende Rolle spielt. Das ist vor allem deshalb bedeutsam, weil die Kompetenzmodelle, die auf der Basis normierter Lesetests entstanden sind, weder den Wissensbeständen der Lerner noch dem Schwierigkeitsgrad der Gegenstände hinreichend Beachtung schenken. Zudem bestätigt sich: Je voraussetzungsreicher das zu nutzende Wissen, desto komplexer sind die erforderlichen Verknüpfungsleistungen zwischen Wissen und literarischem Text. Will man am Anspruch eines literarischen Verstehens, das auch den Entstehungskontext repräsentiert, festhalten, dann verlagert sich die didaktische Problematik auf den Bereich der Textauswahl und der Aufgabenstellung. Diese Konsequenz hat Freudenberg im Blick, wenn sie im Resümee dezidiert darauf hinweist, dass möglicherweise bereits eine Fokussierung der Aufgabenstellung die Prüflinge vor Fehldeutungen bewahrt hätte. Zugleich kann Freudenberg nachweisen, dass das Missverstehen literarischer Texte häufig darauf beruht, dass Schüler ihre Deutungshypothesen auf der Basis lokaler Beobachtungen generieren, indem sie diese mit ihren Vorwissensbeständen konzeptuell verknüpfen, anstatt die Gültigkeit lokaler Befunde am Textganzen zu überprüfen.

Was das Verhältnis von Wissensnutzung und Textverstehen betrifft, so ließe sich resümieren, dass es mit zunehmendem Alter zunehmend darum geht, eine Meta-Ebene zu gewinnen, von der aus Schüler über die literarischen Texte sprechen können, um das Verstandene zu dokumentieren und plausibel zu erklären. Das bedeutet, Distanz zum Gelesenen herzustellen und aus dieser Distanz Texte über Texte zu verfassen. Solche Distanznahme verlangt Kategorien und Begriffe, mit deren Hilfe der Text beschrieben und analysiert werden kann. Worauf es dabei aber ankommt, ist nicht zuletzt die kundige Auswahl und Inanspruchnahme der Kategorien und Begriffe (vgl. Köster 2015: 13).

### 1.4.5 Aufgabenschwierigkeit

Ein Indikator für schwierige Aufgaben ist die häufig empfohlene Kopplung der Aufgabenmerkmale „Offenheit" und „Komplexität" (Köster 2003b). Allerdings sind offene Aufgaben nicht mit schwierigen Aufgaben gleichzusetzen und geschlossene Aufgaben keineswegs mit einfachen, also wenig komplexen Aufgaben. Denn die Kategorien „Offenheit" vs. „Geschlossenheit" sind, wie Artelt u. a. gezeigt haben, eine Sache des Entscheidungsspielraums, den die Aufgabe dem Schüler(-leser) zugesteht. Offene Aufgaben verlangen in der Regel mehr Selbststeuerungsaufgaben mit geringem Entscheidungsspielraum, die auf angezeigte Bearbeitung zielen.

Die Kategorien „Einfachheit" vs. „Komplexität" betreffen demgegenüber die von den Schülern geforderten Verknüpfungsleistungen. Je mehr Informationen und Wissensbestände miteinander verknüpft werden müssen, desto schwieriger ist eine (Lese-)Aufgabe. In einer weiterführenden Studie zu den Leseaufgaben aus PISA 2000 unterscheiden Artelt/Stanat u. a. (2004) drei schwierigkeitsbestimmende Merkmale: Entscheidungsspielraum, Integrationsgrad und Präzisionsgrad. Dass diese drei differenzierenden Aufgabenmerkmale auch deutschdidaktischer Reflexion dienlich sein können, zeigt deren Rezeption in deutschdidaktischen Forschungsprojekten (vgl. z. B. Schweitzer 2007). Der „Entscheidungsspielraum, den eine Aufgabe dem Schüler gewährt" zeigt, große Nähe zum Merkmal der „Offenheit" und der „Integrationsgrad" einer Aufgabe zu deren Komplexität. Allerdings sind weder Offenheit noch Komplexität statische Größen, sondern können in unterschiedlichem Maß ausgeprägt sein.

Folglich können Veränderungen an den schwierigkeitsbestimmenden Merkmalen Aufgaben schwieriger oder einfacher machen.

Wie Freudenberg (2012) gezeigt hat, hängt die Schwierigkeit einer Aufgabe auch von der Beschaffenheit des Textes ab, und Rosebrock (2015: 33) fordert nachdrücklich „deutschdidaktische Expertise [...] auf dem Feld der Passung zwischen Textkomplexität und Lesekompetenz".

Frickel (2010) hat Schwierigkeitsmerkmale kurzer literarischer Erzähltexte zu bestimmen gesucht und dabei auch grammatische Aspekte berücksichtigt. Rosebrock/Wirthwein (2014) haben unterschiedliche Dimensionen von Textkomplexität beschrieben und kategorisiert. Sie nennen:

(1) die sprachliche Oberfläche,
(2) den inhaltlichen und formalen Zusammenhang zwischen den Sätzen oder Satzteilen,
(3) den Textinhalt, wobei vor allem entsprechendes Vorwissen eine Rolle spielt,
(4) die Komplexität der Darstellungsweise, was v. a. auf Aspekte wie Textsorte, Aufbau, sprachliche Gestaltungsmittel zu beziehen ist,
(5) Komplexität der Darstellungsintentionen und Bedeutungshorizonte insbesondere literarischer Texte.

Ein weiterer Forschungsgegenstand ist die Einschätzung der Aufgabenschwierigkeit durch Lehrkräfte. Bereits im Kontext von PISA 2000 wurde ermittelt, dass Lehrkräfte den Schwierigkeitsgrad von Aufgaben unterschätzen. Als Gegenmittel empfiehlt sich, dass Lehrkräfte die Aufgaben, die sie Schülern stellen, zunächst selber lösen und zwar genau in der Form, in der es auch die Schüler tun sollen. Zugleich sollten sich Lehrkräfte mit den genannten schwierigkeitsbestimmenden Aufgabenmerkmalen vertraut machen, um ihre diagnostische Kompetenz zu befördern.

### 1.4.6 Gütekriterien für zentrale Abiturprüfungsaufgaben

Auch zentrale Abiturprüfungsaufgaben und die zugehörigen Korrekturanleitungen sind aus psychometrischer Perspektive analysiert worden. Unter welchen Bedingungen führen Abiturprüfungsaufgaben zu vergleichbaren Ergebnissen? Diese Frage verhandelt Katrin Böhme (2012), indem sie zum einen die einschlägigen Gütekriterien – Objektivität, Reliabilität und Validität – anlegt. Damit Lehrkräfte die Schülertexte nicht nach ihrem subjektiven Gefühl oder nach wechselnden Maßstäben einschätzen, hält Böhme „präzise und detaillierte Erklärungen der erwarteten Textantworten sowie idealtypische Beispielantworten [für] erforderlich" (ebd.: 316). Nur wenn Durchführungs- und Auswertungsobjektivität gesichert sind, können die Leistungen der Schüler und damit ihre Kompetenz fair beurteilt werden. Während ein „holistischer Eindruck, beispielsweise der, dass eine unzureichende Schreibkompetenz vorliegt, [...] keine Hinweise auf Stärken und Schwächen [...] gibt" (ebd.: 320), werde bei der analytischen Kodierung die erwartete Leistung „sehr fein ausdifferenziert und in seine einzelnen Bestandteile zerlegt" (ebd.). Das können sowohl inhaltliche als auch sprachliche Aspekte sein, die dann „zumeist dichotom beziehungsweise auf Skalen mit nur wenigen Stufen hinsichtlich ihres Auftretens oder in Bezug auf ihre Ausprägung bewertet" (ebd.) werden.

Aus literaturdidaktischer Perspektive ist immer wieder betont worden, dass es sich beim Textverstehen um einen geistigen Vorgang handelt, der nicht direkt beobachtbar ist. Folglich muss in einer Produktionsleistung über das Verstandene Auskunft gegeben werden. Obwohl das Verhältnis zwischen der Rezeptions- und der Produktionsleistung unklar ist, werde die Produktionsleistung mitunter als äquivalenter Ausdruck des Textverstehens interpretiert. Böhme weist nachdrücklich darauf hin, dass Schüler – auch wenn sie die Textvorlage verstanden haben – an der Leistung der Textproduktion scheitern können, weil es ihnen an Schreibkompetenz mangle. Dieser Umstand werde in der aktuellen Gestaltung der schriftlichen Abiturprüfung kaum berücksichtigt.

Eine weitere Einschränkung der Güte der Abituraufgaben sieht Böhme in der Forderung nach offenen und komplexen Aufgaben.

„Je offener und komplexer die Aufgabenstellung formuliert wird, umso größer ist der Freiraum für die Schülerinnen und Schüler, kreativ, originell und individuell zu antworten." (Ebd.: 324)

Dadurch vergrößere sich gleichzeitig das Spektrum möglicher Schülerantworten und die Korrektoren stehen vor der Frage, wie kompetente Antworten von nicht kompetenten Antworten abgegrenzt werden können. Es müssen also konkrete Erwartungshorizonte und Bewertungshinweise formuliert werden, die wiederum durch die große Offenheit der Aufgabe und die zu erwartende Vielgestaltigkeit möglicher Antworten gleichzeitig kaum zu realisieren sind.

Ein drittes Problem, das aus großer Offenheit und Komplexität der Aufgabenstellung resultiert, besteht für Böhme in der Intransparenz, welche Teilkompetenzen in welcher Gewichtung in die Schülerantwort einfließen.

### 1.4.7 Gewinn aus der Aufgabenreflexion für Schüler und Lehrkräfte

Trotz der hier vorgestellten Forschungserträge sind wichtige Aspekte von Deutschaufgaben noch Forschungsdesiderate. Wir wissen z. B. wenig über die Bedeutung des Komplexitätsgrads einer Aufgabe für ihre Lernwirksamkeit oder über Wirksamkeit von Aufgaben, die selbstgesteuertes und kooperatives Lernen im Fach Deutsch befördern.

Dennoch bringt Aufgabenreflexion bzw. Aufgabenforschung für alle genannten Akteure Gewinn. Schüler profitieren von einer Optimierung der Aufgaben hinsichtlich der Passung von Aufgabenfunktionen und Aufgabenmerkmalen. Zu erwarten ist auch eine bessere Passung zwischen den Voraussetzungen der Schüler und der Aufgabe.

Lehrkräfte erhalten Einblick in zentrale Aufgabenparameter und sind in der Lage, gute Aufgaben zu erkennen. Sie können Aufgabenmerkmale einordnen und sich durch terminologisch verlässliche Bezeichnungen mit Kollegen leichter verständigen.

Die Bildungsadministration der Länder verbessert Abituraufgaben und Korrekturanleitungen und die Bildungsmedien wählen Aufgabenexperten als Berater.

In diesem Zusammenhang ist auch zu bedenken, wer Lernaufgaben entwickeln soll. Ist es produktiv, dieses anspruchsvolle Geschäft allein in der Hand der Fachlehrkräfte und der Lehrmittelautoren zu lassen? Das gilt vor allem dann, wenn die Aufgabenentwicklung mit großem zeitlichen Aufwand und hoher fachlicher Expertise verbunden ist. Das ist u. a. bei Aufgaben für Stationenarbeit und für Gruppenpuzzles der Fall.

### 1.4.8 Stellenwert von Aufgaben im Unterrichtsprozess

Aus unterrichtspraktischer Perspektive hat Lechner (2007: 127) sehr entschieden festgestellt, dass die Lernaufgabe nicht nur eine zentrale Planungskategorie ist, sondern auch das Herzstück des Unterrichts. Natürlich können Lernaufgaben auch außerhalb des Unterrichts bearbeitet werden, z. B. während festgelegter Übungszeiten oder in Form von Hausaufgaben. Als zentraler Bestandteil des Unterrichts müssen Aufgaben zwei Bedingungen erfüllen: Zum einen müssen sie plausibel und für die Schüler nachvollziehbar in die Konzeption des Unterrichts eingebettet sein, sodass ihre Funktion im Lernprozess transparent wird. Zum anderen müssen die Ergebnisse der Bearbeitung präsentiert, verhandelt und gesichert werden.

Was die Transparenz der Funktion betrifft, braucht die Aufgabe einen Vorlauf, aus dem hervorgeht, ob es sich um eine „Erarbeitungs-", eine „Transfer-" oder eine „Übungsaufgabe" handelt. Erarbeitungsaufgaben leiten den Erwerb entweder „Schritt für Schritt" an oder sie gewähren den Schülern Raum zur Erprobung eigener Lösungswege. Solche komplexen „Explorationsaufgaben" verlangen im Anschluss an die Aufgabenbearbeitung aufwändige Auswertung und Diskussion der Lösungen. Das erfordert von der Lehrkraft auch große Souveränität in der Sache, lohnt aber dann, wenn die Schüler durch Explorationsaufgaben tatsächlich kognitive Anregung erfahren. Anleitende Aufgaben verlangen von der Lehrkraft höheren Entwicklungsaufwand, komplexe Explorationsaufgaben dagegen höheren Auswertungsaufwand.

Eine Erarbeitungsaufgabe liegt dann vor, wenn es sich um die angeleitete oder explorative Lösung eines zu Stundenbeginn entwickelten Problems handelt. Dabei ist unbedingt zu beachten, dass die Schüler die Aufgabe im ersten Viertel der Stunde erhalten, damit hinreichend Zeit für die Bearbeitung und für die Auswertung der Ergebnisse bleibt. Denn die Präsentation und Auswertung der Ergebnisse sind von der Aufgabe nicht zu trennen. Dem entspricht die Forderung von Felten/Stern (2012: 13), dass Lernaufgaben immer mit Hilfsmitteln und auswertendem Gespräch verbunden sind: „Task, Tool, Talk – also Aufgabe, Werkzeuge, Gespräch". Das gilt auch für die Ergebnisse aus „Dekontextualisierungs-" und „Transferaufgaben". Hier beansprucht die Präsentation viel Raum, weil in der Regel recht unterschiedliche Resultate erzielt werden. Sache der Lehrkraft ist es, vorbereitend mögliche Schülerlösungen zu antizipieren, um das Auswertungsgespräch klar strukturieren zu können. In jedem Fall müssen zutreffende bzw. überzeugende Lösungen als Ergebnis des Gesprächs gesichert werden.

Anders verhält es sich mit Übungsaufgaben. Sie haben ihren Platz in dafür vorgesehenen Lernzeiten – oder sofern diese nicht vorhanden sind – in der Hausaufgabe. Hier ist der Auswertungsbedarf in der Regel geringer, weil Übungsaufgaben v. a. auf die Anwendung in Zusammenhängen zielen, die dem Erarbeitungszusammenhang ähnlich sind.

Zur Vorbereitung auf Klassenarbeiten, Klausuren und Abschlussprüfungen kann auch eine ganze Stunde genutzt werden, um zentrale Anforderungen der bevorstehenden Leistungsaufgabe auszuführen. Das erscheint vor allem dann sinnvoll, wenn die Bereitschaft, Hausaufgaben zu erledigen, fehlt.

Unabhängig vom Offenheits- bzw. Individualisierungsgrad des Unterrichts ist Aufgabenorientierung die schüleraktivierende Alternative zum Lehrervortrag oder zu gemeinsamer Lehrbuchlektüre. Im Zentrum der Unterrichtsstunde gewährleistet die Erarbeitungsaufgabe nicht nur einen strukturierenden Phasenwechsel, sondern auch einen gezielteren und stringenteren Verlauf des Unterrichtsgesprächs. Das Unterrichtsgespräch ist dann nicht mehr fragend-entwickelnd angelegt (vgl. Baumert 2002: 143 f.), sondern argumentativ überprüfend. Zudem ist es geeignet, auch die Schwierigkeiten zu thematisieren, die die Schüler bei der Aufgabenbearbeitung hatten.

Je individualisierter der Unterricht konzipiert ist, desto differenzierter ist das Aufgabenangebot zu gestalten. Individualisierung kann darin zum Zuge kommen, dass für alle Schüler ein Aufgabenpool oder Stationenangebot zur Verfügung steht, aus dem sie die für sie attraktive(n) Aufgabe(n) auswählen oder zumindest die Reihenfolge der Bearbeitung bestimmen. Andere Anforderungen an die Lehrkraft stellt die Entwicklung von Aufgaben, die speziell auf einzelne Schüler oder Schülergruppen zugeschnitten sind. Je unterschiedlicher die jeweils bearbeiteten Aufgaben, desto herausfordernder die Auswertung und Sicherung der Ergebnisse. Eine Auswertung im Plenum ist nicht angezeigt, denn Aufgabenlösungen wecken nur dann das Interesse der Schüler, wenn sie mit der Bearbeitung der Aufgabe beschäftigt waren. Folglich erscheint für eine solche Differenzierung z. B. ein Schreibunterricht geeignet, der sich an unterschiedlichen „Prototypen des Lernens" (Baurmann 2002: 76 f., 82 f.) orientiert, und Schülern mit problem- und aufgabenbezogener Orientierung andere Aufgaben anbietet als Schülern, die sich an sozialen Erwartungen und Lehrerhinweisen ausrichten und „zum Kulissenlernen neigen" (ebd. 2002: 83). Auch Schüler, die den Misserfolg ihrer Texte fürchten, brauchen spezielle Aufgaben, weil sie oft schon Widerstände gegen das Schreiben entwickelt haben (vgl. ebd. 2002: 83).

Als entscheidend heben Felten/Stern (2012: 144) zwei Aufgabenmerkmale hervor: die Anpassung der Aufgabe an das Vorwissen der Schüler und das kognitive Aktivierungspotenzial der Aufgabe. Der Begriff des kognitiven Aktivierungspotenzials bezeichnet das „Potenzial der Lerngelegenheit, zielgerichtete kognitive Tätigkeiten der Lernenden anzuregen" (Kunter/Voss 2011: 88).

Anpassung an das Vorwissen setzt voraus, dass die Lernausgangslage erhoben wurde, denn die „Startillusion" (Felten 2011) ist häufig ein Grund für misslingende Erwerbsprozesse. Dafür eignen sich kleine, formative Tests im Vorfeld des Unterrichts.

Als kognitiv anregend gelten sowohl Aufgaben, die an Alltagserfahrungen anknüpfen, als auch Problemlösungsaufgaben, bei denen die gegebenen Informationen eine Lücke lassen, die durch Nachdenken und Wissensaktivierung geschlossen werden muss – so wie man ein passendes Puzzleteil findet. Kognitiv anregend sind darüber hinaus Aufgaben, die eine – begründungspflichtige – Entscheidung fordern (vgl. auch Kunter/Voss 2011: 89; Lipowsky 2006: 60 f.).

Felten/Stern (2012: 25 f.) schlagen vor, die Schüler „den Lösungsweg beschreiben" zu lassen. Fragen wie *Was haben Sie gemacht, um zu ermitteln, was Sie im Text von XY nicht verstanden haben?* zielen explizit auf die Aktivierung von Metakognition ab. Dasselbe gilt für „geeignete Selbsterklärungsaufträge". Das heißt, die Schüler „durch Erklärungsaufträge gezielt dazu anzuleiten, zentrale Lerninhalte noch einmal zu durchdenken". Zum Beispiel: *Ihnen liegen zwei Texte zum Thema „Sprache – Denken – Wirklichkeit" vor. Erklären Sie, warum es schwieriger ist, im Text von XY die Verstehensbarrieren zu identifizieren und zu benennen als im Text von YZ.* Ebenfalls metakognitiv ausgerichtet sind schließlich Fragen, die zur Reflexion des Lernstands anregen. Sie müssen sorgfältig auf die jeweiligen Unterrichtsinhalte abgestimmt sein. „Mit metakognitiven Fragen kann sowohl das Verständnis von Konzepten als auch von Lösungsstrategien überprüft und vertieft werden." (Ebd.: 27) Zum Beispiel: Lässt sich das, was ich an Heines Gedicht über Ironie gelernt habe, auf Thomas Manns Erzählung „Der kleine Herr Friedemann" übertragen?

Neben diesen Aufgabenmerkmalen kommt es bei Lernaufgaben auf zwei weitere konzeptuelle Unterscheidungen an: Felten/Stern (ebd.: 144) resümieren ihre Aufgabenreflexion folgendermaßen: „Aufgaben sind motivierend und lernförderlich, wenn sie kognitiv herausfordernd und dennoch zu bewältigen sind, und wenn sie Lösungen (also subjektive Erfolge) auf verschiedenen Niveaus zulassen."

Motivationspotenzial ist für Schüler auch dann gegeben, wenn sie an der Entwicklung möglicher Leistungsaufgaben beteiligt werden. Sie können Vorschläge machen hinsichtlich dessen, was geprüft werden soll und welches Aufgabenformat sie für geeignet halten. Die Lehrkraft kann Schülern auch unterschiedliche Leistungsaufgaben zu einem Thema oder Gegenstand zur Beurteilung vorlegen, verbunden mit dem Hinweis, dass die Schülerkommentare bei der endgültigen Leistungsaufgabe berücksichtigen werden.

# 2. Aufgabenfunktionen und -merkmale

Die Leistung einer Aufgabe ist eng mit ihrer Funktion verknüpft. Aufgabenfunktionen unterscheiden sich zunächst im Hinblick auf das, was mit ihrer Hilfe erzielt bzw. bewirkt werden soll. In Bezug auf Lernaufgaben stellt sich die Frage, ob es um die Erschließung oder Produktion eines *bestimmten Gegenstands* geht oder um den Erwerb *bestimmter Kompetenzen.* Zu Recht fragen Lehrkräfte immer wieder, wodurch sich kompetenzorientierte Aufgaben von gegenstands- bzw. stofforientierten Aufgaben unterscheiden. Dabei ist allerdings zu bedenken, dass auch Aufgaben zur Erschließung oder Produktion eines bestimmten Gegenstands auf Kompetenzerwerb zielen (können), wenn man sie entsprechend modelliert.

Zugleich muss jedoch zwischen Lern- und Leistungsaufgaben unterschieden werden. *Lern*aufgaben dienen dem Erwerb und dem Ausbau von Wissen und Können, *Leistungs*aufgaben sollen das Erworbene aktivieren und darstellbar machen (vgl. Schmellentin 2012: 117), um den Lernerfolg zu überprüfen. Auch innerhalb eines jeden dieser beiden Bereiche sind deutliche Unterscheidungen zu treffen. Denn sowohl Lernaufgaben als auch Leistungsaufgaben können jeweils unterschiedliche Funktionen erfüllen. Lernaufgaben zur Erarbeitung von etwas Neuem sehen anders aus als Aufgaben zur Übung und zum Transfer. Leistungsaufgaben in Gestalt unbenoteter – formativer – Tests dienen der Erhebung der Lernausgangslage und setzen andere Schwerpunkte als Leistungsaufgaben, die der Zertifizierung dienen und benotet werden.

## 2.1 Kompetenzerwerb im Deutschunterricht

Klieme (2010: 10) beantwortet die Frage nach kompetenzorientiertem Unterrichten zunächst mit dem Verweis auf die Bildungsstandards und sieht das entscheidende Merkmal in „herausfordernden Aufgabenstellungen". „Mit solchen Aufgabenstellungen", so Klieme, „ruft der Unterricht die verschiedenen Kompetenzen immer wieder ab und erweitert sie. Dazu gehört, dass Schülerinnen und Schüler sich aktiv einbringen können, aber nicht nur mit einfachen Tätigkeiten und eingeworfenen Details, sondern so, dass Probleme und Missverständnisse zu Tage kommen und abgeklärt werden. Nicht nur die Aufgaben sind herausfordernd, sondern auch ihre Umsetzung, sei es im Unterrichtsgespräch oder in der Gruppen- und Einzelarbeit. Inhaltlich wird darauf geachtet, dass die Wissenselemente nicht nebeneinander stehen, sondern systematisch auf die Leitideen bezogen sind." Diese Beschreibung ist insofern eine Herausforderung, als sie – ebenso wie die Bildungsstandards – der fachlichen Konkretisierung und Illustrierung bedarf.

Dabei ist allem voran zu bedenken: Kompetenzorientierung ist kein Gegenmodell zur Stofforientierung. Anforderungen im kompetenzorientierten Deutschunterricht sind immer an konkrete Gegenstände oder Inhalte gebunden. Aber Kompetenzorientierung begnügt sich nicht mit dem Stoff. Insofern geht sie über „Stofforientierung" hinaus und zielt auf die Übertragbarkeit des Gelernten. Dafür muss das Gelernte aus dem Erwerbskontext gelöst und abstrahiert werden. Um es in neuen Kontexten zu nutzen, ist in der Regel eine Anpassung an den neuen Zusammenhang erforderlich. Darin besteht eine erhebliche Herausforderung in allen Bereichen des Deutschunterrichts. Ossner (2013: 46) bringt das Problem auf den Punkt, wenn er die Grenzen der Subsumption, d. h. hier der Anwendung und Übertragung, im Umgang mit den Gegenständen des Deutschunterrichts deutlich macht.

### 2.1.1 Das Verhältnis von kompetenz- und stofforientierten Aufgaben

Sind kompetenzorientierte Aufgaben anders als stofforientierte? Für Kurt Reusser (2014: 82) bedeutet „Kompetenzorientierung [...] weder eine Abkehr von einer fachkulturellen Wissensbildung noch von der Leitidee eines verständnisorientierten und problemlösenden Lernens". Was also kennzeichnet kompetenzorientierte Aufgaben?

Kompetenzen lassen sich durch folgende Abgrenzungen definieren: Sie sind Leistungsvoraussetzungen und als solche nicht direkt beobachtbar. Sie sind von der Leistung zu unterscheiden, aus der auf das Vorhandensein von Kompetenzen geschlossen werden kann. Kompetenzen lassen sich erwerben und unterscheiden sich dadurch von angeborenen Merkmalen. In Kompetenzen sind Wissen und Können verknüpft. Denn Kompetenzen sind kontextspezifische Leistungsvoraussetzungen und somit situations- und wissensabhängig. Dadurch unterscheiden sie sich von allgemeinen Leistungsvoraussetzungen wie z. B. Intelligenz.

Willenberg (2007a: 7) weist darauf hin, dass der Wissenserwerb dem Können vorausgeht. Das heißt, „dass sich die Fähigkeiten zuerst in sachlichen Themen manifestieren, also z. B. im Textwissen, das angewandt werden soll: Was ist eine Metapher, eine Erzählperspektive, wie zeigt sich ihre Veränderung in einem Text oder auch in einem Film?" In einem zweiten Schritt entständen „Zugangsweisen z. B. zur Textlektüre, die am Ende wie bei Routiniers sicher eingesetzt" (ebd.) würden.

Das heißt: Kompetenzorientierung überbietet die Stofforientierung, macht diese aber keinesfalls überflüssig. Denn: Kompetenzen brauchen nicht nur Wissen, sondern auch Einblick in die Besonderheit von Einzeltexten bzw. einzelner Gegenstände. „Kompetenz heißt also im Kern, ein vorhandenes Muster auf neue Stoffe oder auch Probleme übertragen zu können." (Ebd.) Diese Erläuterung verweist auf den strategisch-prozeduralen Charakter von Kompetenzen. Das gilt sowohl für Prozeduren des Zuhörens und Lesens als auch für solche des Sprechens und Schreibens. Hier greifen Strategien und Techniken – auch in Form von Leitfäden. Aber auch Wissensbestände wie z. B. Epochen- und Gattungswissen, Wissen über Konzepte – z. B. von Macht und Herrschaft, von Liebe und Ehe – oder eben rhetorische Mittel haben Transferpotenzial und somit

Affinität zur Entwicklung literarischer Kompetenz, ohne diese allerdings zu gewährleisten.

Aus der Sicht der Unterrichtspsychologie sollte auch die Situationsgebundenheit von Kompetenzen berücksichtigt werden. Das bedeutet, dass die Inhalte in möglichst verschiedenen Kontexten angeboten werden (Rustemeyer 2011: 124). Während Stofforientierung auf unterschiedlichen Levels Wissen erzeugt, geht es beim Kompetenzerwerb um die Verknüpfung von Wissen und Können. Dabei bezieht sich das Können nicht nur auf unterschiedliche Flexibilitätsgrade (Grade der Wissensanpassung an die spezifische Situation), sondern betrifft auch die Struktur und den Automatisierungsgrad des zu nutzenden Wissens.

Am Beispiel von Brechts Erzählung „Freundschaftsdienste" soll der Zusammenhang von Stoff- und Kompetenzorientierung im Literaturunterricht vorgestellt werden. Es handelt sich um eine interessante Erzählung, einen individuellen Text, der durch ein überraschendes Geschehen und durch spezifische Darstellungsmittel gekennzeichnet ist. Soweit die Sicht der Stofforientierung. Zugleich ist sie exemplarisch sowohl für eine bestimmte Art von Erzählungen als auch für Brechts Denken. Und hier setzt Kompetenzorientierung an. Wer kompetenzorientiert unterrichtet, fragt, welches anschlussfähige bzw. anwendbare Wissen an Brechts Erzählung erworben werden kann. In erster Linie sind dies Grundzüge von Brechts Denken und Einblick in die Keuner-Figur (A 1).

**Bertolt Brecht: Freundschaftsdienste**

Als Beispiel für die richtige Art, Freunden einen Dienst zu erweisen, gab Herr K. folgende Geschichte zum Besten. Zu einem alten Araber kamen drei junge Leute und sagten ihm: „Unser Vater ist gestorben. Er hat uns siebzehn Kamele hinterlassen und im Testament verfügt, dass der Älteste die Hälfte, der Zweite ein Drittel und der jüngste ein Neuntel der Kamele bekommen soll. Jetzt können wir uns über die Teilung nicht einigen; übernimm du die Entscheidung!" Der Araber dachte nach und sagte: „Wie ich es sehe, habt ihr, um gut teilen zu können, ein Kamel zu wenig. Ich habe selbst nur ein einziges Kamel, aber es steht euch zur Verfügung. Nehmt es und teilt dann, und bringt mir nur, was übrig bleibt." Sie bedankten sich für diesen Freundschaftsdienst, nahmen das Kamel mit und teilten die achtzehn Kamele nun so, dass der Älteste die Hälfte, das sind neun, der Zweite ein Drittel, das sind sechs, und der jüngste ein Neuntel, das sind zwei Kamele bekam. Zu ihrem Erstaunen blieb, als sie ihre Kamele zur Seite geführt hatten, ein Kamel übrig. Dieses brachten sie, ihren Dank erneuernd, ihrem alten Freund zurück.

Herr K. nannte diesen Freundschaftsdienst richtig, weil er keine besonderen Opfer verlangte.

„Freundschaftsdienste", aus: Bertolt Brecht, Werke. Große kommentierte Berliner und Frankfurter Ausgabe, Band 18: Prosa 3. © Bertolt-Brecht-Erben / Suhrkamp Verlag 1995.

### 2.1.2 Stofforientierung

Stofforientierung verlangt Aufgaben, mit deren Hilfe die Schüler diesen konkreten Text oder Problembereich erschließen. Das bedeutet u. a., den Inhalt und relevante Darstellungsmittel des Textes strukturiert zu erfassen und zu verknüpfen. Im vorliegenden Beispiel geht es auch darum, zu verstehen, dass in Brechts Erzählung mit den Mitteln der Gleichnisrede für Klugheit, Rationalität und Unabhängigkeit in Freundschaftsbeziehungen geworben wird. Diese Merkmale gilt es zu erarbeiten. Dementsprechend ließen sich stofforientierte Anforderungen in Teilaufgaben wie den Folgenden formulieren:

- „Welches Problem haben die drei Brüder? Worin besteht die Hilfe? Was wird über die Beziehung zwischen den Figuren gesagt?"
- „Erkläre, worin der Freundschaftsdienst des Arabers besteht."
- „Ist das nicht eher Nachbarschaftshilfe als Freundschaftsdienst? Begründe dein Urteil."

Was die Bewertung des Figurenverhaltens in literarischen Texten betrifft, so spielen sowohl Emotionen als auch bestimmte Werteigenschaften und -maßstäbe eine Rolle (Zabka 2013: 4–12). Diese stoffbezogenen Anforderungen stehen keinesfalls in Konkurrenz zum Kompetenzerwerb oder schließen diesen aus. Sie sind nur nicht mit Kompetenzerwerb im strikten Sinn gleichzusetzen. Denn das direkte Ziel der o.g. Aufgabe besteht in der Rekonstruktion und der – kritischen – Reflexion eines bestimmten (singulären) literarischen Textes. Letztlich steht auch die oben genannte Bewertungsaufgabe im Dienst vertiefenden literarischen Verstehens. Denn Brechts Strategie besteht auch – und gerade – darin, das Maß für Freundschaftsdienste an unverbindlichen nachbarschaftlichen Beziehungen zu gewinnen und der Freundschaft so die Emphase zu nehmen, wie sie z.B. in Schillers „Bürgschaft" enthalten ist.

### 2.1.3 Kompetenzorientierung

Kompetenzorientierte Anforderungen sind demgegenüber nicht nur auf das Besondere eines Textes gerichtet, sondern darüber hinaus auch auf die Übertragbarkeit des Gelernten. Deshalb zielt Kompetenzorientierung häufig auf das Allgemeine und Regelhafte, weil darin übertragbares Wissen besteht. Kompetenzorientierung bevorzugt Wissen mit hohem Transferpotenzial (vgl. Felten/Stern 2012). Das bedeutet, dass das Verallgemeinerbare aus dem Erwerbskontext gelöst werden muss. Josef Leisen bezeichnet diesen Schritt als *Dekontextualisierung*. Verallgemeinerbar an der vorliegenden Erzählung sind z.B. folgende Aspekte:

(1) die Unterscheidung von Rahmen- und Binnenerzählung,
(2) die Rolle von Parabeln und Beispielgeschichten und deren Merkmale bei Brecht,
(3) die Funktion der Keuner-Figur bei Brecht sowie
(4) das hier entwickelte Konzept von Freundschaft als etwas Rationales und Unheroisches, gleichsam das Gegenstück zu einem emphatischen Freundschaftsbegriff.

Kompetenzorientierung im Literaturunterricht kann auch darauf zielen, thematische Konzepte zu erwerben, wie im vorliegenden Fall Konzepte gegenseitiger Hilfe in Freundschaftsdingen. Brechts Text gibt eine Antwort auf die Frage, wodurch die Hilfe bestimmt wird, die Freunde einander leisten: Statt hohe Erwartungen aneinander zu stellen, plädiert er für Intelligenz und Machbarkeit.

Isoliert man das von Brecht vorgeschlagene Freundschaftskonzept, dann wird dieses Wissen im Rahmen vergleichender Lektüren oder thematischer Arbeit zu einer Folie, auf der sich andere, auch gegenläufige, Konzepte von Freundschaft profilieren lassen.

Insofern kann Kompetenzorientierung nicht darauf verzichten, das übertragbare Wissen auch zu nutzen. Es gilt also, eine beträchtliche Zahl von Nutzungsgelegenheiten anzubieten. Das heißt: *Es muss viel Transferarbeit geleistet werden.*

Nehmen wir das – an Brechts Erzählung erworbene – unheroische Konzept von Freundschaft. Es erhält Brisanz und verstärktes Diskussionspotenzial, wenn es als Gegenentwurf zu Schillers Ballade „Die Bürgschaft" gelesen wird. Während bei Schiller Freundschaft unter einer großen Belastungsprobe steht – es geht um nichts weniger als das eigene Leben –, besteht Freundschaft in Brechts Erzählung gerade darin, zu tun, was wenig Aufwand und Kosten bedeutet, aber strategisch hilfreich ist. Wenn Literatur „wertende Kommunikation über Werte" ist (Gottfried Willems), dann gehören auch thematische Konzepte zum Erwerb literarischer Kompetenz. Bewertungen in literarischen Texten werden oft nicht explizit vorgenommen, d. h. als solche gekennzeichnet, sondern bleiben als indirekte Bewertungen implizit.

Die Kompetenz, einmal erworbene Konzepte in neuen Zusammenhängen zu nutzen, resultiert aus vielfältigen Übungs- und Verwendungszusammenhängen. Insofern hängt Kompetenzorientierung mit kumulativem Lernen zusammen. Es geht um Aufgaben, die neben dem Besonderen eines Textes auch das Allgemeine profilieren, es dekontextualisieren und in neuen Zusammenhängen darauf zurückgreifen. Also: zuerst dekontextualisieren und begrifflich fassen, dann in vielfältige neue Zusammenhänge bringen.

Allerdings besteht Kompetenzerwerb keinesfalls nur in der Nutzung konzeptuellen Wissens. Wie Willenberg gezeigt hat, geht es immer auch um den Erwerb und die Nutzung formalen Wissens. Fragt man Schüler, woran sie erkennen, dass sie es mit einem Gedicht zu tun haben, dann nennen sie primär die Merkmale Reim und Vers. Was aber macht ein Gedicht aus, wenn weder Reim noch durchgängiges Metrum vorhanden sind? Am Beispiel einer Transferaufgabe soll bereits erworbenes Wissen über die Beschaffenheit von Gedichten und über lyrische Gestaltungsmittel genutzt werden, um herauszufinden, ob und warum ein Text ein Gedicht ist.

Vorausgesetzt ist sowohl Wissen über die Rolle eines lyrischen Subjekts, über lyrische Gestaltungsmittel wie Bildlichkeit (Verlebendigung, Personifikation) und Kontrastierung als Mittel semantischer Verdichtung als auch über die Verwendung freier Verse. Die beiden Texte werden ohne Autorennamen präsentiert.

A

Überprüfe, um welche Textsorten es sich bei den beiden folgenden Texten handelt, und begründe deine Entscheidung.

| Text 1 | Text 2 |
|---|---|
| Erster Schnee am Wochenende erwartet<br>Das Wochenende ist ziemlich unterkühlt. Wir liegen 20 Grad unter den Werten vom vergangenen Wochenende. Dabei gibt es immer wieder Schauer, aber auch Sonnenschein.<br>Mehr Niederschlag gibt es dagegen an den Alpen und dort sinkt die Schneefallgrenze am Samstag auf 1800, am Sonntag sogar auf 1500 Meter.<br>Dann wird es in den Bergen das erste Mal für die kommende Saison weiß werden. | Ins Weiße blickend<br><br>Schnee hat auf Katzenpfoten<br>den Garten zurückerobert,<br>die Dächer und Bäume besetzt.<br>Erfroren starren<br>die Knospen dich an,<br>schwarze Pupillen<br>im Weiß der Zweige. |

Wenn die Schüler darauf verweisen, dass in Text 2 ein Du angesprochen wird, dass der Schnee und die Knospen verlebendigt bzw. personifiziert werden, dann haben sie das in anderen Zusammenhängen erworbene Wissen transferiert und den literarischen Charakter des Textes erkannt. Sollen die Schüler darüber hinaus erklären, was einen Vers ausmacht, wenn kein Reim vorhanden ist, dann geht es um die metrische und rhythmische Gestaltung.
Als „Geländer" können folgende unterstützende Aufgaben angeboten werden:

- *Zähle die Silben in jeder Zeile.*
- *Markiere die betonten Silben.*
- *Überprüfe, ob sich Hinweise auf ein rhythmisches Muster ergeben.*

| Text 1 | Text 2 | |
|---|---|---|
| Erster Schnee am Wochenende erwartet | x x́ x x́ x | Ins Weiße blickend |
| | | |
| Das Wochenende ist ziemlich unterkühlt. Wir liegen | x́ x x x́ x x́ x | Schnee hat auf Katzenpfoten |
| 20 Grad unter den Werten vom | x x́ x xx́ x x́ x | den Garten zurückerobert, |
| vergangenen Wochenende. Dabei gibt es immer | x x́ x x x́ x x xx́ | die Dächer und Bäume |
| wieder Schauer, aber auch Sonnenschein. | | besetzt. |
| Mehr Niederschlag gibt es dagegen an den Alpen und | x x́ x x́ x | Erfroren starren |
| dort sinkt die Schneefallgrenze am Samstag auf | x x́ x x x́ | die Knospen dich an, |
| 1800, am Sonntag sogar auf 1500 Meter. | x́ x x x́ x | schwarze Pupillen |
| Dann wird es in den Bergen das erste Mal | x x́ x x́ x | im Weiß der Zweige. |
| für die kommende Saison weiß werden. | | |

Das Ergebnis besteht darin, dass sich in Text 2 neben prägnanter Bildlichkeit und Subjektivität auch gewisse Regelmäßigkeiten hinsichtlich der Silbenzahl und der Betonung zeigen.

Fazit: Kompetenzen setzen Wissen voraus und zeigen sich in der flexiblen und wirksamen Nutzung dieses Wissens, um fachspezifische Probleme zu lösen. Wie stark eine Kompetenz ausgeprägt ist, bemisst sich an der Fähigkeit, mehr oder weniger komplexe Probleme zu lösen.

## 2.2 Unterscheidung von Lern- und Leistungsaufgaben

Der *Erwerb* von Wissen und Können folgt anderen Gesetzen als deren *Überprüfung*. Diese Unterscheidung ist populär, seit Weinert (1999: 28–34) als Ergebnis von ihm betreuter Längsschnittprojekte auf die „völlig unterschiedlichen psychologischen Gesetzmäßigkeiten" von „Lernen und Leisten" verwiesen hat, auch wenn „Leistungen in der Regel vom vorhergehenden Lernen abhängen". Folglich kann eine Aufgabe für die Lernsituation überaus geeignet sein und für die Leistungssituation denkbar ungünstig. Denn in einer Leistungssituation bemüht man sich in erster Linie darum, Erfolge zu erzielen und Misserfolge zu vermeiden. Man soll auch zeigen, dass der Unterricht erreicht hat, was er erreichen sollte. Demgegenüber geht es in Lernsituationen darum, Neues zu lernen, Wissenslücken zu schließen oder unklar Gebliebenes besser zu verstehen. Während es in der Leistungssituation Fehler zu vermeiden gilt, können sie in der Lernsitation ein Erkenntnismittel sein. Das heißt: Lernaufgaben bereiten auf Leistungsaufgaben vor. Erfolgreicher Unterricht braucht nach Weinert beides, und in der Wahrnehmung der Schüler möglichst getrennt: viele entspannte Gelegenheiten zum intensiven Lernen und genügend anspruchsvolle Leistungssituationen. Folglich erscheint es nicht nur sinnvoll, sondern auch notwendig, für beide Situationen unterschiedliche Aufgaben zu modellieren.[1]

Eine dritte Aufgabenart jenseits von Lern- und Leistungsaufgaben sind Aufgaben zur Selbstevaluation. Sie haben primär metakognitiven Charakter und dienen der Reflexion von Erwerbsprozessen und Lernerträgen (vgl. Winkler 2011: 22) auf vielfache Weise.

### 2.2.1 Lernaufgaben

Im Bereich der Lernaufgaben muss zwischen verschiedenen Aufgabenfunktionen unterschieden werden. Neben Aufgaben zur Erarbeitung von etwas Neuem gibt es Aufgaben zur Dekontextualisierung, zur Übung und zum Transfer.

#### Erarbeitungsaufgaben

Erarbeitungsaufgaben sollen einen klaren Fokus setzen, denn sie konfrontieren die Schüler mit einem neuen Wissensbereich oder einem neuen Verfahren. Wenn z. B. gelernt werden soll,

- was Metaphern sind und was sie leisten,
- was eine Erzählung und einen Bericht unterscheidet,
- was Nachricht und Kommentar unterscheidet,
- wann man s und wann man ß schreibt,
- welche Formen von Indirektheit in literarischen Texten häufig vorkommen, dann geht es um neue Wissensgebiete.

1 Für eine eingehende Diskussion zur Unterscheidung und Differenzierung von Lern- und Leistungs- bzw. Prüfungsaufgaben vgl. auch Legutke 2006, Lindauer/Schneider 2007, Schneider/Lindauer 2007.

**Wahl eines geeigneten Gegenstands:** Um übertragbares Wissen zu erwerben, sollten zunächst Gegenstände gewählt werden, die das Neue in ausgeprägter Weise repräsentieren, sodass aus den Ergebnissen der Erschließungsarbeit verallgemeinerbares, d. h. übertragbares, Wissen gewonnen werden kann.

Soll gelernt werden, wie man Information und Wertung unterscheidet (BS HSA, BS MSA), dann eignen sich Texte, die beides enthalten, wie z. B. die Antworten, die Rainer Erlinger jede Woche im Magazin der Süddeutschen Zeitung auf sogenannte Gewissensfragen gibt. Erlinger diskutiert Fragen wie „Gehört Popcorn zur Kinokultur? Oder sollte es aus dem Saal verbannt werden, weil Schmatz- und Kaugeräusche den Filmgenuss stören?" oder „Darf man für ehemals deutschsprachige Orte noch ihre alte Namen verwenden?" und trifft dabei wertbezogene Entscheidungen.

Wenn Schüler lernen sollen, dass z. B. Metaphernfelder eine Verstehensbarriere darstellen, die zu bewältigen ist, dann eignen sich in erster Linie lyrische Texte. Auch journalistische Texte sind häufig durch Metaphernfelder bestimmt; dort haben sie allerdings eher verstehensfördernden Charakter. Die Bildungsstandards für die Allgemeine Hochschulreife (BS AHR 2012) bieten eine Abituraufgabe zu Paul Zechs Gedicht „Fabrikstraße Tags", das durch das Metaphernfeld „Kälte versus Hitze/Wärme" (ebd.: 64) bestimmt ist und sich folglich auch für den Erwerbszusammenhang eignet. Allerdings ist dabei zu bedenken, dass Wissen mit hohem Transferpotenzial in der Regel formalen Charakter hat.

**Prozeduren**: Zur Erschließung der gewählten Texte bieten sich Prozeduren an, die die *Wahrnehmung* der Schüler auf das zu erwerbende Wissen bzw. die zu erwerbenden Strategien richten.

Wenn z. B. gelernt werden soll, einen Textabschnitt zusammenzufassen, dann müssen die Schüler verschiedene Reduktionsstrategien kennen und nutzen. Eine eher einfache Strategie besteht in der Kürzung durch Weglassen von Beispielen. Eine entsprechend fokussierte Erarbeitungsaufgabe hieße dann:

*Markiere alle Beispiele, die in diesem Textabschnitt gegeben werden, und ersetze sie durch eine allgemeine Formulierung.* Statt etliche Stellenprofile konkret zu nennen, ließe sich der Abschnitt folgendermaßen zusammenfassen: Stellenangebote zeigen, dass in sehr vielen beruflichen Zusammenhängen „gute bis sehr gute" oder sogar „verhandlungssichere" Englischkenntnisse gefragt sind (vgl. Miriam Hoffmeyer: Selbstverständlich Englisch. In: Süddeutsche Zeitung Nr. 127 v. 06./07.06.2015: 61; online: http://www.sueddeutsche.de/karriere/sprachkenntnisse-im-job-ohne-englisch-geht-nichts-1.2504219, recherchiert am 21.09.2015).

Geht es demgegenüber um den Erwerb komplexer Strategien, mit deren Hilfe z. B. Metaphern erschlossen werden können, dann muss diese Strategie in ihren wesentlichen Zügen zunächst an einem geeigneten Beispiel vorgestellt werden, um im Anschluss die Übertragbarkeit des Verfahrens zu erproben. Direkte Instruktion in Form von Anleitung erscheint hier als Verfahren der Wahl.

Auch die vergleichende Erschließung von Texten bzw. der Textvergleich sind hier bewährte Vermittlungsformen und es besteht eine Fülle von Variationsmöglichkeiten. Der Vorzug vergleichender Arbeit liegt im hohen Fokussierungspotenzial dieses Verfahrens, ohne dass die kognitive Anregung auf der Strecke bleibt (Köster/Spinner 2002).

Folgt man Felten und Stern, dann spielt der Grad des Selbstentdeckens für die Lernwirksamkeit einer Aufgabe keine entscheidende Rolle (vgl. Felten/Stern 2012: 36). Weder die Lenkung der Wahrnehmung noch die Vorgabe eines Lösungswegs bedeuten hier „Gängelung" der Schüler. Im Rahmen der Erarbeitung von etwas Neuem sind Orientierung und Geländer (tool) in besonderem Maß geboten – unter Berücksichtigung kognitiver Aktivierung. Entscheidend ist, dass die lernerseitigen Voraussetzungen geklärt sind und das, was neu erworben werden soll, klar konturiert ist. Pro Aufgabe eignen sich am besten ein bis zwei Erwerbsaspekte. Nach wie vor anregend und anspruchsvoll sind die von Margret und Karlheinz Fingerhut (1984) vorgelegten Aufgaben zur Analyse und Interpretation von Naturgedichten:

**Dekontextualisierungsaufgaben**

Im kompetenzorientierten Unterricht münden Erarbeitungsaufgaben in die Dekontextualisierung, d. h. in die Formulierung dessen, was am Gelernten übertragbar ist, auf andere Exemplare. Dekontextualisierungsaufgaben sind anspruchsvoll, weil sie mit Abstraktion verbunden sind.

Eine besondere Form der Dekontextualisierung ist die aus Beobachtung gewonnene Formulierung von Gesetzmäßigkeiten oder *Regeln.* Das ist z. B. beim induktiven Grammatikunterricht der Fall.

Werden die Regeln direkt vermittelt – z. B. Regeln für ein Vorstellungsgespräch oder Regeln für das Nebensatzkomma, dann erübrigt sich die Dekontextualisierung. Dekontextualisierung ist immer dann erforderlich, wenn die Arbeit auf den individuellen Text gerichtet war und im Anschluss ermittelt werden soll, was vom Gelernten auf andere Exemplare übertragbar ist.

In den BS AHR (2012: 200 f.) wird im Zusammenhang mit der Analyse eines polemischen pragmatischen Textes folgendes Beispiel für Dekontextualisierungsaufgaben gegeben. Es handelt sich um drei Varianten mit abnehmendem Entscheidungsspielraum.

- Variante 1: *Formulieren Sie in wenigen Punkten, was Sie beim Lösen der Aufgaben gelernt haben.*
  Schülerlösung: „Ich habe Strategien zur Leserbeeinflussung durch einen Text kennengelernt. Dazu gehören beispielsweise Suggestion, Pejoration oder Pauschalisierung. Ich habe gelernt, einen Text auf diese Mittel zur Beeinflussung des Lesers hin kritisch zu lesen und zu untersuchen, inwiefern sie die erhoffte Wirkung zeigen."
- Variante 2: *Was haben Sie im Hinblick auf Techniken der Bewertung und Beeinflussung gelernt?*

Schülerlösung: „Ich habe gelernt, dass es gewisser Strategien bedarf, um Leser durch einen Text zu beeinflussen, dazu gehören z. B. die mehrfache Verwendung sprachlicher Formulierungen, die Häufung und Umschreibung gewisser Ausdrücke zum Zwecke der Bedeutungssteigerung oder die Pauschalisierung, um dem eigenen Anliegen Nachdruck zu verleihen, die persönliche Einbeziehung des Lesers durch ein bedacht gesetztes ‚Wir' oder die latente, aber dennoch bewusste Abwertung, Pejoration genannt, der kritisierten Tatsachen. Gleichzeitig aber habe ich auch gelernt, dass die bloße Setzung solcher suggestiver Verfahren eine Aussageabsicht nicht automatisch überzeugend gestaltet."

- Variante 3: *Ergänzen Sie folgende Sätze*[2]:

  Beispiellösung: Liedtkes Text (Liedtke 2004: 6–10; 12 f.) zielt auf die *Beeinflussung des Lesers*. Zu diesem Zweck nutzt der Verfasser Techniken der *Suggestion* und der *Wertung*. Den einzelnen Techniken lassen sich bestimmte sprachliche Mittel zuordnen. Pejoration, *Pauschalisierung* und *Gleichsetzung von Ungleichem* dienen der *(Ab-)Wertung*. Reihungen, rhetorische Fragen, *Dreierfiguren* und *kollektives Wir* sind Mittel der *Suggestion* und sollen den Leser beeinflussen.

**Übungsaufgaben**

Übungsaufgaben dienen sowohl der Festigung fachlichen Wissens (z. B. die Festigung von Ironiesignalen, also von Hinweisen darauf, dass eine Äußerung ironisch ist) als auch der Prozeduralisierung bzw. der Automatisierung von Strategien. Während Erarbeitungsaufgaben klar fokussiert und stringent sein müssen, sind Übungsaufgaben vielgestaltig und eröffnen – ebenso wie Transferaufgaben – nicht nur die Möglichkeit zur Differenzierung, sondern auch Freiraum für Entdeckungs- und Überprüfungsprozeduren. Je näher Übungsaufgaben am Gegenstand des Neuerwerbs sind, desto mehr sind sie zur Festigung bzw. Automatisierung geeignet.

Das folgende Beispiel einer Übungsaufgabe bezieht sich auf „Indirektheit" als Verstehensbarriere: *Ermitteln und erklären Sie, welche Art von Indirektheit in den folgenden Texten Kafkas (z. B. Kleine Fabel; Der Steuermann) vorliegt und inwiefern dadurch das unmittelbare Verständnis erschwert wird.* Auf diese Weise üben sich die Schüler im Umgang mit Abstraktionen und entwickeln Sensibilität für Relationen zwischen Konkretem und Abstraktem.

Ein weiteres attraktives Übungsformat besteht darin, aus einem Korpus von Texten denjenigen auszuwählen, bei dem das neu Gelernte am besten anwendbar ist. Oder die Texte auszuwählen, auf die es gar nicht anwendbar ist. Oder die Texte in eine Reihenfolge zu bringen, die den Grad der Anwendbarkeit des neu

2 Die kursiv gesetzten Wörter und Wortgruppen bilden die Ergänzung des Lückentextes. Die Lücken können auch etwas anders gefüllt werden und bieten daher Anlass zum Austausch und zur begrifflichen Fassung des Gelernten.

Gelernten abbildet. Im Rahmen einer Transferaufgabe ließen sich auch die Texte bestimmen, bei denen das neu Gelernte verändert werden muss, um genutzt werden zu können.

**Transferaufgaben**

Transferaufgaben verlangen eine Anpassung sowohl des fachlichen Wissens als auch der Strategien an veränderte Zusammenhänge. Sie können unterschiedlich anspruchsvoll sein und bieten ein großes Spektrum an Differenzierungsmöglichkeiten. Das gilt sowohl für den Grad der geforderten Selbstständigkeit als auch für die Komplexität der Aufgaben. Transferaufgaben sind umso schwieriger, je mehr Veränderungen am bereits Gelernten vorgenommen werden müssen. Wer Erzähltexte mit einem einzigen Handlungsstrang wiedergeben kann, könnte bei Erzähltexten mit mehreren Handlungssträngen durchaus Schwierigkeiten haben. Wer gelernt hat, das entlaufene Kätzchen in einer Verlustanzeige zu beschreiben, ist nicht notwendig in der Lage, für einen Auktionskatalog ein Kunstobjekt zu beschreiben. Das heißt: Schreibkompetenzen wie Wiedergeben und Beschreiben haben nur begrenztes Transferpotenzial, denn sie sind in hohem Maß durch den Gegenstand, die Situation und den Adressaten bestimmt.

Umgekehrt gilt: Je höher das Transferpotenzial des Gelernten, desto weniger Anpassungen sind i. d. R. erforderlich. Je formaler das Wissen, desto höher ist das Transferpotenzial. Wer die Merkmale zentraler Gedichtformen kennt, wird dieses Wissen ohne großen Anpassungsaufwand vom Barocksonett auf Rilkes *Sonette an Orpheus* und gegebenenfalls von Ovid auf Goethe, Schiller, Hölderlin übertragen können.

Für eine flexible Handhabung des neu Gelernten ist Material erforderlich, das sich vom Gegenstand des Neuerwerbs deutlich unterscheidet. Diese Funktion erfüllen in erster Linie Transferaufgaben, wobei der Übergang zur Übungsaufgabe durchaus fließend sein darf. An Kafkas *Türhüterlegende* wäre z. B. zu überprüfen, ob hier die Verstehensbarriere ebenfalls durch „Indirektheit in Form der Allegorie" verursacht ist oder ob andere Barrieren – z. B. Irritation des Lesers durch textinterne Widersprüche – wirksam sind.

**Evaluationsaufgaben**

Evaluationsaufgaben erfordern Eigenständigkeit und haben starke Affinität zum selbstregulierten Lernen. Sie provozieren die Reflexion von Lernprozessen und Lernergebnissen oder leiten dazu an. Insofern haben Evaluationsaufgaben häufig metakognitiven Charakter. Winkler (2011: 25) hebt den „fließende[n] Übergang von Evaluations- zu Erarbeitungsaufgaben" hervor und weist darauf hin, dass im Literaturunterricht über die Diskussion von Schülerlösungen „eine vertiefende Auseinandersetzung mit dem Ausgangtext als Erkenntnisobjekt erfolgen kann". Als Ausgangssituation für Evaluationsaufgaben zitiert Winkler (ebd.: 23) folgende Fragen:

- „Inwieweit hat ein Problemlöseprozess [...] zur Erreichung eines Ziels beigetragen? (Selbstevaluation)
- Inwieweit kann ein Ziel (eine fachspezifische Problemlösung) als erreicht gelten? (Selbst- oder Fremdevaluation)
- Wie ist der Stand der eigenen Kompetenzentwicklung einzuschätzen? (Selbstevaluation)".

**Selbstdifferenzierende Aufgaben**

Das Interesse an selbstdifferenzierenden Aufgaben ist Folge der großen Herausforderungen durch heterogene Lerngruppen. Die Aufgabenmerkmale „Lebensweltbezug" und „Offenheit" sollen zu einer „natürlichen Differenzierung" führen, indem sie sowohl das Interesse möglichst vieler Schüler wecken als auch vielfältige Tätigkeiten auf unterschiedlichen Niveaus zulassen. Vor allem soll eigenen, d. h. individuellen, Lern- bzw. Lösungswegen Raum gegeben werden. Damit das funktioniert, ist „Mehrdimensionalität" als weiteres Aufgabenmerkmal erforderlich. Das bedeutet, dass nicht nur mehrere Lösungen möglich sind, sondern dass die Schüler die Aufgabe auch abwandeln können (vgl. Rehle 2009, S. 206).

Selbstdifferenzierende Aufgaben wurden vor allem für den Mathematikunterricht und den Unterricht in der Grundschule entwickelt. Für den Deutschunterricht in den Sekundarstufen gibt es Erfahrungen im Bereich der Grammatik- und Rechtschreibdidaktik.

Je nach Tätigkeit führt solche Differenzierung jedoch zu unterschiedlichen Zielen bzw. zu durchaus unterschiedlichen Kompetenzen. Da das Konzept selbstdifferenzierender Aufgaben jedoch auf die Verknüpfung individueller und kooperativer Lernsituationen zielt, ist die Kommunikation über die jeweils entstandenen Lösungen nicht mehr ohne Weiteres möglich.

Beispiel: *Du hast übers Wochenende im Fach Deutsch als Hausaufgabe bekommen, 50 Seiten in einem Jugendroman zu lesen. Deine Eltern finden das nicht in Ordnung. Sie sagen, das ist nicht erlaubt. Wer hat nun Recht? Die Lehrkraft oder deine Eltern? Was kannst du tun, um Klarheit zu schaffen?*

Das Problem, das diese Aufgabe stellt, kann auf sehr unterschiedliche Weise gelöst werden, aber nicht jeder Lösungsweg trifft einen Aspekt des Deutschunterrichts. Die naheliegende Lösung ist Recherche im Internet. Gibt man z. B. bei Google ein, ob Hausaufgaben übers Wochenende erlaubt sind, dann erhält man eine Vielzahl an Angeboten. Sie reichen von Foren bis zu Rechtsverordnungen der Bundesländer. Sich in diesem Dschungel zurechtzufinden, schult die Kompetenz der Internetrecherche und verfolgt darüber hinaus Ziele des Politikunterrichts, da jedes Bundesland andere Hausaufgabenregelungen hat. Der Lösungsweg über die Internetrecherche fördert also andere Kompetenzen als die Lektüre einer ganz bestimmten – von der Lehrkraft ausgewählten – Rechtsverordnung für das entsprechende Bundesland, z. B. des Hausaufgabenerlasses aus NRW oder der entsprechenden Regelung aus Baden-Württemberg. Auch die Lektüre eines vorab ausgewählten schwierigen Textes kann das oben formulierte lebensweltliche Problem lösen. Das damit verbundene – für den Deutschunterricht spezifische – Ziel besteht jedoch darin, Verstehensbarrieren wahrzunehmen und zu überwinden. Die Internetrecherche schult andere Kompetenzen.

Aus deutschdidaktischer Perspektive empfiehlt es sich, das Hausaufgabenproblem durch fachspezifische Wahlangebote zu ergänzen. Zum Beispiel:

A

**Wahlangebot**

*Du kannst*

- *im Internet nach der für dein Bundesland geltenden rechtlichen Regelung suchen und zitieren, was darin über Hausaufgaben am Wochenende steht,*
- *folgenden Text aus dem in Baden-Württemberg geltenden Schulgesetz lesen* und
- *mit deinem Tischpartner besprechen, was darin über Hausaufgaben am Wochenende steht,*
- *alle Wörter markieren, die du nicht verstehst,*
- *den Text noch einmal lesen und die markierten Wörter im Wörterbuch oder im Internet (Wikipedia, Wiktionary, DUDEN) nachschlagen,*
- *eine Verständnishilfe für Mitschüler erstellen, die Schwierigkeiten haben, diesen Text zu verstehen,*
- *eine E-Mail an deine Lehrkraft schreiben, in der du erklärst, warum du die Hausaufgabe nicht gemacht hast.*

Aus der Verordnung des Ministeriums für Kultus und Unterricht über die Notenbildung vom 05.05.1983 (KuU 1983/13, S,449):

(1) Hausaufgaben sind zur Festigung der im Unterricht vermittelten Kenntnisse, zur Übung, Vertiefung und Anwendung der vom Schüler erworbenen Fähigkeiten und Fertigkeiten sowie zur Förderung des selbständigen und eigenverantwortlichen Arbeitens erforderlich.

(2) Die Hausaufgaben müssen in innerem Zusammenhang mit dem Unterricht stehen und sind so zu stellen, dass sie der Schüler ohne fremde Hilfe in angemessener Zeit erledigen kann.

(3) Die näheren Einzelheiten hat die Gesamtlehrerkonferenz mit Zustimmung der Schulkonferenz zu regeln, insbesondere den zeitlichen Umfang sowie die Anfertigung von Hausaufgaben übers Wochenende und über Feiertage.

(https://lehrerfortbildung-bw.de/faecher/mathematik/gym/fb1/modul7/hausi/)

Auch dieses Wahlangebot hat unterschiedliche Zieldimensionen, die vom Zitieren bis zur Inhaltswiedergabe reichen, von der Wahrnehmung von Verstehensbarrieren zu deren Überwindung.

Während die Offenheit der Aufgabe durch das Wahlangebot reduziert wird, bleibt die Autonomie der Schüler hinsichtlich der Auswahlentscheidung gewahrt. Allerdings könnte im Rahmen eines Stationenprogramms wiederum verlangt werden, mindestens zwei der Wahlaufgaben zu bearbeiten.

Einig sind sich die Vertreter selbstdifferenzierender Aufgaben darin, dass sie hohe fachliche und diagnostische Kompetenz der Lehrkraft voraussetzen.

Um abschließend ein Missverständnis auszuschließen, sei kurz angemerkt, dass der unspezifizierte Interpretationsauftrag – „Interpretieren Sie die Parabel von Franz Kafka" – zwar zu natürlicher Differenzierung führt, aber keine selbstdifferenzierende Aufgabe im intendierten Sinn darstellt. Denn das Kriterium des Lebensweltbezugs wird nicht erfüllt. Zwar besitzt dieser Auftrag sowohl das Merkmal der Offenheit als auch das Merkmal der Mehrdimensionalität, das durch die Komplexität des Auftrags gegeben ist, aber die Mehrdimensionalität erschöpft sich darin, dass für eine gelungene Lösung alle Dimensionen des Auftrags realisiert werden müssen. Anlässlich dieses gewaltigen Anspruchs tut in der Praxis jeder Schüler autonom eben das, was er kann. Dabei gerät autonome Komplexitätsreduktion allerdings häufig zu „wilder Komplexitätsreduktion". Ob das einen Vorzug darstellt gegenüber heteronomer, d. h. lehrergelenkter Komplexitätsreduktion, verlangt nach empirischer Untersuchung.

Demgegenüber weisen Leuders/Prediger (2012: 37) entschieden darauf hin, dass bei Selbstdifferenzierung die Verantwortung „für die Adaptivität des Lernangebots" „mit den Lernenden geteilt [wird], indem ein gemeinsames Lernangebot für alle so gestaltet wird, dass die Lernenden es auf unterschiedlichen Wegen und Niveaus bearbeiten können". Wenn es denn gelänge, als notwendige Konsequenz aus der Individualisierung das unterrichtliche Gespräch für die „Zone der nächsten Entwicklung" (Vygotskij) produktiv zu machen, dann wäre in der Tat viel gewonnen.

Hausaufgaben: Welche Aufgaben sind für Hausaufgaben geeignet? Grundsätzlich wird zwar zwischen unterrichtsvorbereitenden und unterrichtsnachbereitenden Aufgaben unterschieden, die Erfahrung aber zeigt erhebliche Probleme mit Aufgaben, die der Unterrichtsvorbereitung dienen.

Vorbereitende Hausaufgaben sollen eine bessere Nutzung der Lernzeit gewährleisten. Das ist eine gute Idee, deren Verwirklichung häufig daran scheitert, dass nie alle Schüler die Hausaufgaben machen. Für den Unterricht bedeutet das, das die Schüler ohne Hausaufgabe abgehängt werden: Das heißt, dass ihnen die notwendigen Voraussetzungen für die Unterrichtsstunde fehlen. Oder man stellt im Unterricht Zeit bereit, um das Versäumte nachzuholen und für alle gleiche Ausgangslagen zu schaffen, aber dann sind diejenigen zu Recht verstimmt, die die Hausaufgabe gemacht haben.

Für Hausaufgaben eignen sich deshalb: Übungsaufgaben, Vertiefungsaufgaben oder schriftliche Anwendungsaufgaben zur Korrektur und Bewertung durch die Lehrkraft. Unterrichtsvorbereitende Aufgaben wie Lese- und Analyseaufträge sind dann vertretbar, wenn die Hausaufgaben während der Schulzeit im Ganztagsbetrieb ausgeführt werden.

### 2.2.2. Leistungsaufgaben

Hinsichtlich ihres Einsatzes lassen sich *drei Gruppen* von Leistungsaufgaben unterscheiden:

1. Aufgaben für Klassenarbeiten und Klausuren zur Überprüfung des Unterrichtserfolges,
2. Aufgaben für Zentrale Prüfungen zur Zertifwizierung von Abschlüssen und
3. normierte Testaufgaben für „Assessments zur Bilanzierung von Lernergebnissen".

#### Aufgaben für Klassenarbeiten zur Überprüfung des Unterrichtserfolges

Aufgaben für Klassenarbeiten zu entwickeln, ist in erster Linie Sache der einzelnen Lehrkraft. Sie hat die Freiheit, den Voraussetzungen der Schülerinnen und Schüler entsprechend Art und Typus der Aufgabe zu bestimmen. Hier spielen natürlich die länder- und schulformspezifischen Traditionen ebenso eine Rolle wie Absprachen in den einzelnen Fachkonferenzen. Grundsätzlich gilt: Die Art der Leistungsaufgabe hängt in erster Linie vom Kompetenzbereich ab, auf den sich die Prüfung bezieht. Es gibt Aufgaben zur Überprüfung der Schreibkompetenz und Aufgaben zur Überprüfung des grammatischen und orthografischen Wissens und Könnens. Die Überprüfung der Textverstehenskompetenz jedoch ist in der Regel an eine Schreibleistung gebunden. 2004 hat Kaspar H. Spinner im Kontext der Reflexion von PISA 2000 darauf hingewiesen, dass es sich beim Verstehen um einen inneren, mentalen Vorgang handelt und beim Schreiben über einen Text um eine kommunikative Handlung. Das Verhältnis zwischen diesen beiden unterschiedlichen Fähigkeiten/Kompetenzen, so Spinner, sei wissenschaftlich weitgehend ungeklärt. Die Alltagsempirie vieler Deutschlehrkräfte weise aber darauf hin, dass Schülerinnen und Schüler manches verstehen, ohne das Verstandene selbst formulieren zu können. „Schüleräußerungen s[eien] deshalb nur ein indirektes und ungenaues Indiz für Verstehensleistungen." (Spinner 2004: 134)

Bei Klassenarbeiten ist das Spektrum von Aufgabentypen sehr groß und variantenreich. Fest steht, dass die für die – zentralen – Abschlussprüfungen relevanten Aufgabenarten eingeübt werden müssen. Trotzdem wissen wir wenig über das Spektrum und den Variantenreichtum von Aufgabentypen für Klassenarbeiten in der Sekundarstufe I. Wir wissen auch wenig darüber, ob Klassenarbeiten überwiegend auf die Reproduktion von im Unterricht erworbenem literarischen Wissen zielen (z. B. „Weise nach, dass Heines Gedicht *Belsazar* eine Ballade ist"), ob sie die Schüler vor eine neue Aufgabe stellen, deren Bewältigung die Nutzung des im Unterricht erworbenen Wissens und Könnens verlangt („Ermittle, mit welchen Strategien der Erzähler Spannung erzeugt, und stelle deine Ergebnisse in einer Tabelle dar"), ob sie Rezeptionsleistung und Produktionsleistung getrennt erheben. Wenn zur Erhebung der Textverstehensleistung Aufgaben eingesetzt werden, die keine Textproduktion verlangen, dann stellt sich die Frage, ob es sich in erster Linie um Lokalisierungsaufgaben im Bereich der Informationsermittlung handelt oder ob auch die Fähigkeit zur globalen Kohärenzbildung, zur Sinnerzeugung und zur Bewertung des Gelesenen gemessen wird.

**Aufgabenarten für zentrale Prüfungen**

Für die zentralen Prüfungen – den Hauptschulabschluss, den Mittleren Schulabschluss und das Abitur – werden Art und Typus der Aufgaben durch die Bildungsadministration (KMK und Kultusministerien der Länder) vorgegeben. Die damit verbundene Aufgabenkonzeption wird in den Bildungsstandards für den Mittleren Schulabschluss folgendermaßen erläutert:

> „Charakteristisch für diese Aufgabenkonzeption ist ein Ansatz, der die Kompetenzbereiche ‚Umgang mit Texten und Medien', ‚Schreiben' sowie ‚Sprache und Sprachgebrauch' in ihrer Komplexität und die einzelnen Standards in unterschiedlicher Intensität und Breite erfasst. Daher sind die konkreten Aufgabenstellungen vorherrschend auf die Bearbeitung eines Textes (oder Textensembles) bezogen und setzen die Fähigkeit voraus, über die grundlegenden/wesentlichen Aspekte des Textverstehens – vom allgemeinen Textverständnis über Informationsentnahme, Textinterpretation bis hin zur Reflexion und Bewertung von Inhalt und Form des Textes – zu verfügen. Jede der komplexen Aufgaben verlangt in der Bearbeitung, diesen Prozess zu durchlaufen. Reflexions- und Bewertungsleistung können auch in der Form eines eigenständig gestaltenden Umgangs oder einer argumentativen Auseinandersetzung mit dem Text oder einzelnen Textaussagen erfasst werden." (BS MSA 2003: 20)

Daraus resultieren fünf Aufgabenarten für zentrale Abschlussprüfungen (ebd.: 22):

- einen Text untersuchen, analysieren, interpretieren;
- von einer Textgrundlage ausgehend informieren, argumentieren, erörtern;
- eine Problemstellung erörtern;
- einen Text umformen oder weiterschreiben;
- von einer Textgrundlage ausgehend einen Text gestalten, entwerfen.

In modifizierter Form gelten diese Aufgabenarten auch für das Zentralabitur (BS AHR 2012: 24).

Was den kognitiven Anregungsgrad von Aufgaben betrifft, so sind Erklärungsaufgaben in der Regel wirksamer als Analyse- oder Beschreibungsaufgaben. Im Vergleich zweier Leistungsaufgaben für die Sekundarstufe II erscheint der Auftrag *Erklären Sie, inwiefern dem Verfasser zufolge, bezogen auf Iphigenie, sich der griechische in einen deutschen Mythos verwandelt hat* kognitiv anregender als der Auftrag *Analysieren Sie Stefan Matuscheks Sachtext „Klassisches Humanitätsideal: Goethes Iphigenie und ihr Nachhall"*. Denn der Erklärungsauftrag geht über den Nachvollzug der Textinformation hinaus und verlangt, die Textinformation so umzuformen, dass sie sich auf die Beantwortung der Frage beziehen lässt.

**Normierte Testaufgaben**

Im Bereich der *Testaufgaben* gibt es Aufgaben für individualdiagnostische Tests und Aufgaben für „Assessments zur Bilanzierung von Lernergebnissen" wie PIRLS/IGLU, PISA oder auch VERA. Obwohl die beiden Zwecke zu unterscheiden sind, ist die Entwicklung von Testaufgaben immer psychometrisch geleitet. Das geschieht insbesondere am Institut zur Qualitätsentwicklung im Bildungswesen (IQB), aber auch an einzelnen Instituten der Länder wie z. B. am Institut für Qualitätsentwicklung an Schulen in Schleswig-Holstein (IQSH). Dabei werden die von Deutschlehrkräften auf der Basis der KMK-Bildungsstandards entwickelten domänenspezifischen Aufgaben (Lesen, Schreiben, Zuhören) einer strikten Pilotierungs- und Bewertungsprozedur unterworfen. Durch die Pilotierung mit einer hinreichend großen Zahl von Stichprobenschulen werden die Aufgaben nach bestimmten Kriterien analysiert. „Wenn nur sehr wenige Schülerinnen und Schüler eine Aufgabe lösen konnten, ist sie nicht geeignet. Das Gleiche gilt, wenn alle Schülerinnen und Schüler eine Aufgabe gelöst haben – dann ergibt sich kein differenziertes Bild. Neben der Lösungshäufigkeit ist ein weiteres Auswahlkriterium die Information darüber, ob sie zuverlässige und aussagefähige Hinweise über die zu überprüfenden Kompetenzen geben." (IQSH: *Projekte der Lernstandserhebung*)

Um die Testaufgabenentwicklung nach wissenschaftlichen Standards zu gewährleisten, hat das IQB *Guidelines zur Entwicklung und Codierung guter Aufgaben* bereitgestellt. Es wäre sinnvoll, diese Guidelines für Lehrkräfte transparent zu machen und sie auch im deutschdidaktischen Kontext zu diskutieren. Vor allem aber wird die inhaltliche, d. h. gegenstandsbezogene Qualität dieser Aufgaben ebenso kritisch zu analysieren sein wie die von den einzelnen Ländern verantworteten Aufgaben für die Zentralen Prüfungen. Denn es gibt deutliche Anzeichen, dass es schwierig ist, gute Items zu entwickeln, die auf den Ausweis globaler Kohärenzbildung und der Sinnerzeugung gerichtet sind. Normierte Testaufgaben sind sowohl im Hinblick auf das Aufgabenformat als auch im Hinblick auf die Aufgabengüte zu beschreiben.

**Aufgabenformat**

Spätestens seit dem Bericht über PISA 2000 ist die prinzipielle Unterscheidung von geschlossenen, halboffenen und offenen Aufgaben auch in der deutschdidaktischen Diskussion präsent. Zu Beginn der 1970er Jahre wurde diese Debatte in der Auseinandersetzung mit dem „Aufsatz" als Prüfungsform von Ingenkamp (1971) angestoßen und sie stellt für die Deutschdidaktik vor allem deshalb eine Herausforderung dar, weil die Offenheit einer Aufgabe per se als Qualitätsmerkmal gilt.

Geeignete geschlossene Formate sind neben Multiple-Choice-Aufgaben (MC-Aufgaben) auch Richtig/Falsch-Aufgaben sowie Anordnungs- und Matchingaufgaben.

A

**MC-Aufgabe (VERA 8 2013)**

Wie verhalten sich die Beteiligten, als es wieder hell wird?

Die Beteiligten …

- ❍ kehren zur Normalität zurück.
- ❍ gehen zur Toilette.
- ❍ stürzen eilig hinaus.
- ❍ stellen die Dauer der Störung fest.

**Richtig/Falsch-Aufgabe (VERA 8 2013)**

| **Sind die folgenden Aussagen laut Text richtig oder falsch?** | **richtig** | **falsch** |
|---|---|---|
| a) Der Kranich ist ein relativ kleiner Vogel. | ❍ | ❍ |
| b) Junge Kraniche haben einen anders gefärbten Kopf als Altvögel. | ❍ | ❍ |
| c) Die meisten Federn eines erwachsenen Kranichs sind rot. | ❍ | ❍ |

**Anordnungsaufgabe (VERA 8 2013)**

**Was passierte wann?**

**Bringe die Ereignisse in die richtige zeitliche Reihenfolge, indem du die entsprechende Nummer dahinter schreibst.**

| | **Hier Nummer eintragen ▾** |
|---|---|
| Die Beteiligten verstummen. | |
| Es wird finster in der Kabine. | |
| **Ein Lift bleibt stecken**. | 1 |
| Ein Scherz kommt nicht an. | |
| Der Strom ist wieder da – der Lift steigt! | |

**Matching-Aufgabe (VERA 8 2013)**

**Verknüpfe die Länder (0 bis 2) mit den Hauptstädten (a bis d).** Verwende jeden Buchstaben nur einmal. Es wird eine Hauptstadt mehr angeboten als zur Lösung erforderlich. Am Anfang findest du ein Beispiel (0).

| | |
|---|---|
| **0.** Frankreich | a) Rom |
| **1.** Deutschland | b) Berlin |
| **2.** Italien | c) Madrid |
| | **d) Paris** |

| 0 | 1 | 2 |
|---|---|---|
| d | | |

IQSH: Projekte für Lernstandserhebungen

In Testaufgaben werden geschlossene Formate zwar bevorzugt, es kommen aber auch halboffene und offene Aufgaben zum Einsatz. Das Angebot an offenen Aufgaben, die mit Textproduktion verbunden sind, wird allerdings auch dadurch beschränkt, dass sie häufig die Pilotierung nicht bestehen, weil die Bewerter trotz ausführlicher Korrekturanleitung nicht zu übereinstimmenden Ergebnissen kommen.

**Gütekriterien für Aufgaben**

Die drei Gütekriterien für Testaufgaben – „Objektivität", „Reliabilität" und „Validität" – sind in der pädagogischen Diagnostik etabliert. Nicht nur in Handbüchern der Pädagogischen Psychologie (vgl. Wild/Krapp 2001: 523–529), sondern auch in deutschdidaktischen Zusammenhängen (z. B. Fix 2006: 197 f.) werden die drei Kriterien vorgestellt und kommentiert.

Die Aufgabendiskussion der 1970er Jahre hatte vor allem das Kriterium der Auswertungsobjektivität im Blick, die bei offenen Aufgaben und Aufgaben zur Sprachproduktion (Sprechen und Schreiben) nach wie vor eine beträchtliche Herausforderung darstellt, die ihrerseits mit zunehmender Komplexität einer Aufgabe wiederum wächst. Demgegenüber wären gegenwärtig – angesichts der Vielzahl ländereigener Vergleichsarbeiten – auch Fragen der Validität (prüft die Aufgabe, was sie überprüfen soll?) und der Reliabilität (wie verlässlich ist z. B. eine grammatische Fähigkeit erfasst, wenn zur Überprüfung lediglich ein „Richtig-Falsch-Item" eingesetzt wurde?) zu prüfen. Denn die Einschätzung der Güte von Testaufgaben ist nicht nur eine psychometrische Angelegenheit, sondern verlangt v. a. hinsichtlich der Inhaltsvalidität fachdidaktische und fachwissenschaftliche Expertise. Man muss kennen und verstehen, was Überprüfungsgegenstand ist, wenn man sicher gehen will, dass die Aufgabe das Intendierte misst – also z. B. die Fähigkeit zur Sicherung des inhaltlichen Zusammenhangs eines Textes und nicht nur die Fähigkeit zur Ermittlung einzelner Informationen. Solche Unterscheidungen werden z. B. in einem Set von Testaufgaben getroffen, das Kämper-van-den-Boogaart/Pieper (2008: 56 ff.) zu Brittings Erzählung *Brudermord im Altwasser* vorlegen.

Halten wir also fest: Deutschdidaktik ist unverzichtbar, wenn festzulegen gilt, was anlässlich einer Aufgabe erworben oder überprüft werden kann. Im transdisziplinären Verbund der Aufgabenreflexion obliegt ihr vor allem das, was *nur* sie tun kann, nämlich Aufgabenmerkmale strikt gegenstandsbezogen zu prüfen. Aus der Perspektive ihrer spezifischen Domänen (Sprechen und Schreiben, Zuhören und Lesen) wird sie Wissensvoraussetzungen dimensionieren, Aufgabenformate und -arten diskutieren und schwierigkeitsgenerierende Potenziale der Gegenstände diagnostizieren. Aus der Domänenspezifik der Aufgabenanforderungen resultiert das Bewusstsein des – künftig zu gewinnenden – Zusammenhangs von Aufgaben und Kompetenzmodellen.

## 2.3 Aufgabenmerkmale (1): Grad der Offenheit – Grad der Komplexität

### 2.3.1 Offenheit (vs. Geschlossenheit) der Aufgabe (Entscheidungsspielraum)

Eine Aufgabe ist offen, wenn sie mehr als eine richtige Lösung erlaubt oder unterschiedliche Lösungswege ermöglicht. Das Maß an Offenheit wird durch den Entscheidungsspielraum bestimmt, den eine Aufgabe den Schülern gewährt.

Textproduktionsaufgaben können nie völlig geschlossen sein in dem Sinn, dass es nur eine einzige richtige Lösung gibt. Textproduktionsaufgaben sind grundsätzlich offene Aufgaben, auch wenn sie den Schülern unterschiedlich großen Entscheidungsspielraum gewähren. Der Auftrag, eine Erzählung zusammenzufassen, legt die Schüler stärker fest als der Auftrag, eine Erzählung fortzusetzen oder ein Märchen zu schreiben. Der allgemeine Interpretationsauftrag *Interpretiere die vorliegende Szene aus Emilia Galotti* lässt den Schülern mehr Freiheit als die Spezifizierung dieses Auftrags – *Interpretiere die Szene im Hinblick auf das darin wirksame Kommunikationsverhalten.*

Wie offen sollen Aufgaben sein? Auf diese Frage gibt es keine pauschale Antwort. Je offener eine Aufgabe ist, desto mehr Entscheidungsspielraum gewährt sie dem, der sie lösen soll. Dieser Entscheidungsspielraum kann sich sowohl auf methodische als auch auf inhaltliche Fragen beziehen.

Großer Entscheidungsspielraum ist kein Problem, wenn die Anforderung wenig komplex ist. Das gilt z.B. für Geschmacksurteile oder sogenannte erste Eindrücke. Die Schüler hören ein Gedicht und sollen formulieren, wie sie das Gehörte finden. Großen Entscheidungsspielraum bietet auch der Auftrag, den Wortbestand eines Gedichts zu ordnen bzw. zu gruppieren, denn er kann sehr unterschiedlich gelöst werden: Zum Beispiel nach Wortlänge (Buchstabenzahl), nach Anfangsbuchstaben, nach Wortarten, nach Reim oder auch entsprechend der Wortbedeutung. Folglich setzt die Aufgabe die Kenntnis bestimmter Ordnungskategorien voraus. Es handelt sich um eine Aufgabe mit hohem Entscheidungsspielraum, deren Komplexität von der getroffenen Entscheidung abhängt. Nach Wortarten zu ordnen, setzt mehr fachliches Wissen voraus, als nach Anfangsbuchstaben oder Wortlänge zu ordnen. Und wer sich an der Wortbedeutung orientiert, wird zum einen nicht jedes Wort zuordnen können, da das Gedicht auch Funktionswörter enthält, und zum anderen in Zweifelsfällen selbstständig entscheiden müssen. Der Wortbestand des Gedichts muss also mit den notwendigen Wissensbeständen verknüpft werden, wodurch die Komplexität der Aufgabe zunimmt.

Zu berücksichtigen ist auch, ob es sich um Erwerbs- oder Prüfungsaufgaben handelt. Stehen inhaltliche Aspekte im Fokus einer Prüfungsaufgabe, dann kann um der Tiefenschärfe willen eine Aufgabensequenz mit methodischen Vorgaben durchaus sinnvoll sein. Liegt der Fokus der Prüfungsaufgabe aber auf dem methodischen Können, dann sind von den Prüflingen zentrale methodische Entscheidungen gefordert, sodass hier methodische Offenheit geboten ist.

Insgesamt gilt, dass die Bemessung des Entscheidungsspielraums, den eine Aufgabe bietet, immer von der Zielsetzung abhängt, die mit einer Aufgabe verbunden ist. Weder sind offene Aufgaben grundsätzlich weniger offenen vorzuziehen, noch sind geschlossene Aufgaben notwendig unterkomplex. Zu große Offenheit einer Aufgabe geht häufig mit hoher Abstraktion einher, sodass Schüler entweder gelernte Algorithmen aktivieren oder aber aufgrund zu geringer kognitiver Anregung kapitulieren.

### 2.3.2 Wann ist eine Aufgabe komplex?

Die Komplexität einer Aufgabe bemisst sich an der Zahl der zu verknüpfenden Variablen und deren internem Verknüpfungsgrad (vgl. Funke 2006; Jonassen 2000). Das gilt sowohl für Aufgaben im Bereich der Rezeption (Zuhören und Lesen) als auch für Aufgaben im Bereich der Produktion (Sprechen und Schreiben). Folglich haben Aufgaben, deren Lösung vielfältige Verknüpfungsleistungen fordern, einen hohen Komplexitätsgrad und weisen einen höheren empirischen Schwierigkeitsgrad auf als Aufgaben mit geringen Verknüpfungsanforderungen.

Im Kompetenzbereich „Schreiben" hängt der Komplexitätsgrad einer Aufgabe davon ab, ob die Inhalte in Stichpunkten, als Tabelle oder in Form eines Fließtextes dokumentiert werden müssen. Die Komplexität einer Aufgabe nimmt zu, wenn die Überprüfung der Textverstehenskompetenz an eine umfängliche Schreibleistung wie den Interpretationsaufsatz gebunden wird. Im Kompetenzbereich „Lesen – Umgang mit Texten und Medien" oder im Bereich der Sprachreflexion können auch MC-Aufgaben, Richtig/Falsch-Aufgaben oder Kurzantwort-Aufgaben komplex sein, obwohl sie zu den geschlossenen Aufgabenarten gehören. MC-Aufgaben sind dann komplex, wenn sie komplexe Wissenszusammenhänge voraussetzen und deren Verknüpfung sowohl mit dem Stimulus als auch mit den Antwortangeboten fordern.

Häufig gehen „Komplexität" und „Offenheit" Hand in Hand. Das gilt z.B. für unspezifizierte Analyse- oder Interpretationsaufträge wie *Interpretieren Sie Goethes Gedicht „Heidenröslein"*. Aus der Sicht von Literaturdidaktik und Bildungsadministration wird seit Jahren diskutiert, ob komplexe Aufgaben immer unspezifiziert sein müssen, d. h. ohne Untersuchungsschwerpunkte oder ohne konkrete Hinweise zum Vorgehen. Häufig wird auch die Frage gestellt, ob spezifizierte und in Teile gegliederte Aufgaben zwangsläufig unterkomplex sind. Nehmen wir folgendes Beispiel:

*Du möchtest dich um einen Praktikumsplatz bewerben. Verfasse das Bewerbungsschreiben.* Worin unterscheidet sich diese Aufgabe von der folgenden? *Schreibe zuerst den Briefkopf, dann die Anrede. Formuliere deine Bewerbung um einen Praktikumsplatz. Beende den Brief mit einer Grußformel.* Die Mehrteiligkeit zielt hier auf rein formale Schritte und hat vornehmlich unterstützende Funktion im Bereich der Briefstruktur, d. h. des Produkts. Die Aufgabenschritte, die hier genannt werden, haben wenig mit der zentralen Anforderung zu tun. Denn diese zielt darauf, sich als Bewerber günstig zu präsentieren und die Eignung für den

Praktikumsplatz deutlich zu machen. Diese Anforderung bildet den Kern der Aufgabe und ist in beiden Versionen fast identisch. Entlastender wäre es, die geforderten Erklärungen des Verfassers, warum er für diesen Praktikumsplatz besonders geeignet ist, in einzelne Aufgabenschritte zu unterteilen: z. B.:

A

Stelle dich kurz vor.
Nenne die Schule, die du besuchst, und die Dauer des Praktikums.
Erläutere, wie du auf das Praktikumsangebot aufmerksam geworden bist.
Erkläre, warum dich gerade dieses Praktikum interessiert.
Erkläre, was die Firma gewinnt, wenn sie gerade dir den Praktikumsplatz gibt.

(Vgl. http://www.ausbildungsoffensive-bayern.de/schueler/bewerbung/bewerbungstipps/anschreiben.html, recherchiert am 24.10.2014)

Eine solche Abfolge von Aufgabenschritten betrifft nicht die formale Gestaltung des Produktes, sondern die Strukturierung des Schreibprozesses unter Beibehaltung der einzelnen kognitiven Anforderungen. Kleinschrittigkeit ist also ein schlecht definiertes Aufgabenmerkmal. Kennzeichnend ist der Verdacht, dass Schüler dadurch gegängelt und in ihrer Selbstständigkeit beschnitten würden. So weisen die Bildungsstandards für die Allgemeine Hochschulreife (BS AHR 2012: 26) einerseits darauf hin, dass in Prüfungsaufgaben die Aufgabenstellung „aus wenigen Arbeitsanweisungen bestehen [soll], um Kleinschrittigkeit zu vermeiden". Dahinter steht die Sorge, dass sonst kein „Darstellungsganzes" erzielt würde. Andererseits wird eingeräumt, dass „[m]ehrteilige Aufgaben [..] Operatoren wie ‚informieren', ‚analysieren', ‚interpretieren', ‚erklären', ‚erörtern' spezifizieren und dadurch Hilfe bei der Strukturierung der Arbeit leisten [können]". Unklar bleibt dabei, ob es um die Spezifikation der einzelnen Operatoren geht oder ob die Spezifikation bereits in der Unterscheidung der genannten Operatoren besteht. In Bezug auf den unspezifischen Analyse- oder Interpretationsauftrag hat die Studie von Michael Steinmetz (2013) gezeigt, dass die Mehrheit der Prüflinge Schwierigkeiten mit diesem Format hat. Das wird z. B. daran erkennbar, dass nur eine sehr geringe Zahl der Prüflinge z. B. die geforderte Interpretationshypothese formuliert (vgl. ebd.: 273). Auch eine interdisziplinäre Tagung über „Interpretationskulturen" an der Humboldt Universität zu Berlin, an der Literaturwissenschaftler und -didaktiker beteiligt waren, hat in der Abschlussdiskussion entschieden dafür plädiert, den unspezifizierten Interpretationsauftrag im allgemeinbildenden Literaturunterricht nicht mehr zu stellen.

Insgesamt gilt: Leistungsaufgaben sind hinsichtlich ihrer Unterteilung differenziert zu betrachten. In Lesetests wird häufig auf die inhaltliche Unverbundenheit von Aufgabenteilen geachtet, um die interne Abhängigkeit einzelner Items zu vermeiden. Die Zahl der Teilaufgaben sagt aber noch nichts über den Komplexitätsgrad aus.

Mehrteilige Aufgaben müssen keineswegs unterkomplex oder von geringer Komplexität sein. Sie sind es vor allem dann nicht, wenn die Teilaufgaben auf unterschiedliche Dimensionen bezogen sind. Wenn Teilaufgabe 1 sich auf Ermittlung zentraler textueller Informationen bezieht, Teilaufgabe 2 auf deren Zusammenhang mit erzählerischen Darstellungsmitteln und Teilaufgabe 3 auf den Vergleich mit einem anderen Text, dann haben wir es mit einer *mehrteiligen*, aber keineswegs kleinschrittigen Aufgabe zu tun. Die Funktion der Mehrteiligkeit besteht in erster Linie darin, in Leistungssituationen vergleichbare Ergebnisse zu erzielen. Denn je präziser die Aufgabenstellung, desto vergleichbarer sind die Ergebnisse.

Der Komplexitätsreduktion dient auch die inhaltliche Spezifizierung einer Aufgabe. Es gilt also, zwischen Kleinschrittigkeit und inhaltlicher Spezifizierung zu unterscheiden. Als Beispiel sei eine Teilaufgabe aus einer Abiturprüfung im Grundkurs Deutsch genannt: *Analysieren Sie den vorliegenden Ausschnitt aus Thomas Manns „Mario und der Zauberer" im Hinblick auf die Gestaltung der Figuren Cipollas und des Herrn aus Rom.* Diese Teilaufgabe ist nicht kleinschrittig, sondern sie ist *spezifiziert,* sodass sie den „Suchraum" bzw. das Arbeitsfeld begrenzt und die Menge der notwendigen Verknüpfungen kontrolliert.

## 2.4 Aufgabenmerkmale (2): Kognitive und exekutive (performative) Schüleraktivitäten

Aufgaben sind dazu da, Schülertätigkeit zu bewirken. In der Regel geht es darum, sie ans Denken zu bringen und die Ergebnisse des Denkprozesses zu kommunizieren. Das kann sowohl im mündlichen Vortrag oder im Klassengespräch geschehen als auch in der schriftlichen Dokumentation. Die aufs Denken gerichteten, geistigen Tätigkeiten werden auch als kognitive Aktivitäten bezeichnet und die Art und Weise der Dokumentation bzw. der Kommunikation als exekutive Aktivitäten.

Es gibt also zwei Bereiche von Schüleraktivitäten, die zwar aufeinander bezogen, aber deutlich zu unterscheiden sind: Der Bereich der geistigen und der Bereich der exekutiven Tätigkeiten. Da die geistigen Tätigkeiten unsichtbar und unhörbar sind, braucht es Tätigkeiten, die die geistigen Erträge oder auch die geistigen Prozesse sichtbar bzw. hörbar machen. Sowohl die geistigen als auch die exekutiven Tätigkeiten werden als Operationen bezeichnet, zu denen durch entsprechende Operatoren aufgefordert wird. Im Netz findet sich eine ganze Reihe von Operatorenlisten, für die neben der KMK und den Kultusministerien der Länder auch private Anbieter wie Verlage von Bildungsmedien oder Portale wie *teachsam* und *wortwuchs* verantwortlich sind. Neben den unsichtbaren geistigen Tätigkeiten enthalten diese Listen auch sinnlich wahrnehmbare, also exekutive Tätigkeiten, z. B. „darstellen", „verfassen", „formulieren", ohne als solche gekennzeichnet zu sein.

Im bildungsadministrativen bzw. schulischen Zusammenhang werden Operatoren als Arbeitsanweisungen definiert, die festlegen, was eine Aufgabe jeweils von den Schülern verlangt. Eine konkretere Erklärung für die Notwendigkeit von Operatoren bietet das Portal wortwuchs.net:

> „Grundsätzlich sind Operatoren natürlich nur einzelne Wörter in der Aufgabe eines Tests, einer Prüfung oder einer Abschlussarbeit. Dennoch kann das Wissen um die genaue Bedeutung der Operatoren hilfreich sein. Dies liegt darin begründet, dass es jede Menge Zeit spart, wenn wir genau wissen, was von uns verlangt wird. Außerdem schützt es davor, die Aufgabenstellung falsch zu verstehen." (Wortwuchs: Begriff Operator)

Worauf die Websites nicht verweisen, ist der Umstand, dass es sich bei „Operatoren" um ein schlecht definiertes Problem handelt und die Operatorenlisten in der Praxis oft nur wenig hilfreich sind.

### 2.4.1 Probleme von Operatoren

Die KMK hat 2012 eine Operatorenliste (KMK 2012) für das Fach Deutsch publiziert und die 20 Operatoren den Anforderungsbereichen I bis III zugeordnet. Allerdings unterscheiden sich die Beschreibungen der drei Anforderungsbereiche in den Bildungsstandards für die Sekundarstufe I in einigen Aspekten von den Formulierungen der Bildungsstandards für die Allgemeine Hochschulreife.

| **Anforderungsbereich I** | **Anforderungsbereich II** | **Anforderungsbereich III** |
|---|---|---|
| Verfügbarkeit der für die Bearbeitung der Aufgaben notwendigen inhaltlichen und methodischen Kenntnisse | Selbstständiges Erfassen, Einordnen, Strukturieren und Verarbeiten der aus der Thematik, dem Material und der Aufgabenstellung erwachsenden Fragen/Probleme und deren entsprechende gedankliche und sprachliche Bearbeitung | Eigenständige Reflexion, Bewertung bzw. Beurteilung einer komplexen Problemstellung/ Thematik oder entsprechenden Materials und ggf. die Entwicklung eigener Lösungsansätze |

Tab. 3: Übersicht der Anforderungsbereiche Sek. I (KMK 2012)

Für das Projekt „Gemeinsamer Abituraufgabenpool" der Länder wurde am Institut zur Qualitätsentwicklung im Bildungswesen (IQB) im Frühjahr 2015 ein alphabetisch geordneter Grundstock von 16 Operatoren entwickelt, der sich von der 2012 veröffentlichten Liste in einigen Punkten unterscheidet. Da sich dieser Grundstock auf den gemeinsamen Aufgabenpool bezieht, ist die Übernahme dieser Definitionen für die Sekundarstufe I in den Ländern nicht gesichert.

Neben Definitionen und Beispielen enthält die Tabelle auch Zuordnungen zu den Anforderungsbereichen I, II und III (vgl. die ARI), wobei die konkrete Zuordnung auch vom Kontext der Aufgabenstellung abhängen kann und eine „scharfe Trennung der Anforderungsbereiche nicht immer möglich ist." (KMK 2015: 9)

Denn welche Leistungen eine Aufgabe in welchem Anforderungsbereich verlangt, ergibt sich aus der Aufgabenstellung im Zusammenhang mit dem Material und dem Erwartungshorizont. (Vgl. KMK 2015: Grundstock von Operatoren)

**(1) Rezeptionslastigkeit**

Die überwiegende Zahl dieser Operatoren bezieht sich auf die Textrezeption. Sie sind dem verstehenden, dem reflexiven und dem kritischen Lesen verpflichtet. Es handelt sich um geistige Prozesse, deren Ergebnisse dokumentiert werden müssen, um kommunizierbar zu sein. Prominente rezeptionsbezogene Operatoren sind: „analysieren", „beschreiben", „beurteilen", „charakterisieren", „erläutern", „interpretieren", „vergleichen", „zusammenfassen" („Grundstock von Operatoren", KMK 2015). Auf Textproduktion verweisen Operatoren wie „entwerfen", „gestalten" und „entwickeln", die primär geistige Tätigkeit erfordern, sowie der exekutive Operator „darstellen". Nach Operatoren wie „planen", „ordnen", „gliedern", „überarbeiten", die in der Schreibdidaktik leitend sind, sucht man vergebens.

**(2) Gleichsetzung von geistigen und exekutiven Tätigkeiten: Implikation geistiger Aktivitäten**

Obwohl der „Grundstock von Operatoren" (KMK 2015) auf den Operator „wiedergeben" verzichtet, sei hier darauf hingewiesen, dass im KMK-Katalog von 2012 „darstellen" und „wiedergeben" als ein identischer Operator genannt werden, der folgendermaßen definiert wird: „Zusammenhänge, Probleme, Inhalte unter einer bestimmten Fragestellung sachbezogen ausführen; Strukturen, Situationen objektiv abbilden." Zur Konkretisierung werden zwei Beispiele genannt, die denn auch auf zwei ganz unterschiedlichen Ebenen liegen: Beim ersten Beispiel handelt es sich um Wiedergabe in Form einer Dokumentation von bereits erworbenem (gelerntem) Wissen: *Stellen Sie die wesentlichen Elemente der Brecht'schen Dramentheorie dar.* Das kann in Form einer Stichwortliste (wie bei Brechts selbst) geschehen oder auch in einem zusammenhängenden Text ggf. in Abgrenzung zum aristotelischen Theater. Das zweite Beispiel zielt auf die Dokumentation des Resultats eines aktuell zu vollziehenden Verstehensprozesses: *Stellen Sie die Argumentationsstrategie des Verfassers dar.* Diese Anforderung lässt sich möglicherweise mit der Formulierung eines einzigen Satzes erfüllen. Sie setzt aber einen komplexen Analyseprozess voraus und verlangt eine ganz andere kognitive Leistung als das erstgenannte Beispiel.

Definition und Beispiele verschleiern, (1) dass „darstellen" bedeutet, etwas mündlich oder schriftlich zu „dokumentieren" und (2) dass die Wiedergabe von bereits erworbenem Wissen etwas anderes ist als die Wiedergabe von Text- bzw. Argumentationsstrukturen.

Im Operatoren-„Grundstock" wird „darstellen" als „Inhalte, Probleme, Sachverhalte und deren Zusammenhänge aufzeigen" definiert, ohne jedoch deutlich zu machen, dass es sich um eine exekutive Tätigkeit handelt, die das Ergebnis unterschiedlicher geistiger Tätigkeiten für andere wahrnehmbar macht.

#### (3) Unschärfe – fehlende Trennschärfe

Als problematisch stellen sich Operatoren dar, deren Definition keine Trennschärfe zeigt. In diesem Zusammenhang sind die Operatoren „beschreiben", „charakterisieren" und „darstellen" prominente Kandidaten. Wie erklärt man Schülern den Unterschied zwischen folgenden drei Anforderungen?

- „Sachverhalte, Situationen, Vorgänge, Merkmale von Personen bzw. Figuren sachlich darlegen",
- „die jeweilige Eigenart von Figuren/Sachverhalten herausarbeiten",
- „Inhalte, Probleme, Sachverhalte und deren Zusammenhänge aufzeigen".

Der Operatoren-Grundstock von 2015 definiert „beschreiben" als „sachlich[es] [D]arlegen" von „Sachverhalte[n], Situationen, Vorgänge[n], Merkmale[n] von Personen bzw. Figuren". Sieht man davon ab, dass diese Definition auch die Anforderungen von „Wiedergeben" erfüllt, ist vor allem irritierend, dass diese Definition offen lässt, wodurch sich diese Tätigkeit vom „Charakterisieren" einerseits und vom „Darstellen" andererseits unterscheidet. Der Hinweis auf „Merkmale von Personen bzw. Figuren" stellt zwar eine Brücke zur Textsorte Beschreibung her, aber die Trennschärfe zur Definition von „charakterisieren" ist gering. Diese verlangt, „die jeweilige Eigenart von Figuren/Sachverhalten heraus[zu]arbeiten". Denn Beschreiben ist in der Regel eine Sache des Herausarbeitens. Ähnlich verhält es sich mit der Definition von „darstellen", die verlangt, „Inhalte, Probleme, Sachverhalte und deren Zusammenhänge auf[zu-]zeigen". Wie erklärt man Schülern, was den Unterschied zwischen „herausarbeiten" und „aufzeigen" ausmacht? Die Aufgabenbeispiele, die jedem Operator beigegeben sind, erscheinen demgegenüber etwas spezifischer. Wenn z. B. „die Gedankenführung eines Textes" beschrieben werden soll, dann ist der Rückgriff auf entsprechende Kategorien der Gedankenführung unerlässlich.

#### (4) Zu hoher Abstraktions- und Komplexitätsgrad

Dass nicht nur Makro-Operatoren wie „analysieren", „interpretieren", „erörtern", sondern auch Operatoren wie „erläutern" oder „überprüfen" einen ausgesprochen hohen Komplexitäts- und Abstraktionsgrad aufweisen, zeigt sich besonders deutlich in deren jeweiliger Definition (KMK 2015: 2). „Erläutern" verlangt von den Schülern, „Materialien, Sachverhalte, Zusammenhänge, Thesen in einen Begründungszusammenhang [zu] stellen und mit zusätzlichen Informationen und Beispielen [zu] veranschaulichen". Die Komplexität dieses Operators resultiert zum einen daraus, dass er unterschiedliche geistige Tätigkeiten kombiniert, nämlich Zusammenhänge „in einen Begründungszusammenhang" zu stellen und sie darüber hinaus mit zusätzlichen Informationen und Beispielen zu veranschaulichen. Während das Veranschaulichen durch Beispiele für Schüler transparent erscheint und i. d. R. realisierbar ist, ist die Anforderung, Materialien etc. in einen Begründungszusammenhang zu stellen, nicht nur schwer zu durchschauen, sondern für einen großen Teil der Schüler auch schwer realisierbar. Zum anderen wird Komplexität dadurch erhöht, dass die gegebene Definition ihrerseits Definitionsbedarf erzeugt. Was ist z.B. damit gemeint, „Zusammenhänge [...] in einen Begründungszusammenhang zu stellen", und wie erwirbt man diese Fähigkeit?

Hier erscheint gezielte Komplexitätsreduktion notwendig. Ein Schritt auf diesem Weg wäre die Wahl weniger komplexer Definitionen oder die Wahl eines weniger komplexen und konkreteren Operators „[durch Beispiele] veranschaulichen".

Ähnlich verhält es sich mit dem Operator „überprüfen": „Aussagen/Behauptungen kritisch hinterfragen und ihre Gültigkeit kriterienorientiert und begründet einschätzen". Ähnlich wie „erläutern" hat auch diese Anforderung aus alltagssprachlicher Perspektive eine gewisse Transparenz. Wenn etwas überprüft werden soll, dann geht es um die Entscheidung „stimmt/stimmt nicht bzw. nur teilweise" oder „ist plausibel/nicht plausibel bzw. nur eingeschränkt". In der Regel wird in der Aufgabe auch genannt, in Bezug worauf etwas überprüft werden soll. Dass die von den Schülern zu treffenden Entscheidungen begründungspflichtig sind, wird in der unterrichtlichen Einübung dieses Operators Evidenz gewinnen.

#### (5) Verständlichkeit der Aufgabe

Es gibt einen deutlichen Zusammenhang zwischen den hier versammelten Problemen und der Verständlichkeit einer Aufgabe für die Schüler. Sowohl die Implizitheit der geforderten geistigen Aktivitäten in Gestaltungsaufgaben als auch fehlende Trennschärfe und hoher Abstraktionsgrad verhindern die Transparenz der Anforderung. Auch die hochkomplexen Definitionen einiger Operatoren tragen dazu bei, dass Schüler entweder nicht durchschauen, was sie tun sollen oder die Definition nicht umsetzen können – zumindest nicht am vorliegenden Gegenstand.

#### (6) Zuordnung zu Anforderungsbereichen

Den Bildungsstandards für die Allgemeine Hochschulreife entsprechend, müssen „[b]ei Prüfungsaufgaben [...] die in den Arbeitsaufträgen verwendeten Operatoren [...] in einen Bezug zu den Anforderungsbereichen gestellt werden, wobei die Zuordnung vom Kontext der Aufgabenstellung und ihrer unterrichtlichen Einordnung abhängig ist und damit eine eindeutige Zuordnung zu nur einem Anforderungsbereich nicht immer möglich ist." (BS AHR 2012: 22) Anders als in der KMK-Liste von 2012 werden im Grundstock von 2015 die Operatoren mehreren Anforderungsbereichen zugeordnet. Dadurch wird die Annahme entschärft, dass es einfache und schwierige Operatoren gibt.

### 2.4.2 Auf kognitive Tätigkeiten gerichtete Operatoren und ihre Definitionen

Um bei der Bearbeitung von Prüfungsaufgaben souverän mit den jeweiligen Operatoren umzugehen, braucht es solide unterrichtliche Vorbereitung. Denn die Fähigkeit, „Makro-Operatoren“ wie „„analysieren“, „interpretieren“, „erörtern“ zu realisieren, muss im Unterricht mit Hilfe von Lernaufgaben erworben werden. Deshalb wird dies z.B. von der Hamburger Schulbehörde als „ein wichtiger Teil der Vorbereitung der Schülerinnen und Schüler auf das Abitur“ (Freie und Hansestadt Hamburg, Behörde für Schule und Berufsbildung 2014: 19) bezeichnet. Während diese Operatoren mit der Erarbeitung der entsprechenden Aufgabenarten eingeübt werden, gibt es für die Einübung von Tätigkeiten wie „zusammenfassen“, „beschreiben“, „in Beziehung setzen“, „vergleichen“, „überprüfen“ kaum spezielle Lernangebote. Sie sind aber nicht nur für alle genannten Aufgabenarten relevant, sondern stellen auch Herausforderungen für die Schüler dar, die häufig unterschätzt werden. Um Schüler von der Zweckmäßigkeit von Operatoren zu überzeugen, muss deren deutliche Unterscheidbarkeit gesichert sein. Im Folgenden werden Vorschläge gemacht, schlecht definierte Operatoren trennscharf zu bestimmen.

#### Was heißt beschreiben?

Beschreiben heißt: Mit Hilfe von Beschreibungskategorien/Beschreibungsaspekten Textmerkmale erfassen und fachsprachlich über den Befund Auskunft geben. Denn es ist Schülern und auch Experten kaum möglich, einen Gegenstand in seiner Totalität zu beschreiben. Eine Beschreibung ist immer die Dokumentation des Wahrgenommenen. In der Alltagskommunikation mag eine Beschreibung sehr knapp oder ungeordnet sein, sie resultiert aber immer aus der Nutzung von Beschreibungskategorien. Wer eine Person oder einen Raum beschreibt, verwendet notwendig einschlägige Beschreibungskategorien. Bei einer Person sind es die Steckbrief-Merkmale, bei einem Raum sind es Raumordnungskategorien wie „innen – außen“, „oben – unten“, „rechts – links“ sowie die relevanten Größenmaße.

Hans-Peter Dürr (1988) hat im Rückgriff auf eine Parabel Sir Arthur Eddingtons den Zusammenhang von Beschreibung und Beschreibungsinstrument evident gemacht, indem er das Instrument mit dem Netz des Fischers vergleicht und den erhobenen Befund mit dem „Fang“. Was gefangen wird, hängt von der Beschaffenheit des Netzes ab, d. h. von den Aspekten, mit deren Hilfe ein Gegenstand untersucht wird. Um den Gegenstand zu beschreiben, werden eben die Merkmale genutzt, deren Wahrnehmung der Fang ermöglicht hat. Mit „Netzen“ erfassen, heißt also, bestimmte Merkmale kategoriengeleitet zu identifizieren bzw. nachzuweisen und fachsprachlich über den „Fang“ Auskunft zu geben. Hat man sich z. B. Bächlers Gedicht *Ins Weiße blickend* mit einem Netz genähert, dessen „Maschen“ geeignet sind, „Metaphern“ und „Kontraste“ zu „erfassen“, der wird das Gedicht im Hinblick auf diese Größen beschreiben.

Bezogen auf die Beschreibung von Texten wäre zu klären, wo die Grenze zwischen „beschreiben“ und „analysieren“ verläuft. Der Auftrag, den Text im Hinblick auf die Wirkung der sprachlichen Mittel [zu analysieren], gibt die „sprachlichen Mittel“ als Analyse- bzw. Beschreibungskategorien vor. Dabei kommt es jedoch darauf an, die relevanten sprachlichen Mittel zu erkennen. Die Wirkung zu ermitteln, die dem Einsatz bestimmter sprachlicher Mittel zugeschrieben wird, geht über die Beschreibung hinaus. Sie ist eine Sache der Schlussfolgerung, die sich zum einen auf Konventionen stützt, zum anderen vom konkreten Textzusammenhang abhängt.

Beim Beschreiben entscheidet der Leser, welche Werkzeuge oder „Netze" er verwendet, um einen guten „Fang" zu machen. Aufgrund seiner Kompetenz wird er dem Gegenstand *angemessene Netze* wählen. In einem Telefonbuch erscheint es wenig angemessen, Anaphern als rhetorisches Merkmal festzustellen.

Deutlich abzugrenzen ist das Beschreiben eines Textes von dessen Paraphrase. Anders als eine „Wiedergabe mit eigenen Worten" führt „Beschreiben" zu einem Metatext. Grundlage der Beschreibung ist nicht der Text als Totalität, sondern der notwendig selektive „Fang".

**Was hat „analysieren" mit „überprüfen" zu tun?**

Im Umgang mit literarischen Texten zielen analytische Operationen entweder darauf, eine Deutung des Textes zu finden oder eine solche zu überprüfen. Das heißt: Die Anforderung, eine Deutungsthese anhand der Textvorlage zu überprüfen, zieht textanalytische Operationen nach sich.

*Wolf Biermann hat eine Erzählung mit dem Titel „Das Märchen vom kleinen Herrn Moritz" geschrieben. Überprüfe, ob es sich dabei um ein Märchen handelt.* Um diese Anforderung zu erfüllen, müssen die Schüler relevante von weniger relevanten Gattungsmerkmalen unterscheiden und als Analysekategorien nutzen. Die Definition des Operators „analysieren" wird im Grundstock ausschließlich im „Finde-Zusammenhang" verortet, obwohl literaturdidaktische Bemühungen seit geraumer Zeit darauf gerichtet sind, im allgemeinbildenden Literaturunterricht neben spezifizierten Analyseaufträgen auch Deutungsthesen überprüfen zu lassen. Was Schüler ebenfalls wissen müssen:
Textanalytische Operationen können auf unterschiedlichem Niveau realisiert werden.

### 2.4.3 Auf exekutive Tätigkeiten gerichtete Operatoren

Wie bereits erklärt sind die sog. „exekutiven Aktivitäten" als „Sichtbarkeitsanzeiger" von den kognitiven Operationen zu unterscheiden. Sie müssen verwendet werden, um die kognitiven Tätigkeiten für andere wahrnehmbar zu machen. Obwohl die Operatorenliste des Grundstocks lediglich die Tätigkeiten „darstellen", „gestalten" und „verfassen" verzeichnet, gilt es eine Reihe von exekutiven Tätigkeiten zu unterscheiden. Zunächst kann man zwischen kennzeichnenden, darstellenden und eingreifenden Tätigkeiten unterscheiden. Der Erfolg von Tätigkeiten wie „markieren", „ankreuzen", „unterstreichen", „einkreisen" hängt nicht davon ab, dass sie durchgeführt werden, sondern dass das Zutreffende gekennzeichnet wird. Im Bereich des Darstellens kann zwischen non-verbalen und verbalen Tätigkeiten unterschieden werden und bei letzteren zwischen Mündlichkeit und Schriftlichkeit. So macht es einen Unterschied, ob gesprochen oder geschrieben werden soll, ob eine Tabelle anzulegen oder ein Fließtext zu produzieren ist.

Eine besondere Rolle kommt den eingreifenden Tätigkeiten zu, weil sie nicht der Dokumentation verpflichtet sind, sondern bestimmte Veränderungen an einer Textvorlage verlangen. Die eingreifenden Tätigkeiten haben ihre Funktion vor allem im handlungs- und produktionsorientierten Literaturunterricht. Dabei kommt es vor allem darauf an, dass die von den Schülern vorgenommenen Eingriffe zielorientiert ausgewertet werden. Das Ziel ist entweder das Verständnis literarischer Texte oder aber die Herstellung eines Zusammenhangs zwischen dem historischen literarischen Text und Problemen der Gegenwart.

| **Sichtbarkeitsindikatoren** | | | | |
|---|---|---|---|---|
| **Kennzeichnen** | **Darstellen** | | | **Eingreifen** |
| markieren | eine Tabelle anlegen | vortragen | verfassen | einfügen |
| ankreuzen | zeichnen | aussprechen | aufschreiben | ausschneiden |
| unterstreichen | skizzieren | formulieren | | zusammensetzen |
| einkreisen | | | | löschen/streichen |
| | non-verbal | verbal | | ersetzen |
| „Zeichen“ | | mündlich | schriftlich | „Proben“ |

Tab. 4: Übersicht zur Verbindung von exekutiven Aktivitäten und Sichtbarkeitsindikatoren

Um die Schüler dafür zu sensibilisieren, dass sie sowohl geistige als auch exekutive Tätigkeiten ausführen müssen, erscheint es sinnvoll, in der Leistungsaufgabe auch beides zu formulieren. *Vergleichen Sie die beiden Fabeln und stellen Sie die Ergebnisse in einer Tabelle dar. Verfassen Sie auf der Basis der Tabelle einen zusammenhängenden Text.*

### 2.4.4 Erst handeln, dann denken? Handlungs- und produktionsorientierte Aufgaben

Handlungs- und produktionsorientierte Aufgaben – Zabka spricht auch von poetischen Aufgabenstellungen – sind in der Regel auf der Ebene der Sichtbarkeitsmerkmale formuliert: *Schreibt einen Dialog, einen Tagebucheintrag; zeichnet mehrere Denkblasen an den Rand, in die ihr jeweils ganz andere Antworten hineinschreiben könnt* (Zabka 2007: 206 f.).

In der Regel handelt es sich – im weitesten Sinne – um Erweiterungsaufgaben oder um Transformationsaufgaben. Die Erweiterungsaufgaben lassen sich in zwei Großgruppen einteilen: In Fortsetzungsaufgaben, die auf dem Vorenthalt von Textinformation beruhen (z. B. den Schluss weglassen und die Geschichte zu Ende schreiben oder den Text vor einer Gelenkstelle abbrechen und von da an weiter schreiben lassen; Schreiben einer Vor- oder Nachgeschichte, das Schreiben von Paratexten etc.) und Konkretisierungsaufgaben (z. B. Aussparungen realisieren, Unbestimmtheitsstellen bzw. Leerstellen konkretisieren). Die Transformationsaufgaben betreffen unterschiedliche Arten von Umformungen: z. B. die Wiedergabe eines Textes aus veränderten Perspektiven, die Umformung einer Ballade in ein Hörspiel.

Die Attraktivität dieser Aufgaben beruht nicht zuletzt darauf, dass die Anstrengung des Denkens durch den – häufig situierten – Handlungsauftrag gemildert wird und keine Meta-Ebene eingenommen werden muss. Die damit verbundene Annahme, dass die Meta-Ebene bei der Reflexion der Schülerprodukte nicht nur leichter, sondern auch plausibler zu gewinnen ist, erscheint aus der Perspektive der Privatempirie nicht unberechtigt, auch wenn empirische Studien in diesem Bereich fehlen.

### 2.4.5 Vergleich zweier unterschiedlicher Aufgabentypen

Aus unterrichtspraktischer Perspektive sind vor allem MC-Aufgaben kontrovers diskutiert und gegenüber der Textproduktion häufig als banal bezeichnet worden. Das hat nicht zuletzt damit zu tun, dass in MC-Aufgaben nur exekutive Operatoren formuliert werden. Das heißt aber keineswegs, dass sie ohne geistige Tätigkeit zu lösen sind. Es kommt nicht darauf an, dass Schüler „ankreuzen", sondern dass sie das Zutreffende ankreuzen. Dabei ist grundsätzlich festzuhalten, dass MC-Aufgaben ebenso wie Richtig/Falsch-Aufgaben oder Anordnungs- und Matching-Aufgaben kein Instrument zum Ausweis von Schreibkompetenz sind. Sie sind geeignet, um Wissen oder bestimmte Teilkompetenzen des Textverstehens zu überprüfen.

Wenig diskutiert ist bislang die Frage, in welchem Maß die Lösung von MC-Aufgaben als Interpretationsprozess bezeichnet werden kann. Erfahrungen aus der Testpraxis zeigen eine so starke Partialisierung der Fragestellungen und der Teilkompetenzen, dass fraglich erscheint, ob die Lösungsprozeduren noch als Interpretationsprozess zu bezeichnen sind. Reflektiert werden müsste auch, ob die Beantwortung einzelner Testitems, wie sie z.B. im LUK-Programm (LUK: Literarästhetische Urteilskompetenz. http://www.deutschdidaktik.phil.uni-erlangen.de/projekte/luk.shtml#luk1, recherchiert am 27.09.2015) eingesetzt werden, als Interpretationsprodukt bezeichnet werden kann. Ist das Ankreuzen eines Antwortangebots ein Interpretationsprodukt? Welche Prozesse liegen diesem Resultat zugrunde bzw. gehen ihm voraus? Aus welchen Teilhandlungen besteht dieser Interpretationsprozess? Gleichwohl können MC-Aufgaben komplex sein. Das ist dann der Fall, wenn sie die Aktivierung komplexer Wissensbestände und deren Verknüpfung sowohl mit dem Impuls als auch den Antwortangeboten fordern.

Demgegenüber ist Schreiben sowohl mit hohem kognitivem als auch zeitlichem und zuweilen psychischem Aufwand verbunden. Deshalb geht es zum einen darum, die rezeptive Textarbeit/Arbeit am Text von komplexen Schreibaufträgen zu entlasten. Zum anderen soll Schreibkompetenz gezielt als Fähigkeit zur Textproduktion geschult werden. Mit Vorsicht sei hier die These vertreten, dass die schriftliche Dokumentation der Textanalyse keinen optimalen Weg zur Entwicklung von Schreibkompetenz darstellt. Das schließt allerdings nicht aus, dass die schriftliche Bearbeitung von Analyseaufträgen zu Erkenntnisfortschritt führen kann.

Aus deutschdidaktischer Perspektive lassen sich Aufgabenmerkmale unterscheiden hinsichtlich

- des Formats: Offenheit bzw. Geschlossenheit in Bezug auf das Ergebnis
- des Arbeitsfelds: Beschaffenheit des Textes und Rahmung der Aufgabe
- der geforderten Aktivitäten: exekutiv aufwändig bzw. exekutiv banal
- der notwendigen Wissensbestände: textspezifisch, fachspezifisch, lebensweltlich.

Zur Anschauung seien zwei polare Aufgabentypen einander gegenüber gestellt: MC-Aufgaben, die in den Aufgabenbeispielen im Sekundarbereich gar nicht zum Vorschlag kommen und der textbezogene Aufsatz, der die Kriterien des in den Bildungsstandards postulierten Aufgabenkonzepts erfüllt.

| Bereich | MC-Aufgaben | Unspezifizierter Analyseauftrag: schriftliche Textanalyse |
|---|---|---|
| **Format/Ergebnis** | geschlossen | offen |
| **Arbeitsfeld** | engmaschig | entgrenzt |
| **Exekutive Tätigkeit** | bestimmt; einfach: Ankreuzen | aufwändig: Schreiben eines zusammenhängenden Textes |
| **Geistige Tätigkeit** | abhängig von Impuls und Distraktoren | in der Regel komplex |
| **Notwendiges Vorwissen** | abhängig von Impuls und Distraktoren | Wissen mit hohem Transferpotenzial |

Tab. 5: Gegenüberstellung zweier polarer Aufgabenstellungen

## 2.5 Aufgabenmerkmale (3): Operatoren oder Fragen in der Aufgabenstellung

Seit die Schülertätigkeiten über Operatorenlisten definiert werden, geraten Aufgaben in Frageform in die Kritik. Schon Reformpädagogen wie Hugo Gaudig (1909: 14) nahmen Anstoß an der Künstlichkeit der Lehrerfrage – „Wer stellt schon Fragen, deren Antworten er kennt?" – und an der dominierenden Rolle der Lehrperson, die die Schüler auf den reaktiven Part festlegt – „Die Denkimpulse gehen dabei vom Lehrer aus".[3] Aus der Perspektive aktueller Bildungsforschung wird diese Kritik allerdings dadurch relativiert, dass schulischer Unterricht immer organisiertes Lernen bedeutet und Unterrichtsgespräche nie „natürliche" Gespräche sind. Sie sind immer inszeniert und durch spezifische Aufträge, Fragestellun-

3 Die folgenden Ausführungen zur Lehrerfrage und dem damit verbundenen Lehrgespräch sind angelehnt an: Juliane Köster (2006b): Erst arbeiten – dann diskutieren. Der Ort des Lehrer-Schüler-Gesprächs im Verlauf der Unterrichtsstunde. In: Lernchancen 54, S. 16–18.

gen und Materialien reglementiert (vgl. Baumert 2002: 213 ff.) Guter Unterricht braucht sowohl lehrerzentrierte als auch schülerzentrierte Phasen (Helmke im Gespräch mit Spiewak 2005). Es kommt darauf an, zwischen beiden genau zu unterscheiden und die jeweiligen Leistungen im Blick zu haben. So kann das Unterrichtsgespräch auch ganz spezifische Leistungen erbringen, wie z. B. den wechselseitigen Anstoß von Ideen und deren Weiterentwicklung.

### 2.5.1 Operatoren in Leistungsaufgaben

Leistungsaufgaben sind nicht ohne Grund weitgehend durch Operatoren bestimmt. Das gilt sowohl für Zentrale Prüfungsaufgaben als auch für die meisten Beispielaufgaben in den Bildungsstandards für den Mittleren Schulabschluss (BS MSA) und die Allgemeine Hochschulreife (AHR).

A

**Beispiel aus BS MSA 2003: 41:**
**Textgrundlage ist die Kurzgeschichte** *Die Kupfermünze* **von Joe Lederer (1964)**

1. Fassen Sie den Inhalt der Geschichte zusammen.
2. Die Autorin verwendet im ersten Absatz bildhafte Vergleiche. Identifizieren Sie zwei Vergleiche und erklären Sie ihre Bedeutung.

**Alternative Aufgabenstellung:**

1. Fassen Sie den Inhalt der Geschichte zusammen.
2. Die Erzählerin fühlt sich in China zunächst nicht wohl. Notieren Sie vier Gründe dafür aus dem Text und erläutern Sie diese.

**Beispiel aus BS AHR 2012: 44:**

„Interpretieren Sie die vorliegende Dramenszene, indem Sie die beiden folgenden Teilaufgaben in einem strukturierten zusammenhängenden Text bearbeiten.

[01] Analysieren Sie das Gespräch zwischen dem kleinen Mönch und Galilei und arbeiten Sie die Positionen und Argumente beider Dialogpartner heraus. Berücksichtigen Sie dabei die sprachlichen Mittel, mit deren Hilfe die jeweiligen Redeabsichten verwirklicht werden. Beziehen Sie auch die szenische Gestaltung in Ihre Analyse ein.

[02] Interpretieren Sie – unter Berücksichtigung des beigefügten Informationstextes – Galileis Selbstgespräch (Z. 110 – 116), indem Sie auf die Aspekte der Verführung und der Erkenntnissuche eingehen.

**Informationstext zu Teilaufgabe 2**

Nach dem 3. Kapitel des Buches Genesis der Bibel hat Gott Adam und Eva verboten, die Früchte vom Baum der Erkenntnis zu essen, der im Paradies steht. Adam und Eva übertreten das göttliche Gebot, indem Eva – von der Schlange verführt – von den verbotenen Früchten isst und auch Adam zu essen gibt. Daraufhin erkennen sie, dass sie nackt sind.
Zur Strafe für die Übertretung seines Verbots vertreibt Gott sie aus dem Paradies."

Klare Aufträge sollen den Schülern trennscharfe Anforderungen signalisieren. Dass dies nicht immer gewährleistet ist, haben die Beispiele zum Operator „Beschreiben" gezeigt. Als weitere Schwierigkeit erweist sich der hohe Abstraktions- und Komplexitätsgrad einiger Operatoren bzw. ihrer Definition. So dürfte der Anspruch „einen Text aspektorientiert oder als Ganzes unter Wahrung des funktionalen Zusammenhangs von Inhalt, Form und Sprache [zu] erschließen und das Ergebnis der Erschließung dar[zu]legen", nicht nur zahlreiche Abiturienten, sondern auch einige Studierende überfordern. Ähnlich verhält es sich mit der Anforderung, „auf der Grundlage einer Materialanalyse oder -auswertung eine These oder Problemstellung unter Abwägung von Argumenten [zu] hinterfragen und zu einem Urteil [zu] gelangen".

Darüber hinaus sind Operatoren immer im Zusammenhang mit der „Bezugsgröße" – das heißt mit dem Gegenstand, auf den sie sich beziehen, – zu sehen. Je offener/unbestimmter das Bezugsfeld, desto größer ist nicht nur der Entscheidungsspielraum der Schüler, sondern auch der Arbeitsumfang. *Untersuchen Sie den formalen Aufbau des Gedichts* ist weniger offen und umfänglich als der Auftrag *Untersuchen Sie das Gedicht.* Die Festlegung/genaue Bestimmung/Bemessung/Spezifizierung des Bereichs, auf den sich ein Operator bezieht, entscheidet wesentlich über die Realisierbarkeit einer Leistungsaufgabe.

Auch in den Bildungsstandards für den Hauptschulabschluss (BS HSA) finden sich operatorengeleitete Aufgabenstellungen. Das folgende Beispiel zeigt, dass die Spezifizierung des Schreibauftrags zugleich *Strukturierungsvorgaben* enthält.

A

**Beispiel aus BS HSA 2004: 29**

„Schreibe einen Reklamationsbrief an den Handy-Shop, in dem deutlich wird, in welchen Punkten das Handy nicht dem Angebot entspricht und welche Forderungen du stellst."

Solche Strukturierungsvorgaben erweisen sich vor allem dann als notwendig, wenn hinreichend konkrete Lösungserwartungen und Korrekturanleitungen formuliert werden sollen. Bei zentralen Prüfungsaufgaben sind konkrete Korrekturanleitungen unverzichtbar, denn sie gewährleisten die objektive Auswertung der Prüfungsleistungen.

### 2.5.2 Verknüpfung von Operatoren und Fragen in Leistungsaufgaben

In den Bildungsstandards für den Hauptschulabschluss finden sich auch Aufgabenapparate, die Operatoren und Fragen verknüpfen:

A

**Beispiel aus BS HSA 2004: 32**

1. Fasse den Inhalt des Textes in wenigen Sätzen zusammen. Formuliere zu jedem Absatz des Textes eine Überschrift.
2. Warum greifen Kinder und Jugendliche zum Sorgentelefon? Schreibe die wichtigsten Problemgruppen aus dem Text heraus.
3. Manche junge Menschen fühlen sich mit ihren Sorgen bei einem anonymen Berater gut aufgehoben. Welche Gründe liefert der Text hierfür?
4. Dagegen hilft manchem Jugendlichen ein persönliches Gespräch besser. Welche Eigenschaften und Verhaltensweisen müsste man von einem solchen Gesprächspartner erwarten?
5. Welche der beiden Beratungsmöglichkeiten würdest du in einer schwierigen Situation vorziehen? Begründe deine Entscheidung."

Im Hinblick auf das kognitive Anregungspotenzial könnte diese Kombination durchaus Vorzüge bieten. Es wäre ja durchaus möglich, diese Reihe von Teilaufgaben als Liste von Anweisungen zu formulieren. Statt *Warum greifen Kinder und Jugendliche zum Sorgentelefon? Schreibe die wichtigsten Problemgruppen aus dem Text heraus* hieße es dann *Schreibe aus dem Text die wichtigsten Problemgruppen heraus, die Kinder und Jugendliche zum Sorgentelefon greifen lassen.* Statt *Manche junge Menschen fühlen sich mit ihren Sorgen bei einem anonymen Berater gut aufgehoben. Welche Gründe liefert der Text hierfür?* hieße es *Begründe textbezogen, warum manche junge Menschen sich mit ihren Sorgen bei einem anonymen Berater gut aufgehoben fühlen.* Diese Umformulierung zeigt zum einen, dass Fragen sich in operatorengeleitete Anweisungen überführen lassen und umgekehrt. Die oben vorgestellte Aufgabenreihe ist jedoch ein gutes Beispiel dafür, dass eine Ballung von Anweisungen mit dem Verzicht auf die anregende Wirkung von Fragen einhergeht. Vor diesem Hintergrund ist zu diskutieren, ob die *Aufgabe in Frageform* rehabilitiert werden sollte.

### 2.5.3 Lernaufgaben und Operatoren

Für Lernaufgaben stellt sich die Entscheidung für Fragen oder Operatoren nicht zuletzt deshalb, weil Operatoren keineswegs immer lernwirksamer sind als Lehrerfragen bzw. Aufgabenstellungen in Frageform. Hinzu kommt, dass komplexe Operatoren sich keineswegs von selbst verstehen, sondern immer auch Lerngegenstand sind. Wenn es darum geht, kognitive Dissonanzen zu erzeugen, Schüler für ein Problem zu sensibilisieren oder schlicht „ans Denken zu bringen", sind Fragen häufig die bessere Wahl. Zudem lassen sich auch Operatoren in Fragen überführen. Die folgende Tabelle gibt ein Beispiel dafür. Vorausgesetzt ist jedoch, dass die Lehrkraft weiß, welche geistigen Operationen die jeweilige Frage verlangt. Die Lehrkraft muss unterscheiden können, ob sich eine

Frage auf die Identifikation expliziter einzelner Informationen im Text bezieht oder ob die Frage ein Gesamtverständnis des Textes voraussetzt. Ebenso muss die Lehrkraft unterscheiden, ob Informationen im Text mit außertextlichem Wissen verknüpft werden müssen – z. B. beim Erschließen von Metaphern oder der Raum- und Lichtgestaltung in literarischen Texten. Auch Fragen wie *Warum sticht das Röslein?* oder *Handelt es sich bei „Heidenröslein" um ein Liebesgedicht?* setzen die Verknüpfung mit außertextlichem Wissen voraus, aber anders als die Erschließung von Darstellungsmitteln sind die geforderten Wissensbestände eher lebensweltlicher Art und zielen auf Interpretationsentscheidungen, die ggf. auch argumentativ zu vertreten sind.

| **Den kognitiven Operationen entsprechende Fragen<br>Bezogen auf Goethes Gedicht *Heidenröslein*** | | | | |
|---|---|---|---|---|
| **Identifizieren** | **Wiedergeben** | **Analysieren** | **Interpretieren und erörtern** | |
| Wer ist beteiligt? | Worum geht es? | Wie sind die beiden Figuren jeweils dargestellt?<br>Welche Merkmale kennzeichnen sie? | Warum sticht das Röslein?<br>Geht es um eine Rose oder um ein junges Mädchen? | Handelt es sich bei „Heidenröslein" um ein Liebesgedicht? |

Tab. 6: Fragen entsprechend zu den kognitiven Operatoren

Fazit: Nutzt man das Bild des Gängelbands, dann können Operatoren natürlich ebenso stark gängeln wie die Lehrerfrage. Operatoren haben ebenso viel Gängelungspotenzial wie die Lehrerfrage. Sowohl für Fragen als auch Operatoren gilt: Ob die Schüler sich gegängelt fühlen, hängt nicht zuletzt vom Entscheidungsspielraum ab, den die Aufgabe ihnen gewährt. Operatoren, die großen Entscheidungsspielraum bieten, haben einen hohen Komplexitätsgrad, angesichts dessen nicht wenige Schüler kapitulieren.

## 2.6 Der Schwierigkeitsgrad von Aufgaben

### 2.6.1 Schwierigkeitsbestimmende Aufgabenmerkmale

Wie schwierig eine Aufgabe ist, lässt sich sowohl empirisch als auch theoretisch bestimmen. Der empirische Schwierigkeitsgrad einer Aufgabe resultiert aus der Anzahl richtiger Lösungen. Je geringer die Häufigkeit richtiger oder plausibler Lösungen, desto höher ist der empirische Schwierigkeitsgrad. Eine Aufgabe, die von 80% der Probanden gelöst wird, ist leicht, eine Aufgabe, die von 20% der Probanden gelöst wird, ist schwer. Demgegenüber muss der theoretische Schwierigkeitsgrad kategoriengeleitet bestimmt werden. Die Bildungsstandards für den Mittleren Bildungsabschluss (2003: 17) nennen folgende Merkmale:

- „die Komplexität der Aufgabenstellung,
- die Komplexität und Anforderungshöhe des vorgelegten Textes, Textensembles oder einer entsprechenden Problemstellung,
- die Anforderung an Kontext- und Orientierungswissen,
- die Anforderung an die sprachliche Darstellung,
- Umfang und Komplexität der notwendigen Reflexion oder Bewertung".

Im Rahmen der Aufgaben für die Abiturprüfung sehen die Bildungsstandards den Schwierigkeitsgrad einer Aufgabe in Abhängigkeit von der „Komplexität des Gegenstands", vom „Grad der Differenzierung und der Abstraktion der Inhalte", vom „Anspruch an die Beherrschung der Fachsprache und der Methoden" sowie von der „Selbstständigkeit bei der Lösung der Aufgaben" (BS AHR 2012: 28). Selbstständigkeit steht in einer gewissen Beziehung zur Offenheit einer Aufgabe, denn der Entscheidungsspielraum muss von den Schülern selbstständig genutzt werden. Allerdings kommt es nicht primär darauf an, dass Entscheidungen getroffen werden, sondern dass sie sinnvoll sind.

Die von Artelt (Baumert/Stanat u. a. 2004: 154–157) im Anschluss an PISA 2000 unterschiedenen drei schwierigkeitsbestimmenden Merkmale – der *Entscheidungsspielraum*, den eine Aufgabe dem Schüler bietet bzw. zumutet, der *Integrationsgrad*, den die Aufgabenbewältigung impliziert, und der *Präzisionsgrad* als Maß für die Genauigkeit, die mit der Aufgabenbewältigung verbunden ist, – sind für Aufgaben im Deutschunterricht v. a. auch deshalb bedeutsam, weil die Merkmale „Entscheidungsspielraum" und „Integrationsgrad" an die im didaktischen Zusammenhang hochwertigen Kategorien „Offenheit" und „Komplexität" anbindbar sind. Beide Merkmale regulieren das kognitive Anregungspotenzial einer Aufgabe und verlangen deshalb auch fachdidaktische Reflexion. Geht es doch darum, optimale Stufungen und Verhältnisbestimmungen von Offenheit und Komplexität zu gewinnen (vgl. Köster 2005). Allerdings spielen aus deutschdidaktischer Perspektive auch Aspekte der konkreten Aufgabenformulierung (vgl. Schäfers 2006) eine Rolle. Zu große Offenheit führt im Verbund mit zu großer Komplexität bei schwachen Schülern zu Verunsicherung und Ratlosigkeit, bei mittlerer Leistungsfähigkeit zu „wilder Komplexitätsreduktion" durch Beschränkung auf Bekanntes oder den Rückgriff auf vertraute Routinen (Köster 2006a: 25–36). Der Präzisionsgrad von Aufgaben als drittes schwierigkeitsbestimmendes Merkmal mag demgegenüber speziell für Testaufgaben und hier wiederum für die PISA-Leseaufgaben relevant sein.

Was Fragen des Formats und der Aufgabenschwierigkeit betrifft, so hat deutschdidaktische Expertise sich bereits auf die Reflexion zweier Fragenkomplexe eingelassen: „Welche Aufgabenformate und -arten für welche Teilkompetenzen des Textverstehens" günstig oder ungünstig sind und in welchem Maß und warum bestimmte Gegenstände die Aufgabenschwierigkeit beeinflussen (vgl. Zabka 2006: 80–101).

### 2.6.2 Gegenstandsbeschaffenheit

Im jedem konkreten Fall hängt die Aufgabenschwierigkeit auch davon ab, wie zugänglich der Lern- bzw. Untersuchungsgegenstand ist. Die BS HSA (16 f.) entfalten darüber hinaus, was die schwierigkeitsbestimmende Komplexität und Anforderungshöhe des vorgelegten Textes bzw. Textensembles ausmacht:

- „Umfang des Textes,
- Textsorte (vertraut, bekannt, neu),
- Gegenstand des Textes (zeitnah, lebensweltnah oder -fern, komplex),
- Struktur des Textes (linear, chronologisch; Rahmen- und Binnenhandlung; Vor- und Rückblick; Leerstellen; Montage; gedanklich stringent),
- Sprache des Textes (Gegenwartssprache, geläufig, fremd, erläuterungsbedürftig),
- Satzbau (einfach, komplex, kompliziert),
- Ausdrucksformen (Bilder, rhetorische Mittel, Sprachmuster, besondere Sprechweisen),
- Wort- und Begriffswahl (Wissens- und Verstehensvoraussetzungen, Fachsprache),
- Voraussetzungen für das Verstehen des Textes (entwicklungspsychologisch, notwendiger Verstehenshorizont, Kontext- und Orientierungswissen)".

Darüber hinaus spielt eine Rolle, ob der Text/Gegenstand sich selbst erklärt oder ob er spezifische Wissensbestände voraussetzt. Entsprechendes gilt für die Kenntnis der zur Lösung der Aufgabe erforderlichen Verfahren. Deshalb werden verschiedene Wissensarten unterschieden.

### 2.6.3 Welche Rolle spielt das Wissen bei der Aufgabenentwicklung und -bearbeitung?

Jede Aufgabe im Deutschunterricht setzt bestimmte Wissensbestände voraus. Allerdings unterscheiden sich die Aufgaben nach Umfang und Art des Wissens, das für die Aufgabenlösung erforderlich ist. In den BS AHR (18) ist von „Wissen über literarische, sprachliche und andere Sachverhalte" die Rede, von „Kontextwissen" und von „domänenspezifische[m] Orientierungswissen"[4]. Es wird erwartet, dass die Schüler „ihr Fach- und Weltwissen flexibel einsetzen" (ebd.) und Texte „mit externen Wissensbeständen verbinden" (ebd.: 14). Sowohl für den HSA (9) als auch für den MSA (9) sollen die Schüler über „ein Grundlagenwissen zu Texten, deren Inhalten, Strukturen und historischer Dimension" verfügen sowie über „Orientierungswissen in Sprache und Literatur". Folgt man den BS für den HSA (17) und den MSA (17), dann wird der Schwierigkeitsgrad einer Aufgabe „durch die Anforderung an Kontext- und Orientierungswissen" gesteuert (17).

4 Aus der Perspektive von Mittelstraß, der zwischen Verfügungs- und Orientierungswissen unterscheidet, verwenden die Bildungsstandards „Orientierungswissen" eher im Sinn von „Verfügungswissen". Vgl. Jürgen Mittelstraß 2012.

Um transparent über notwendige Wissensvoraussetzungen sprechen und den intendierten Wissenserwerb differenziert bestimmen zu können, erscheint die von De Jong und Ferguson-Hessler (1996) vorgelegte Matrix der Wissensformen in besonderem Maß geeignet. Diese Wissensformen resultieren aus der Unterscheidung von Wissensarten und Wissensmerkmalen einerseits und deren Kombination andererseits. Die Wissensarten entsprechen weitgehend der bekannten Einteilung in fachliches Wissen, Problemlösungswissen, prozedurales und metakognitives Wissen, wie sie Ossner (2006) – im Anschluss an Mandl/Friedrich/Hron (1986) – als Dimension eines Kompetenzmodells vorstellt. Zu den Wissensmerkmalen zählen so relevante Aspekte wie der Grad an Verarbeitungstiefe, Automatisierung und Vernetztheit des Wissens. Das im Folgenden abgebildete Modell von De Jong und Ferguson-Hessler macht Wissensarten und Wissensmerkmale nicht nur gut unterscheidbar, sondern stellt auch die Beziehung zwischen beiden Aspekten nachvollziehbar dar.

| **Wissensformen als Matrix, in der Wissensmerkmale und Wissensarten aufeinander bezogen sind.** | | | | |
|---|---|---|---|---|
| | **Wissensarten** | | | |
| **Wissensmerkmale** | Situationales Wissen | Konzeptuelles Wissen | Prozedurales Wissen | Strategisches Wissen |
| **Hierarchischer Status** | | | | |
| **Innere Struktur** | | | | |
| **Automatisierungsgrad** | | | | |
| **Modalität** | | | | |
| **Allgemeinheitsgrad** | | | | |

Tab. 7: Darstellung von Wissensformen nach De Jong/Ferguson-Hessler (1996)

Diese Unterscheidung von Wissensarten und Wissensmerkmalen ist hilfreich, um den Begriff des Wissens für die Aufgabenentwicklung und -bearbeitung sinnvoll zu nutzen. Die einzelnen Wissensarten werden von De Jong/Ferguson-Hessler folgendermaßen definiert:

| **Wissensarten** |
|---|
| ▸ Situationales Wissen ist Wissen über Situationen, die in bestimmten Domänen typischerweise auftauchen, sowie über darin üblicherweise zu beachtende Information.<br>▸ Konzeptuelles Wissen ist statisches Wissen über Fakten, Begriffe und Prinzipien.<br>▸ Prozedurales Wissen ist Wissen über Handlungen, die zum gewünschten Erfolg führen.<br>▸ Strategisches Wissen ist metakognitives Wissen über die Gestaltung des eigenen Problemlöseverhaltens und über Handlungspläne. |

Die im Folgenden definierten Wissensmerkmale lassen sich mit jeder der vier Wissensarten verknüpfen:

| **Wissensmerkmale** |
|---|
| ▸ Der hierarchische Status von Wissen hat die Extremwerte „oberflächlich" vs. „tief verarbeitet".<br>▸ Die innere Struktur von Wissen hat die Extremwerte „isolierte Wisseneinheiten" vs. „vernetztes Wissen".<br>▸ Der Automatisierungsgrad ist der Anteil intentionaler, angestrengter Informationsverarbeitung mit den Extremwerten „deklarativ" (explizites Faktenwissen) und „kompiliert" (routiniertes, automatisiertes Prozedurenwissen).<br>▸ Die Modalität von Wissen deutet an, ob Wissen vorteilhafter als „bildlich" oder als „propositional-analytisch" dargestellt wird.<br>▸ Der „Allgemeinheitsgrad" beschreibt, ob Wissen eher „generell" oder eher „domänenspezifisch" ist. |

Es sind die Wissensmerkmalen, die über die Qualität des Wissens entscheiden. Denn statische/träge Zustände gibt es nicht nur für das konzeptuelle/deklarative Wissen, sondern auch für das prozedurale Wissen; das konzeptuelle Wissen kann tief verarbeitet und reich vernetzt sein, das prozedurale oder strategische Wissen oberflächlich und isoliert.

Aus der Perspektive der Biologiedidaktik weist Jörg Großschedl (2010) darauf hin, dass „Niveau und Struktur des Wissens [...] nicht unabhängig voneinander [sind], sondern [dass] ein positiver Zusammenhang zwischen beiden Konstrukten [besteht]". Die Wissensstruktur („isoliert" – „vernetzt") habe einen entscheidenden Einfluss auf das Verständnis einer Domäne und die Problemlösefähigkeit der Lernenden. Außerdem beeinflusse sie stark, „ob neue Inhalte bedeutungsvoll gelernt werden oder lediglich willkürlich oder wortgetreu memoriert werden." (Großschedl 2010: 45). Es hänge von der Qualität des Vorwissens ab, ob neue Wissensbausteine in die kognitive Struktur integriert werden. „Somit ist über die Vernetztheit und die Breite der Anwendbarkeit des Wissens hinaus der Grad der Verzahnung von konzeptuellem und prozeduralem Wissen [als] Qualitätskriterium begrifflichen Wissens" (Moormann 2007: 3) bedeutsam. Auf Christoph Bräuer verweisend, macht Ossner in „Erklären und Zeigen" (2013: 45) mit Nachdruck deutlich, dass es auf das Zusammenspiel „einzelne[r] Tätigkeiten und einzelne[r] Wissensarten" ankommt. Wenn diese Einsicht fehlt, dann bleibe „vermeintlich strategisches Wissen" isoliert und könne nicht metakognitiv steuernd wirksam werden.

Wissensmerkmale entscheiden folglich über den Schwierigkeitsgrad einer Aufgabe. Das zeigt auch das folgende Beispiel, das zwei Wahlaufgaben anbietet. Anders als Wahlaufgabe A, in der die notwendigen konzeptionellen und prozeduralen Wissensbestände über ein Informationsblatt bereit gestellt werden, verlangt Wahlaufgabe B mehr konzeptionelles Wissen über bestimmte Tiere als auch einen höheren Grad an vernetztem Strategiewissen. Das Beispiel findet sich in „deutsch.punkt 1, 5. Schuljahr" (Biesemann et al. 2005). Da die beiden Wahlaufgaben unterschiedlich voraussetzungsreich sind, lassen sie sich zur Differenzierung nutzen.

A

**Zum Auswählen:**

**A: Leicht**

Beim Zoobesuch haben einer Schülerin die Echsen gut gefallen. Einige Arten kann man als Haustiere halten, zum Beispiel die Bartagame. Um die Eltern von ihrem ehrlichen Interesse zu überzeugen, gestaltet die Schülerin ein Infoblatt über Bartagamen.
Fertigt mithilfe der Notizen der Schülerin eine Tierbeschreibung an.
Gestaltet das Infoblatt auch mit Bildern von der Bartagame.

**B: Schwer**

Wählt euer Lieblingstier aus, gestaltet zu diesem ein Infoblatt mit Text und Bildern.

Will man das Niveau des deklarativen Wissens differenziert ermitteln, dann sind – so Großschedl – sowohl Aufgaben, „die mit einem oberflächlichen Wissen gelöst werden können", als auch Aufgaben, „für deren Lösung ein tief verwurzeltes Wissen notwendig ist", erforderlich (Großschedl 2010: 44).

Während die folgenden Aufgaben 1 bis 3 mit oberflächlichem deklarativen Wissen zu lösen sind, erfordern die Aufgaben 4 und 5 die Nutzung tief verwurzelten deklarativen Wissens:

A

(1) Wann hat Goethe das Gedicht „Heidenröslein" geschrieben?
(2) Beschreibe die klangliche Gestalt des Gedichts „Heidenröslein".
(3) Nenne die veränderbaren Wortarten.
(4) Überprüfe, ob in Goethes Gedicht „Heidenröslein" das „Röslein" Bildspender oder Bildempfänger ist.
(5) Erkläre, warum im Gedichttitel „Ins Weiße blickend" (vgl. Kap. 2.1.3) die Bestimmung der Wortarten anspruchsvoll ist.

### 2.6.4 Vorausgesetzte Wissensbestände

Die Entwicklung domänenspezifischer Expertise beruht auf „bedeutungsvolle[n] Zusammenhänge[n] zwischen neuem Wissen und dem Vorwissen" der Schüler und ist auf die „Anwendung von Tiefenstrategien" angewiesen (Großschedl 2010: 36). Kennzeichen trägen Wissens sind fehlende Anschlussfähigkeit und fehlende Anwendbarkeit.

Was hat es mit Anschlussfähigkeit und Anwendbarkeit von Wissen auf sich? Anschlussfähiges Wissen führt entweder zur sinnvollen Anreicherung des bereits bestehenden Wissens oder macht eine Anpassung des bestehenden Wissens an das neue Wissen nötig. Das geschieht durch Umstrukturierung des Wissens. Wenn man z. B. bis zum 5. Schuljahr Verse nur als Merkmal von Gedichten kennengelernt hat, dann bewirkt die Information, dass auch Theaterstücke in Versen geschrieben sein können, eine Wissenserweiterung. War diese Person aber davon überzeugt, dass alle Gedichte einen Reim haben, der Reim also ein notwendiges Merkmal von Gedichten ist, dann wird der Umgang mit reimlosen Versen eine Umstrukturierung des Wissens bewirken, die sich in einem veränderten Konzept von „Gedicht" manifestiert.

Erhält aber eine Zehnjährige, die weiß, dass Verse ein Merkmal von Gedichten sind, die Information, dass es sich „[b]ei den einflussreichsten Versromanen des Mittelalters [...] um die Werke des Franzosen Chrétien de Troyes" handle und dass dieser „mehrere Romane [verfasste], die am Hofe König Arthurs spielen und nicht nur für unser heutiges Bild vom ritterlichen Mittelalter maßgeblich geprägt haben, sondern im Mittelalter selbst das Selbstverständnis des Rittertums mitbestimmten" (Tacik o. J.: 1), dann handelt es sich sehr wahrscheinlich um Wissen, das für diese Person weder anschlussfähig noch anwendbar ist. Etwas anders verhält es sich, wenn im 6. Jahrgang einige der Abenteuer des Odysseus gelesen und besprochen wurden und wenn dann im Vergleich zur Prosafassung im Deutschbuch auch ein Abschnitt aus der Versübertragung von Johann Heinrich Voß rezitiert wird.

**Aus der Oyssee (9. Gesang, V. 105–116)**
Also steuerten wir mit trauriger Seele von dannen. / Und zum Lande der wilden gesetzelosen Kyklopen / Kamen wir jetzt, der Riesen, die im Vertraun auf die Götter / Nimmer pflanzen noch sä'n, und nimmer die Erde beackern. / Ohne Samen und Pfleg' einkeimen alle Gewächse, Weizen und Gerste dem Boden, und edle Reben, die tragen Wein in geschwollenen Trauben, und Gottes Regen ernährt ihn. / Dort ist weder Gesetz, noch öffentliche Versammlung; Sondern sie wohnen all' auf den Häuptern hoher Gebirge / In gehöhleten Felsen, und jeder richtet nach Willkür Seine Kinder und Weiber, und kümmert sich nicht um den andern.

Homer: Odysse. Übersetzt von Johann Heinrich Voß. Leipzig.

Im Zusammenhang mit dieser Versübertragung mag eine Information darüber, dass eine ereignisstarke Erzählung in Versen Versepos genannt wird, dass die Odyssee neben der Ilias zu den bekanntesten Versepen gehört und dass darin in Hexametern über den griechisch-trojanischen Krieg beziehungsweise die

Irrfahrten des Kriegshelden Odysseus erzählt wird, das vorhandene Wissen anreichern. Wer unter den jungen Lesern keine Vorstellung mit dem Wort „Bildungskanon" verbindet, für den ist der Zusatz, dass beide Versepen auch heute noch zum Bildungskanon gehören, nicht anschlussfähig und wird zunächst träges Wissen sein. Anwendungsfähig ist Wissen über Verse und Gattungen für Schüler in der Regel in einem sehr beschränkten Bereich, wenn es gilt, Textsorten oder Versformen zu bestimmen. Seltener wird es als Prüfinstrument genutzt, um z. B. Gattungsfragen zu debattieren.

Demgegenüber ist Prozedurenwissen – Wissen über Verfahren und Methoden – in viel stärkerem Maß auf Anwendung gerichtet. Hier entscheidet häufig der Abstraktions- und Komplexitätsgrad des neuen Wissens über Anschlussfähigkeit und Anwendbarkeit. Ein verbreitetes Lehrmittel bietet im 7. Schuljahr folgenden Leitfaden zum Schreiben einer Inhaltsangabe von Erzähltexten.

> Eine Inhaltsangabe soll deine Zuhörer oder Leser knapp, sachlich und genau über den Inhalt eines Textes informieren. Dabei darfst du nichts Wichtiges weglassen, aber auch nichts hinzufügen. Deine Inhaltsangabe muss deutlich kürzer sein als der Ausgangstext. Mithilfe der W-Fragen kannst du prüfen, ob dein Text alle wichtigen Angaben enthält. In einer Inhaltsangabe verwendest du die Zeitformen Präsens und Perfekt." Frentz 2002: 58.

Diese Informationen sind für Schüler im 7. Schuljahr durchaus an vorhandene Wissensbestände anschließbar, zum Teil aber nur an der Oberfläche. Die Schüler wissen, was mit „Inhalt" gemeint ist und verbinden „Wichtiges" mit dem Kern oder dem Zentrum einer Erzählung und „Unwichtiges" mit dem Beiwerk. Sie kennen die W-Fragen *Wer?, Was?, Wann?, Warum? Wie?, Wo?*, denn dieses Fragen haben bereits die Nacherzählung strukturiert.

Aber dieses Wissen lässt es sich nur dann sinnvoll anwenden, wenn die bei Erzähltexten letztlich entscheidende Frage „Worum geht es in der Geschichte?" beantwortet wird. Das setzt voraus, dass die Schüler den gesamten inhaltlichen Zusammenhang verstanden haben, ihn losgelöst vom Wortlaut des Textes als mentales Modell gesichert haben, und dass sie darüber hinaus diesen inhaltlichen Zusammenhang in verknappter und abstrahierter Form formulieren können. Diese Formulierung kann ihrerseits mehr oder weniger knapp, mehr oder weniger abstrakt realisiert werden.

Auch die Frage „Wie läuft das Geschehen ab?" provoziert ein Anwendungsproblem in Verbindung mit der Anforderung, sowohl *knapp* als auch *genau* zu informieren. Denn Genauigkeit hat auch eine gewisse Affinität zur Detailliertheit, sodass dieser Anspruch Unsicherheit erzeugt, worauf verzichtet werden kann, ohne gegen die Anforderung „genau" zu sein, zu verstoßen.

Ein weiteres Anwendungsproblem ist mit dem Anspruch verbunden, nichts Wichtiges wegzulassen. Diese Information ist sehr abstrakt und nur dann anwendbar, wenn der jeweils vorliegende Text verstanden ist und auf seine zentralen Elemente reduziert werden kann. Denn Streichungen/Kürzungen allein reichen nicht aus. Um den Ereignisablauf zu rekonstruieren, bräuchten die Schüler konkrete Informationen, wie man das macht. Fragen, die sich an der Plotstruktur von Erzähltexten orientieren, dürften sich als hilfreich erweisen. Es wären Fragen nach der Ausgangssituation, nach der Auslösung des Konflikts und nach den Schritten der Konfliktbewältigung sowie die Frage nach dem Schluss. Zu unterscheiden, was wichtig und was verzichtbar ist, kann je nach Textvorlage unterschiedlich schwierig sein. Ob Wissen anschlussfähig bzw. anwendbar ist, hängt also entscheidend von der geistigen Entwicklung der Schüler und vom individuellen Wissensstand ab.

Diese Kommentierung des Leitfadens, der auf den Erwerb prozeduralen Wissens zum Schreiben einer Inhaltsangabe zielt, macht deutlich, dass das zur Bewältigung der Lernaufgabe bereit gestellte Wissen nicht in adäquater, anwendungsgerechter Weise vorgelegt wird. Erforderlich sind Lernaufgaben, die die Schüler zu Kürzungen befähigen und zwar sowohl durch Weglassen als auch durch Abstraktion.

Was der Leitfaden ausklammert, sind Hinweise auf die Struktur der Textsorte: ob sie zwei- oder dreigliedrig sein soll, d. h. ob sie neben der Einleitung und der Wiedergabe des Inhalts auch ein zusammenfassendes Résumé enthalten soll.

Fazit: Soll eine Aufgabe lernwirksam sein, dann muss sie zum Vorwissen der Lernenden passen. Dabei ist zu klären, welche Wissensbestände vorausgesetzt werden und welche Grundfertigkeiten erforderlich sind (vgl. Felten/Stern 2012; Studienseminar Koblenz: Berufspraktisches Seminar. Grundlagen-Skripte Aufgabenstellungen, S. 5).

## 2.7 Die Rolle des Materials

Ob eine Aufgabe als einladend wahrgenommen wird oder ob sie auf Gleichgültigkeit, vielleicht sogar auf Widerwillen stößt, hat nicht zuletzt mit dem Erscheinungsbild des Materials zu tun. Das gilt sowohl für den Kultiviertheitsgrad als auch für die Leserfreundlichkeit.

### 2.7.1 Ordentlich – unordentlich, kultiviert – unkultiviert

Als kultiviertes Material gelten Textvorlagen bzw. Aufgaben- und Arbeitsblätter, die auf gutem Papier angeboten werden und von den Schülern weder zerknittert noch beschmutzt werden. Arbeitsmappen mit zerrissenen oder zerknitterten Blättern, Hefte mit Eselsohren und Flecken erfreuen niemanden. Niemand nimmt solches Material gern in die Hand. Es lohnt sich also, den Heften und Arbeitsmappen der Schüler Aufmerksamkeit zu schenken. Dazu trägt zwar der Tradition entsprechend die Heftkontrolle durch die Lehrperson bei. Wirksamer ist aber die Einsicht der Schüler in die Vorzüge kultivierter Heft- und Mappenführung. Ein ansprechend gestaltetes Heft wird lieber angeschaut und genutzt als ein verwahrlostes.

Darüber hinaus können Schüler ihre Mappen und Hefte auch individuell ausstatten und dabei den jeweiligen Lerngegenstand bei der Gestaltung des Umschlags berücksichtigen. Das kann in einer Art Collage geschehen oder in ansprechender Beschriftung oder durch ein besonderes Etikett. Solch individuell gestaltete Mappen zur Sammlung der Aufgabenblätter werden auch besser konserviert, d. h., sie werden nicht so leicht weggeworfen. Folglich stehen die Hefte und Mappen länger zur Wiederholung und Auffrischung des Gelernten zur Verfügung.

Wie lernwirksam die Aufgabe und ihre Bearbeitung werden, hat auch ganz entscheidend mit der Art und Weise der „Ablage“ zu tun. Dazu gehört die Datierung und Nummerierung der einzelnen Blätter sowie ein fortlaufendes Inhaltsverzeichnis. Denn je leichter sich einzelne Aufgaben und Bearbeitungen wieder finden lassen, desto unproblematischer ist der Zugriff, wenn es um die Vorbereitung von Tests und Klassenarbeiten geht.

Erleichtert wird die Ablage, wenn die Arbeitsblätter bereits gelocht ausgegeben werden. Letztlich sollte auch die ästhetische Qualität der Textvorlagen nicht unterschätzt werden, wenn aufgabenbasiertes Lernen gelingen soll. Schrifttyp, Zeichengröße und Zeilenabstand spielen ebenso eine Rolle wie das Vorhandensein eines breiten Rands für Marginalien.

### 2.7.2 Formularcharakter

Lehrkräfte bestätigen immer wieder die anregende Wirkung von Arbeitsblättern, die einen Rahmen haben, der auch dekorativ sein kann, und die Hinweise zur Aufgabenbearbeitung enthalten. Solche Arbeitsblätter eignen sich gut für Aufgaben, die ergänzende und vervollständigende Operationen verlangen. „Halbfertigprodukte“ ziehen bestimmte eingreifende Operationen nach sich – Ergänzungen, Zuordnungen, Anordnungen in bestimmter Abfolge.

## 2.8 Interaktion – zur Interdependenz zwischen Aufgabe und Sozialform

Es leuchtet ein, dass es eine Interdependenz zwischen Sozialform und Aufgabenstellung gibt. Die Aufgabe, zur Beziehung zwischen zwei oder mehr literarischen Figuren ein Standbild zu bauen, erfordert Gruppenarbeit. Das gilt für szenische Arbeitsformen allgemein. Für das Erstellen von Dialogen bzw. Streitgesprächen ist wiederum Partnerarbeit in besonderer Weise geeignet. Einzelarbeit bietet sich an, wenn es darauf ankommt, in ruhiger Arbeitsatmosphäre – auch leistungsdifferenziert – konzentriert zu arbeiten. Leseaufträge sind an Einzelarbeit gebunden, können aber in bestimmten Fällen durch Zuhöraufträge in Partner- bzw. Gruppenarbeit ersetzt werden. Übungs- und Vertiefungsaufgaben haben starken Bezug zur Einzelarbeit. Stationenlernen lässt sich als eine Form der Einzelarbeit bestimmen, deren Reiz darin liegt, eine Reihe von Aufgaben in selbst gewählter Reihenfolge zu bearbeiten.

Wie müssen Aufgaben zum Stationenlernen beschaffen sein? Ihre Entwicklung ist mit großem zeitlichen Aufwand und hoher fachlicher Expertise verbunden. Deshalb empfiehlt es sich, solche Aufgaben nicht nur zur einmaligen individuellen Nutzung durch eine einzige Lehrkraft bzw. Schülergruppe zu entwickeln, sondern in Verantwortung einer Fachkonferenz zur mehrfachen und allgemeinen Nutzung. Denn Stationenlernen ist dann sinnvoll, wenn nicht nur unterschiedliche Leistungsniveaus, sondern auch unterschiedliche Vorlieben und Orientierungen der Schüler berücksichtigt werden, z. B. Zugänge über unterschiedliche Sinneskanäle. Darüber hinaus ist zu gewährleisten, dass Lernprogression stattfindet, d. h. dass Wissen und Können erworben werden.

Der motivierende Charakter des Stationenlernens hat nicht zuletzt damit zu tun, dass die Schüler einen Entscheidungsspielraum hinsichtlich der Reihenfolge, in der sie Aufgaben bearbeiten, erhalten und auch eine Option hinsichtlich der Zugriffe und Zugänge haben.

Entsprechend aufwändig ist die Generierung von Material für Aufgaben beim Gruppenpuzzle. Diese Arbeitsform trägt die Interaktionsform bereits im Namen. Folgt man Hilbert Meyer (2004), so eignet sich das Gruppenpuzzle vor allem zur Vermittlung komplexer Wissensbestände, deren Erwerb in abschließenden Test geprüft werden kann. Beispiele sind: (1) Dramentypen: Die geschlossene und die offene Form des Dramas, Brechts episches Theater, analytisches vs. synthetisches Drama; (2) Textsorten/Sachtexttypen: darstellende, appellative, expressive Texte.

# 3. Kompetenzbereiche unterscheiden – Aufgabenstellungen verstehen

### Domänenspezifik der Aufgaben

Wodurch unterscheiden sich Aufgaben in den einzelnen Kompetenzbereichen? Wie Willenberg (2007b: 14) im Anschluss an die Expertise *Zur Entwicklung nationaler Bildungsstandards* hervorhebt, „gibt es keine Allroundfähigkeit für die einzelnen Gebiete des Deutschunterrichts". Das heißt: Kompetenzen sind bereichsspezifisch. Dementsprechend sind auch die KMK-Bildungsstandards in vier Kompetenzbereiche gegliedert und die Länder haben diese Einteilung in ihre Lehrpläne überführt. Die Standards für die Sekundarstufe I unterscheiden vier Kompetenzbereiche – (1) Sprechen und Zuhören, (2) Schreiben, (3) Lesen – Umgang mit Texten und Medien, (4) Sprache und Sprachgebrauch untersuchen –, wobei es immer auch Überlappungen gibt.[5]

Bezogen auf die Aufgabenstellung finden sich die deutlichsten Unterschiede zwischen Aufgaben, die der Textproduktion dienen, und Aufgaben, die auf die Rezeption von Texten gerichtet sind. Dabei gilt, dass Produktionsaufgaben immer eine exekutive Anforderung enthalten müssen: *Schreibe, formuliere, fülle aus, trage vor.* Noch einmal anders verhält es sich mit Aufgaben im Bereich „Sprache und Sprachgebrauch untersuchen". Dort spielen Bestimmungsaufgaben und der Einsatz grammatischer Proben eine zentrale Rolle.

Bereichsspezifische Aufgaben werden durch bereichstypische Operatoren gesteuert. Das gilt zumindest für Leistungsaufgaben. Deshalb bietet dieses Kapitel zu jedem Kompetenzbereich eine knappe Einführung, nennt typische Operatoren und gibt Hinweise auf Problemfelder, die für den Kompetenzbereich typisch sind. Den Abschluss jedes Teilkapitels bildet jeweils eine typische Leistungsaufgabe. Das Spektrum reicht von Klassenarbeiten über Beispiele aus den Bildungsstandards bis zu VERA-Testaufgaben. In einigen Bereichen werden mehrere Aufgabenarten und -formate vorgestellt.

## 3.1 Sprechen und Zuhören

### 3.1.1 Beschreibung des Kompetenzbereichs – Zielgrößen des Unterrichts

Der Kompetenzbereich „Sprechen und Zuhören" gehört zu den „prozessbezogenen Kompetenzbereichen" (BS AHR 2012: 13). Stärker noch als beim Lesen und Schreiben stellt sich hier die Frage, welche der zu erwerbenden Kompetenzen fachspezifisch sind und welchen Anteil fächerübergreifende Präsentations- und Gesprächskompetenz erhält. Denn die abstrakten Kompetenzbeschreibun-

5 Die Bildungsstandards für die Allgemeine Hochschulreife im Fach Deutsch schließen daran an, sind aber etwas anders strukturiert.

gen (BS HSA/MSA: 8) lassen die inhaltliche Füllung offen: „Die Schülerinnen und Schüler bewältigen kommunikative Situationen in persönlichen, beruflichen und öffentlichen Zusammenhängen situationsangemessen und adressatengerecht."

Dabei geht es nicht nur um die Verwendung der Standardsprache. Damit Kommunikation gelingt, sollen die Schüler über eine Gesprächskultur verfügen, „die von aufmerksamem Zuhören und respektvollem Gesprächsverhalten geprägt ist" (ebd.).

Der Kompetenzbereich „Sprechen und Zuhören" verbindet explizit produktive und rezeptive Aktivitäten. So heißt es in den BS MSA (10), dass die Schüler „Gesprächsbeiträge anderer verfolgen und aufnehmen" sowie „wesentliche Aussagen aus umfangreichen gesprochenen Texten verstehen, diese Informationen sichern und wiedergeben" und für die Allgemeine Hochschulreife (BS AHR 2012: 14) müssen sie „den Verlauf fachlich anspruchsvoller monologischer und dialogischer Gesprächsformen konzentriert verfolgen, um Argumentation und Intention der Gesprächspartner wiederzugeben bzw. zusammenzufassen sowie ihr Verständnis durch Mitschriften und Notizen zu sichern." Präsentationen dienen inhaltlich „dem Referieren, Zusammenfassen oder Darstellen von Sachverhalten" (Becker-Mrotzek/Mörs 2015: 36). Demgegenüber ist bei der Entwicklung von Gesprächskompetenz das Zusammenspiel von Zuhören und Sprechen gefragt. Folglich finden sich in diesem Kompetenzbereich Operatoren, die sowohl auf die Rezeption als auch auf die Produktion bezogen sind.

Will man die Qualität des Zuhörens verbessern, kann man ebenfalls sowohl im produktiven als auch im rezeptiven Bereich ansetzen. Im ersten Fall geht es darum, den Redebeitrag zuhörfreundlich zu gestalten, im zweiten Fall sollen die Zuhörstrategien optimiert werden. Dass die Zuhörfähigkeit nicht als gegeben unterstellt werden kann, zeigen die durch das IQB durchgeführten Schulleistungsstudien (2009). In den Klassenstufen 9 und 10 konnten sich 20 % der Probanden „lediglich an prominente Einzelinformationen aus Hörtexten erinnern und benachbarte Informationen verknüpfen", waren „aber nicht in der Lage, über den Hörtext verstreute Informationen miteinander zu verknüpfen (Becker-Mrotzek/Mörs 2015: 32). Das hat nicht zuletzt damit zu tun, dass man – anders als beim Lesen – das Tempo nicht selbst bestimmen kann und in der Regel auch kein wiederholtes Hören möglich ist.

### 3.1.2 Typische Operatoren

#### Bereich Zuhören

Beim Zuhören kommt viel auf das Interesse des Hörers an. Geht es um einzelne Informationen, wie es z. B. bei Nachrichtensendungen der Fall ist, oder geht es um einen größeren Zusammenhang, wie z. B. bei einem Radiofeature? Ist das Hörinteresse auf einzelne Informationen gerichtet, dann spielt die geistige Tätigkeit des „Unterscheidens" eine große Rolle. Ein Beispiel dafür ist die unter 3.1.4 dokumentierte Teilaufgabe 5. Die ebenfalls dokumentierte Teilaufgabe 8 zielt auf das „Verknüpfen" von Informationen. Das setzt „Unterscheiden" voraus und schließt Operationen des „Zuordnens" und „Einordnens" ein.

**Bereich Sprechen**

Die im Folgenden aufgelisteten Sprachhandlungen spielen nicht nur beim Sprechen, sondern auch beim Schreiben und Referieren von Texten eine wichtige Rolle. Versteht man Operatoren als Anweisung, bestimmte Handlungen auszuführen, dann haben die im Folgenden aufgelisteten Sprachhandlungen auch den Status von Operatoren.

| **Auswahl von Operatoren** | |
|---|---|
| sagen | bestreiten |
| behaupten | bezweifeln |
| feststellen | ablehnen |
| mitteilen | zustimmen |
| fragen | bejahen |
| hinterfragen | danken |
| antworten | bitten |
| entgegnen | loben |
| erwidern | tadeln |
| einwenden | erinnern an |
| widersprechen | vorschlagen |
| widerlegen | auffordern |

Zusammenstellung Helmut Engels. Krefeld

Als weitere typische Operatoren im Bereich „Sprechen" gelten folgende Tätigkeiten: „an einen Beitrag anknüpfen", „interviewen", „diskutieren", „ein Statement abgeben", „vortragen", „deklamieren".

Zuhörfreundlich zu sprechen, heißt auch: raumerfüllend zu sprechen. Zuhörstrategien optimieren, heißt: Sprecher und ihre Funktionen bzw. deren Handlungsziele zu unterscheiden.

Auch für Sprechen und Zuhören gilt: Lernaufgaben leiten die Schüler an, komplexe Operationen wie „Widerlegen" und „Hinterfragen" auszuführen. Zum Beispiel geht es beim „Hinterfragen" in erster Linie ums „Prüfen" und „Überprüfen" der „Hintergründe, Voraussetzungen, Grundlagen von etwas" (http://www.duden.de/rechtschreibung/hinterfragen, recherchiert am 27.10.2015) und erst in zweiter Linie darum, von einer Person eine „Antwort, Auskunft, Erklärung" (http://www.duden.de/rechtschreibung/fragen, recherchiert am 27.10.2015) zu erhalten. Eine entsprechende Lernaufgabe sollte die Schüler anleiten, einen Diskussionsbeitrag oder eine Behauptung zu hinterfragen. Das kann durch gezielte Nachfrage geschehen, z. B. durch die Bitte, Grundlagen der Behauptung zu erläutern.

### 3.1.3 Typische Problemfelder

Kompetenzen im Bereich „Sprechen“ beziehen sich auf den Vortrag, das Interview und den Gesprächs- bzw. Debattenbeitrag. Während es beim Vortrag in erster Linie um Präsentation geht, verlangen Gespräch und Debatte neben Erklären und Argumentieren auch die Fähigkeit zur Moderation. Moderieren ist überaus anspruchsvoll, weil es neben der formalen Strukturierung des Gesprächs oder der Debatte auch deren inhaltliche Strukturierung und ggf. auch Visualisierungen verlangt.

Auf der einen Seite ist der Erwerb von Gesprächskompetenz auf Übung in konkreten Gesprächssituationen angewiesen. Becker-Mrotzek/Mörs (2015: 38) weisen darauf hin, dass es dazu gezielter unterrichtlicher Unterstützung und Vermittlung bedarf. Auf der anderen Seite ist Gesprächskompetenz deutlich weniger prüfungsrelevant als die Fähigkeit, Texte zu analysieren oder materialgestützt Texte zu verfassen. Im Wettstreit um Unterrichtszeit sollte allerdings nicht vergessen werden, dass Gesprächskompetenz größere Relevanz für Studium und Arbeitswelt haben dürfte als die durchaus wertvolle Fähigkeit zur Analyse literarischer Texte.

Lernaufgaben schulen sowohl das Sprechen als auch das Zuhören, während in Leistungsaufgaben vor allem das Zuhören geprüft wird.

### 3.1.4 Typische Leistungsaufgaben im Bereich „Zuhören“

Die beiden folgenden Teilaufgaben sind dem Test zur Überprüfung rezeptiver mündlicher Kompetenz entnommen und wurden 2013 in VERA 8 eingesetzt (IQB: Vergleichsarbeiten Deutsch. Sek. I, auch S. 83 Fußnote 6). Sowohl die beiden Teilaufgaben als auch die Aufgabenmerkmale und die aufgabenbezogenen Kommentare sind im Aufgabenpool des IQB veröffentlicht. Bei Teilaufgabe 5 handelt es sich um eine Kurzantwortaufgabe, bei Teilaufgabe 8 um eine Zuordnungsaufgabe.

Bezogen auf die Aufgabenmerkmale wird zwischen Kompetenzstufe und Anforderungsbereich unterschieden. Während die Anforderungsbereiche unterschiedliche kognitive Aktivitäten bezeichnen, zeigen die Kompetenzstufen den Ausprägungsgrad der Fähigkeit an und erlauben Rückschlüsse auf den Schwierigkeitsgrad der Aufgabe.

A

**Aufgabe „Floh“**

„Du hörst jetzt einen Radiobeitrag des Senders Deutschlandradio. Es geht darin um Flöhe. Der Beitrag ist 3 Minuten und 30 Sekunden lang. Du hörst ihn ein Mal. Du kannst dir beim Hören Notizen machen. Deine Notizen werden nicht bewertet. Lies und bearbeite nach dem Hören alle Teilaufgaben.

Teilaufgabe 5: Wo könnte Resilin genutzt werden, wenn es gelingt, dieses Protein nachzubauen? Nenne ein Beispiel, das im Radiobeitrag genannt wird.

?............................................................................

**Lösung: Teilaufgabe 5:**

| | |
|---|---|
| RICHTIG | Sinngemäß:<br>in (Lauf-/Sport-/Turn-)Schuhen<br>ODER<br>in (Auto-)Reifen<br>andere richtige Antworten |
| FALSCH | Alle anderen Antworten, auch sinngemäß: bei Robotern. |

Das IQB stellt auf seiner Website nicht nur exemplarische Testaufgaben zur Verfügung, sondern kommentiert diese auch hinsichtlich des Bildungsstandards, auf den sich die Aufgabe bezieht, sowie hinsichtlich des Schwierigkeitsgrads, des Anforderungsbereichs und der erreichten Kompetenzstufe. Mit Teilaufgabe 5 wird das detaillierte Hörverstehen getestet. Sie bezieht sich auf die Bildungsstandards „Wesentliche Aussagen aus umfangreichen gesprochenen Texten verstehen, diese Informationen sichern und wiedergeben (1.4.2)" und „Informationen zielgerichtet entnehmen, [ordnen], vergleichen, prüfen [und ergänzen] (3.4.3)". Die Teilaufgabe wird dem Anforderungsbereich I zugeschrieben, da es darum geht, den Text- bzw. Materialinhalt wiederzugeben. Die Aufgabe ist von mittlerer Schwierigkeit, denn die „gesuchte Information wird explizit zu einem relativ späten Zeitpunkt im Hörtext (gegen Ende der zweiten Minute des Hörtextes) genannt (‚Könnte man Resilin nachbauen, ließe es sich in Laufschuhen oder in Autoreifen nutzen.'). Erleichternd wirkt, dass nur eines von zwei genannten Beispielen genannt werden muss. Der Schreibaufwand ist zudem gering. Außerdem handelt es sich bei der gesuchten Lösung um alltägliche Gegenstände, die den Schülern gut bekannt sind" (ebd.). Wer diese Aufgabe löst, erreicht den Regelstandard (Kompetenzstufe III).

A

**Teilaufgabe 8: Rollen zuordnen**

Welche Aufgaben haben die beiden Experten, die Sprecherin und der Sprecher?

Ordne den Personen den jeweils passenden Buchstaben zu. (Ein Buchstabe bleibt übrig.)

A: Bericht über das Thema

B: Erklärung wissenschaftlicher Einzelheiten

C: Beurteilung der Ergebnisse

D: Übersetzung der englischen Einspielungen

| | Hier Buchstabe eintragen ▾ |
|---|---|
| Die Experten | |
| Die Sprecherin | |
| Der Sprecher | |

**Lösung: Teilaufgabe 8:**

| | |
|---|---|
| RICHTIG | B |
| RICHTIG | A |
| RICHTIG | D |

Auch diese Teilaufgabe testet, ob und in welchem Grad die Schüler in der Lage sind, „wesentliche Aussagen aus umfangreichen gesprochenen Texten [zu] verstehen, diese Informationen [zu] sichern und wieder[zu]geben (1.4.2)" und „Informationen zielgerichtet [zu] entnehmen, [zu] ordnen, [zu] vergleichen, [zu] prüfen [und zu ergänzen] (3.4.3)". Darüber hinaus geht es darum, „Aufmerksamkeit für verbale und nonverbale Äußerungen (z.B. Stimmführung, Körpersprache) [zu] entwickeln (1.4.3)" (Wie Fußnote 6).

Die Teilaufgabe wird dem Anforderungsbereich III zugeordnet, denn die Schüler müssen „die Struktur und Machart von Hörtexten [...] reflektieren" und dabei „erkennen, dass die unterschiedlichen Sprecher unterschiedliche Funktionen erfüllen". „Eine Schwierigkeit könnte darin bestehen, dass eine zusätzliche Funktion („Beurteilung der Ergebnisse") angegeben wird, die jedoch nicht zugeordnet werden kann." (Wie Fußnote 3)

Der Schwierigkeitsgrad ist höher als bei Teilaufgabe 5. Wer diese Aufgabe löst, erfüllt den Regelstandard plus und hat Kompetenzstufe IV (von fünf Stufen) erreicht. Auf der nämlichen IQB-Seite finden sich auch Anregungen, wie der Hörtext im Unterricht in Verbindung mit Lernaufgaben eingesetzt werden kann (wie Fußnote 6, S. 83).

## 3.2 Schreiben

### 3.2.1 Beschreibung des Kompetenzbereichs – Zielgrößen des Unterrichts

Wer die Allgemeine Hochschulreife erwirbt, sollte „inhaltlich angemessene kohärente Texte [verfassen können], die [...] aufgabenadäquat, konzeptgeleitet, adressaten- und zielorientiert, normgerecht, sprachlich variabel und stilistisch stimmig gestalte[t]" sind. Dabei schreiben [die Schüler] entsprechend der jeweiligen Aufgabe in unterschiedlichen Textformen." (BS AHR 2012: 16)

Der qualitative Unterschied zu den Anforderungen, die am Ende der Sekundarstufe I erreicht werden sollen, erschließt sich dabei nur schwer. Denn um den Mittleren bzw. den Hauptschulabschluss zu erreichen, sollen „[d]ie Schülerinnen und Schüler [...] dem Schreibanlass und Auftrag entsprechende Texte eigenständig, zielgerichtet, situations- und adressatenbezogen" verfassen und „sie sprachlich differenziert" gestalten, „wobei sie sprachliche Mittel gezielt und überlegt einsetzen". Zugleich sollen sie die zentralen Schreibformen beherrschen und ihre Texte „sprachlich und stilistisch stimmig" gestalten.

Dabei beachten sie Strategien zur Fehlervermeidung und schreiben mit Hilfe eines Wörterbuches weitgehend fehlerfrei. Darüber hinaus schätzen sie ihre Texte „selbstkritisch ein und überarbeiten sie gegebenenfalls". „Im produktiven Umgang mit Sprache entwickeln sie eigene Ideen und bringen sie gestalterisch zum Ausdruck." (BS HSA 2004 und BS MSA 2003: 9) Während für den Primarbereich und die Sekundarstufe I die Kompetenzen anhand der Teilprozesse des Schreibens – Texte planen und entwerfen, Texte schreiben, Texte überarbeiten – entfaltet werden, sind die Kompetenzen in der Sekundarstufe II an den unterschiedlichen Textformen orientiert. Man könnte diese Akzentuierung als Wechsel von prozessorientierten Standards zu stärker produktorientierten Standards beschreiben.

Lediglich in den Standards für die Allgemeine Hochschulreife erhalten die inhaltliche Dimension und das damit verbundene deklarative Wissen einen prominenten Platz (BS AHR 2012: 17).

**Prozessorientierte Kompetenzen**

Prozessorientierte Kompetenzen bestehen in der Beherrschung der einzelnen Prozeduren des Schreibprozesses. Grundlegend ist dabei, dass der Schreibprozess in mehrere Teile zerlegt ist, die sich aufeinander beziehen und aufeinander Einfluss nehmen.

Es handelt sich um den wechselseitigen Bezug von Planen, Formulieren und Überarbeiten. Natürlich steht das Planen am Anfang des Schreibprozesses. Das schließt aber nicht aus, dass vor aller Planung schon mal ein wichtiger Aspekt, ein zentraler Abschnitt formuliert wird. Und auch das Überarbeiten steht keineswegs nur am Schluss des Prozesses. Bereits die Planung ist revidierbar und während des Schreibens erweisen sich Erweiterungen, Umstellungen, Streichungen als erforderlich. Planen, Formulieren und Überarbeiten sind also keine lineare Abfolge, sondern Nacheinander und Nebeneinander zugleich.

Was gehört zum Planen? Es geht darum, gemäß den Aufgaben und der Zeitvorgabe einen Schreibplan zu erstellen, sich ggf. für die angemessene Textsorte zu entscheiden und Texte ziel-, adressaten- und situationsbezogen, ggf. materialorientiert zu konzipieren. Die Bildungsstandards für die Primarstufe (BS PS 2004: 11) fordern, „Schreibabsicht, Schreibsituation, Adressaten und Verwendungszusammenhang [zu] klären, sprachliche und gestalterische Mittel und Ideen [zu] sammeln: Wörter und Wortfelder, Formulierungen und Textmodelle."

Das Formulieren des Textes ist eine Sache des Trainings. Worauf es jedoch ankommt, hat Ortner (2000) unter Berufung auf Piaget sehr deutlich gemacht: Schreiben ist kein „Translating", keine Übersetzung des Gedachten bzw. Geplanten. Bezogen auf ein „Schema" wird einerseits das Wissen durch Assimilation in das vorhandene Schema eingepasst, andererseits wird das Schema durch Akkommodation dem neuen Wissen angepasst und dadurch verändert. Die Hin- und Herbewegung zwischen Assimilation und Akkommodation des Schemas sucht wiederum im Äquilibre ihre Zielgröße (ebd.: 70).

Maria Geipel (2015: 18-25) hat am Beispiel des Operators „überarbeiten" gezeigt, dass diese Anforderung aus einer Fülle einzelner Überprüfungs- und Revisionsschritte besteht. Es geht nicht nur um die Abfolge von Einzeloperationen, die von der Identifikation eines „Missverhältnisses zwischen Ist- und Sollzustand" über die Diagnose des Problems und geeignete Alternativen zur Revision führen. Es geht auch darum, diese Schrittfolge auf unterschiedliche Aspekte des Textes anzuwenden: auf „Materialverständnis", „Inhaltliche Korrektheit", „Aufbau", „Ausdruck", „Sprachliche Korrektheit" und „Roter Faden" (Material 7: Checkliste: Was ist zu überarbeiten?). Geipel formuliert folgende Aufgabe, um die Checkliste zu nutzen: „Überarbeite deinen Text, indem du die folgende Checkliste durchgehst. Wenn du auf die Frage mit „nein" (n) oder „unsicher" (u) antworten musst, dann wende die jeweiligen Strategien an. Stelle dir die Frage erneut und gehe erst weiter, wenn du die Frage mit ‚ja' beantworten kannst." ( A 1a) Und die Überprüfung des „roten Fadens" ist ihrerseits kein Selbstläufer, sondern muss in den einzelnen Aspekten gelernt werden. Unter dem Gesichtspunkt des roten Fadens lässt Geipel überprüfen, ob der Text eine einschlägige Überschrift hat, ob das Ziel des Artikels und Themenblöcke erkennbar sind, ob die Themenblöcke logisch angeordnet und alle verweisenden Ausdrücke (Pronomen, Konjunktionen) eindeutig sind, ob inhaltliche Wiederholungen vermieden und überflüssige Informationen ausgespart werden, ob der Text verständlich ist, auch wenn man die Materialien nicht kennt.

**Produktorientierte Kompetenzen**

Produktorientierte Kompetenzen zeigen sich in der Beherrschung der zentralen Schreibformen.

Die Schüler können

- berichten, beschreiben, schildern,
- erörtern, kommentieren,
- erzählen, kreativ schreiben,
- analysieren, interpretieren.

Vor allem in der Sekundarstufe II spielt das Analysieren und Interpretieren eine prominente Rolle. Beides sind vor allem geistige Tätigkeiten, deren Resultate in Texten dokumentiert werden. Dabei sind allerdings bestimmte Regeln zu beachten. Um diese durchwegs komplexen Schreibformen zu beherrschen, ist nicht nur sehr viel Training im Verbund mit konstruktiver Rückmeldung erforderlich, sondern auch die Erfahrung, dass das Hauptgeschäft beim Schreiben in zahlreichen Überarbeitungsschleifen besteht.

### 3.2.2 Typische Operatoren

Streng genommen müssten die Operatorenkataloge auch auf die Textproduktion bezogene Operatoren wie „erzählen", „nacherzählen", „fortsetzen", „berichten", „jemanden überzeugen" enthalten. Sie fehlen aber in den Operatorenlisten der KMK (2012) und der Länder. Ausnahmen sind die Operatoren „wiedergeben", „zusammenfassen" und „beschreiben".

Die folgende Liste produktionsspezifischer Tätigkeiten resultiert aus der Analyse einschlägiger Deutschbücher.

| **Für die Textproduktion spezifische Operatoren** | | | |
|---|---|---|---|
| **Wissen** | **Planen** | **Formulieren** | **Überarbeiten** |
| verschafft euch weitere Informationen | notiert Stichpunkte | sucht Formulierungen | überarbeitet |
| | nummeriert | findet Formulierungen | setzt die Überarbeitung fort |
| | übernehmt | schreibt die Sätze auf | |
| | ergänzt | formuliert | |
| | wählt aus | fertigt … an | |
| | | schreibt | |
| | | gestaltet | |

Tab. 8: Operatoren für die Textproduktion

Operatoren wie „anfertigen", „schreiben", „gestalten", „überarbeiten" sind allerdings so komplex, dass ihre ertragreiche bzw. erfolgreiche Nutzung der Anleitung bedarf.

### 3.2.3 Typische Problemfelder

Typische Problemfelder im Bereich Schreiben sind zum einen methodischer und zum anderen systematischer Art.

#### „Anleitung" oder „Versuch und Irrtum"?

In dieser Gegenüberstellung wird das methodische Problem erkennbar. Denn Anleitung gibt zwar Orientierung und Hilfestellung, erzeugt aber nicht zwangsläufig Schreibkompetenz. Zugleich kann ein hohes Maß an Anleitung auch die Spontaneität hemmen und individuelle Schreibideen unterdrücken. Der Verzicht auf Anleitung zugunsten einer komplexen Schreibaufgabe, wie z. B. einen Kommentar zu schreiben, führt ebenfalls zu Problemen. Denn spontanes Schreiben gelingt keineswegs immer. Schüler stehen z. T. ratlos vor solchen Aufträgen, weil sie nicht wissen, was sie tun sollen. Und grundsätzlich gilt: Je weniger Anleitung, desto unterschiedlicher geraten die Schülertexte und desto aufwändiger ist die anschließende Revision. Das gilt sowohl für die Schüler als auch für die Lehrkraft. Zu empfehlen sind deshalb Lernaufgaben, die wenige klare Linien vorgeben, ohne zu viele Beschränkungen im Detail zu enthalten.

**Unterschiedliche Formen der schriftlichen Textproduktion**

Zwischen Wissen wiedergebendem und Wissen schaffendem Schreiben zu unterscheiden, ist demgegenüber ein systematisches Problem. In der Grundschule und während zweier Drittel der Sekundarstufe I bestimmen Textformen den Schreibunterricht, die „Wissen wiedergebendes Schreiben" (Ortner 2000: 11) verlangen. Traditionell sind das „Erzählung", „Bericht", „Beschreibung", „Anleitung", „Schilderung", „Motivationsschreiben"/„Bewerbung", „Protokoll". Dafür sind Aufgaben erforderlich, die zur Produktion dieser Textformen befähigen. Auch wenn es einen großen Unterschied macht, ob von einer Ereignisfolge erzählt oder jemand zu einer Handlungsfolge angeleitet werden soll, so sind nach Ortner diese Textformen dadurch verbunden, dass das „Wissen aus Wissensnetzen so abgeschöpft [wird], wie es in den Netzen vorstrukturiert ist" (Ortner 2000: 13). Diese Zuschreibung überzeugt, wenn man Anleitungen, Berichte oder Protokolle im Blick hat. Aber auch beim Erzählen ist das zu Erzählende vorstrukturiert, selbst wenn Aussparungen oder Elaborationen vorgenommen werden.

Davon zu unterscheiden sind Textformen, die aus „Wissen schaffendem Schreiben" resultieren. Diese Textformen bestimmen das wissenschaftliche Schreiben. Folgt man den BS AHR (18), dann können die Schülerinnen und Schüler sowohl „wissenschaftspropädeutische Texte, zum Beispiel Fach- oder Seminararbeiten, planen, strukturieren, verfassen und überarbeiten" als auch „in Anlehnung an journalistische, populärwissenschaftliche oder medienspezifische Textformen eigene Texte schreiben". Ortner (2000: 13) beschreibt Wissen schaffendes Schreiben als „Strukturarbeit", als „Aufruf und Ordnung von Wissenselementen im Hinblick auf einen Zusammenhang, der nicht im Langzeitgedächtnis reproduktionsfertig vorliegt, sondern in der Aktualgenese geschaffen werden muß". Die Herausforderung des Wissen transformierenden Schreibens sieht Ortner (2000: 11) darin, „Verbindungen zu schaffen zwischen reproduktionsfertigen Punkten und Linien, die noch nie in einer reproduzierbaren Figur vereinigt waren". Anders formuliert: „Die Lösung besteht in einer Veränderung des gegebenen Wissens, das vor dem Schreiben anders vorliegt und verfügbar ist als nachher." Es geht um die „Neu-Organisation dessen, was wir zwar wissen, aber im Hinblick auf eine spezifische Aufgabe nur stückhaft und unverbunden" (ebd.), es geht „um Strukturveränderung durch Erweiterung oder durch Umstrukturierung" (ebd.: 15).

Als eine Art Zwischenform gilt das „Wissen erweiternde Schreiben", das in der Umformung und Anreicherung eigener Wissensbestände besteht. Dazu gehören Textformen wie das Protokoll, das Textreferat, die Zusammenfassung sowie Formen materialgestützten informierenden Schreibens.

| **Formen der Textproduktion – schriftlich** | | |
|---|---|---|
| **Wissen wiedergebendes Schreiben** | **Wissen erweiterndes und Wissen schaffendes Schreiben** | |
| gedächtnisbezogen | textbezogen | materialgestützt |
| Erzählung/Nacherzählung<br>erzählen | Inhaltsangabe/Zusammenfassung | Materialgestütztes<br>Verfassen<br>informierender Texte |
| | Interpretation literarischer Texte | |
| Bericht<br>berichten<br>Protokoll<br>protokollieren | Analyse pragmatischer Texte | Materialgestütztes<br>Verfassen<br>argumentierender Texte |
| Beschreibung<br>beschreiben | Erörterung literarischer Texte | |
| Schilderung<br>schildern | Erörterung pragmatischer Texte | |
| Anleitung<br>anleiten | | |
| Bewerbung<br>sich bewerben | | |

Tab. 9: Schriftliche Textproduktionsformen

Die Umstellung vom Wissen wiedergebenden Schreiben auf Wissen erweiterndes bzw. Wissen schaffendes Schreiben findet im letzten Drittel der Sekundarstufe I statt. Es erscheint also sinnvoll, Aufgaben anzubieten, die den Schülern diesen Übergang bewusst machen, indem sie den Unterschied zwischen beiden Schreibweisen deutlich markieren.

Aufgaben, die zu Wissen erweiterndem und Wissen schaffendem Schreiben anleiten, sind anders beschaffen als Aufgaben, die zu wiedergebendem Schreiben auffordern. Jürgen Dittmann u.a. haben in einer empirischen Erhebung nicht nur festgestellt, dass Studierende Schwierigkeiten mit dem Zusammenfassen der Forschungsliteratur haben, sondern auch einen Zusammenhang zwischen „Problemen mit dem Verständnis der Forschungsliteratur und Schwierigkeiten, Texte der Forschungsliteratur zusammenzufassen" (Dittmann u.a. 2003: 178). Das bedeutet: Wissen schaffendes Schreiben ist nicht nur eng mit Textverstehen verknüpft, sondern verlangt permanente Distanz zum Text als Gegenstand des Verstehens. Schüler brauchen also vielfältige Übungsaufgaben, um diese Distanz zu erwerben und aufrecht zu erhalten.

Darüber hinaus sind Schreibaufgaben dahingehend zu unterscheiden, ob sie auf das Schreibprodukt oder auf den Schreibprozess zielen. Während bis in die 1980er Jahre die Schreibprodukte im Zentrum der Schreibaufgaben standen, sind diese heute sehr viel stärker prozessorientiert. Baurmann (2002: 60) unterscheidet u.a. zwischen „Schreibaufgaben, die ein bestimmtes Schreibziel umfassend zu erfüllen trachten" und „Schreibaufgaben, die aus dem gesamten Prozess ausgegliedert werden". Das heißt, dass die besonderen Anforderungen und

Herausforderungen des Erwerbs unterschiedlicher Aspekte von Schreibkompetenz die Modellierung von Schreibaufgaben bestimmen.

### 3.2.4 Typische Leistungsaufgaben

Als Beispielaufgaben werden zwei Leistungsaufgaben vorgestellt: Eine ohne Textgrundlage für die Sekundarstufe I und eine zum materialgestützten Schreiben in der Sekundarstufe II. Zunächst wird eine Leistungsaufgabe für die Sekundarstufe I vorgestellt, mit deren Hilfe im Unterricht Schreibkompetenz verbessert werden soll.

#### Wissen wiedergebende Aufgaben für die Sekundarstufe I: Wie Lern- und Leistungsaufgaben zusammenhängen. Mit Leistungsaufgaben lernen

Für den 8. Jahrgang verlangt eine VERA-Aufgabe das Schreiben einer Zeitungsnachricht.

Als Stimulus erhalten die Prüflinge einen Notizzettel mit einer Stichwörterliste. Der darin enthaltene Wortschatz kann größtenteils als bekannt vorausgesetzt werden. Jedoch können wenige Wörter Schwierigkeiten bereiten: „garantierte (Zufriedenheit)“, „Schadenersatz“, „Irreführung“, „reduziert“.
Die Informationen sind in chronologischer Reihenfolge angegeben.[6]

A

**Zeitungsnachricht schreiben**

Der Reporter einer Tageszeitung soll für die morgige Ausgabe in der Rubrik „Aus aller Welt“ eine Nachricht schreiben. Dazu hat er sich folgende Stichpunkte notiert:

- US-Richter Roy Pearson
- Hose zur Reinigung gebracht
- Dort im Schaufenster Schilder mit Hinweis auf „Garantierte Zufriedenheit“
- Hose bei Abholung nicht auffindbar
- Klage Pearsons auf Schadenersatz wegen Irreführung und Betrugs in Höhe von 67 Millionen Dollar
- Reduziert seine Forderung und verklagt Reinigung auf 54 Millionen Dollar
- Reinigung entfernt Schilder

Schreibe die Nachricht für den Reporter und beachte dabei, dass in einem Artikel am Anfang die wichtigsten Informationen kommen und gegen Ende die unwichtigeren. Denk auch an die Überschrift! Tipp: Nummeriere zuerst die Informationen auf dem Notizzettel nach ihrer Wichtigkeit und schreibe dann.

6 IQB: Vergleichsarbeiten Deutsch. Sek. I: Didaktische Kommentierung, S. 1.

Zur Bewertung des Inhalts sind folgende Kriterien zu berücksichtigen:
- vollständige Berücksichtigung der gegebenen Informationen,
- inhaltliche Stimmigkeit in der Darstellung der Informationen (Berücksichtigung der Priorität),
- Überschrift,
- Kein Einbringen von weiterführenden, eigenen Ideen, die über die vorgegebenen Informationen hinausgehen.[7]

Dieses global orientierte Raster lässt sich in eine Art Leitfaden zum Verfassen einer Nachricht umformen:
- Beginne mit einer treffenden Überschrift.
- Berücksichtige alle gegebenen Informationen vollständig.
- Verzichte auf weiterführende eigene Ideen.
- Ordne die gegebenen Informationen nach ihrer Wichtigkeit und berücksichtige diese Abfolge.
- Stelle Informationen so dar, dass ihre Folgerichtigkeit erkennbar wird (vgl. ebd.).

**(1) Materialgestützte Schreibaufgaben in der Sekundarstufe II:** Die Bildungsstandards für die Allgemeine Hochschulreife definieren verbindlich, worin das materialgestützte Verfassen informierender und argumentierender Texte besteht. So erfordern materialgestützte Schreibaufgaben „keine vollständige Textanalyse, da das vorgelegte Material auf der Grundlage von Rezeption und kritischer Sichtung für eigene Schreibziele genutzt werden soll" (BS AHR 2012: 30). Bei den vorgelegten Materialien kann es sich um unterschiedliche Textformen – auch Tabellen, Grafiken, Diagramme – u. Ä. handeln. Zur Nutzung gehören die Sichtung, Auswahl und Bearbeitung des Materials im Hinblick auf die jeweilige Aufgabenstellung. Bereits die Bildungsstandards für den Mittleren Schulabschluss geben ein Beispiel für eine materialgestützte Schreibaufgabe zum Thema „Alkohol" (BS MSA 2003: 23–38). Auch in Nr. 251 (2015) von Praxis Deutsch finden sich neben dem Basisartikel von Abraham/Baurmann/Feilke Aufgabenstellungen für die Klassenstufen 5 – 12. In den Bildungsstandards für die Allgemeine Hochschulreife stehen materialgestützte Schreibaufgaben gleichgewichtig neben den textbezogenen Aufgaben. Ihr Profil resultiert aus vier Aufgabenmerkmalen – Funktion, Wissen, Interaktion/Wirkung und Schreibprozess (Bachmann/Becker-Mrotzeck 2010; Neumann/Steinhoff 2015: 74). Beispiele für Prüfungsaufgaben finden sich im gemeinsamen Aufgabenpool/Aufgabensammlung zur Orientierung.

Entscheidend ist, dass die Aufgabenstellung Hinweise gibt auf die *Funktion* des zu schreibenden Textes und auf die vom Schreiber erwartete Interaktion in einem sozialen Kontext. Das Wissen, das für die Bewältigung der Aufgabe erfor-

7 IQB: Vergleichsarbeiten Deutsch. Sek. I: Holistisches Auswertungsschema, S. 4.

derlich ist, liefern die Materialien in Ergänzung der im Unterricht erworbenen Wissensbestände.

Um das Material angemessen zu nutzen, sind folgende zentrale Arbeitsschritte hilfreich:

- die *Prüfung der vorgelegten Materialien auf ihre Eignung und Relevanz*,
- ihre *Aufbereitung für den eigenen Text*,
- die *Entwicklung der eigenen Textstruktur* sowie
- das *Verfassen des eigenen Textes* unter Beachtung der gegebenen Zielsetzung und der angenommenen Adressaten.

**(2) Materialgestütztes Verfassen informierender Texte:** Beim materialgestützten Verfassen informierender Texte geht es darum, „Leser über einen Sachverhalt so zu informieren, dass sie eine Vorstellung über seine wesentlichen Aspekte entwickeln können". Dabei nutzen die Prüflinge neben vorgegebenen Materialien auch eigene Wissensbestände. In der „Erläuterung zur Aufgabenkonstruktion" der Aufgabensammlung des gemeinsamen Abituraufgabenpools der Länder heißt es: „Die Materialien bestehen aus mehr als drei Texten und bilden unterschiedliche Textsorten ab (z. B. lineare und nichtlineare Texte, kürzere und längere Texte, populärwissenschaftliche, journalistische, literarische und – im Schwierigkeitsgrad angemessene – wissenschaftliche Texte)".[8] Der zu erstellende Text soll den jeweiligen Sachverhalt „adressatenbezogen, zielorientiert und in kohärenter Weise darlegen" (BS AHR 2012: 33).

Aus der Perspektive der betroffenen Schüler und Lehrkräfte stellt sich die Frage, wie man diese Kompetenzen erwirbt. Wie sehen die Texte aus, die geschrieben werden sollen? Was kennzeichnet die gewünschte Textform? Diese Frage stellt sich im Hinblick auf die Textlänge. Soll die Aufgabe entsprechende Vorgaben enthalten? Was die spezifische Funktion des zu schreibenden Textes betrifft, muss entschieden werden, welche Arten von informierenden Texten beherrscht werden sollen. Geht es in erster Linie um die Darstellung eines Sachverhalts in Info-Broschüren etc., um einen Bericht oder eine Anleitung? Darüber hinaus stellt sich die Frage nach dem Verhältnis von Informationskern und Erklärung. Auch informierende Texte haben immer erklärende Anteile.

Was müssen Lehrkräfte und Schüler über die Materialien wissen? Zunächst geht es darum, wie das Material beschaffen ist. Damit die Schüler lernen, die Relevanz des Materials für den Schreibauftrag einzuschätzen, wären vor allem folgende Textsorten zu unterscheiden:

- Sachtexte/wissenschaftsnahe Texte,
- Kommentare und polemische Texte,
- Karikaturen,
- Anzeigen/ Inserate,
- Werbetexte.

8 IQB. Begleitende Dokumente – Aufgabensammlung Deutsch.

Zur Orientierung für die Schüler und als Basis für Lernaufgaben erscheint auch folgende Übersichtstabelle hilfreich. Brinker (2005: 65-87) unterscheidet vier Texttypen – den argumentativen, den explikativen, den deskriptiven und den narrativen. Diesen Texttypen ordnet er eine dominante Textfunktion zu, nennt die jeweiligen Voraussetzungen und gibt Beispiele für die entsprechenden Textsorten.

| **Texttyp** | **argumentativ** | **explikativ** | **deskriptiv** | **narrativ** |
|---|---|---|---|---|
| **dominante Textfunktion** | überzeugen/ überreden | erklären | informieren beschreiben/ berichten | erzählen, unterhalten |
| **Voraussetzung** | strittiges Problem | Erklärungsbedürftiger Sachverhalt | (vermutete) Wissenslücke, (vermutetes) Informationsbedürfnis | Abgeschlossenes singuläres Ereignis |
| Beispiele für (zugehörige) Textsorten | Kommentar, Erörterung, Gerichtsurteil, Gutachten, wissenschaftliche Abhandlung | Lehrbuchtext, wissenschaftlicher, populärwissenschaftlicher Text | Unfallbericht, Nachricht, Lexikonartikel Rezept, Bedienungsanleitung | Alltagserzählung, Märchen, Sage, Kriminalroman, literarische Erzählung |

Tab. 10: Übersicht zu Texttyp und passender Lernaufgabe (nach Brinker 2005: 65-87)

Darüber hinaus müssen Lehrkräfte und Schüler klären, welche Nähe das Material zur Aufgabenstellung hat. Wenn ein informierender Text geschrieben werden soll und das Materialangebot vor allem aus informierenden Texten besteht, dann muss die Anforderung in der Auswahl der Informationen liegen. Das heißt, die Materialien müssen auch konkurrierende Informationen enthalten, damit die Anforderung über bloße Übernahme der Vorlage hinausgeht. Wenn appellative oder kritisch wertende Texte die Grundlage für informierende Texte bilden, dann liegt die Anforderung in der Prüfung des Materials hinsichtlich seines Informationswerts. Soll z. B. eine Darstellung zum Thema „Sprachwandel" verfasst werden und das Material enthält einen satirischen Text, der den Gebrauch von Anglizismen parodiert, dann darf diese Perspektive auf Anglizismen nicht einfach übernommen werden.

Lernaufgaben leiten dazu an, wie man Informationen aus den Materialien gewinnt. Die Schüler lernen zu entscheiden, welcher Art die Texte sind: Sind sie sachlich neutral, sind sie parteiisch oder satirisch-kritisch? Darüber hinaus lernen sie, die Texte auf ihren Informationsgehalt/-wert zu prüfen, um Informationen auswählen bzw. gewinnen/erschließen zu können.

Nicht alle Materialien erschließen sich von selbst. Lernaufgaben sollen die Schüler befähigen, Verstehensbarrieren zu identifizieren und zu überwinden.

Oft geht es darum, dass Materialien bestimmte Wissensbestände voraussetzen. Das gilt z. B. dann, wenn sie sich auf literarische Texte beziehen. Es geht also auch darum, zu erkennen, welches Wissen die Materialien voraussetzen und ob dieses Wissen im Unterricht gewonnen wurde.

Auch die Art und Weise, wie die eigenen Wissensbestände in den zu schreibenden Text eingebracht werden können und wie sich dieses Wissen mit dem vorgelegten Material verknüpfen lässt, ist Gegenstand von Lernaufgaben.

Wenn man die Schwierigkeit einer materialgestützten Schreibaufgabe einschätzen will, dann sind neben der Beschaffenheit des Materials auch dessen Nähe zur Aufgabenstellung und die Wissensvoraussetzungen von Bedeutung. (1) Hat das Material große Nähe zur Aufgabenstellung? (2) Setzt die Aufgabe spezielles Wissen über das Thema voraus? Wie schwierig sind die Materialien zu erschließen? Bieten sie Verstehensbarrieren? Dass z. B. die in den BS AHR (106–119) dokumentierte Beispielaufgabe zum Thema „Analphabetismus" auch für lernbereite Schüler keine banale Sache ist, zeigen folgende Äußerungen einer 17-jährigen Abiturientin.

B

**Interview einer Abiturientin NRW (17 Jahre)**

- Wie viel Zeit hast du auf die Bearbeitung der Aufgabe verwendet? Ich habe ungefähr vier Stunden an der Aufgabe gesessen (vielleicht etwas weniger).
- Hast du die Aufgabe anregend (motivierend) gefunden? Die Aufgabe war für mich anregend, weil ich das Thema Analphabetismus interessant finde, sehr motiviert, meinen eigenen Text zu verfassen, war ich allerdings eher nicht, da es aufwändig ist, anfangs eine Gliederung und einen Anfang zu finden.
- War sie motivierender als die Aufgaben mit Textanalyse oder Textinterpretation? Ich persönlich schreibe eigentlich lieber Textanalysen, wenn die Texte interessant sind, aber ich könnte mir vorstellen, dass einige Schüler das anders sehen, vor allem weil man kreativer sein kann. Außerdem ist diese Art von Aufgabe wahrscheinlich hilfreicher „für später" als Textanalysen …
- Hast du die Texte als schwierig wahrgenommen? Die ersten beiden Texte waren für mich sehr einfach (im Prinzip wie Forschungsergebnisse in Naturwissenschaften, die man auswerten muss), der dritte Text war vom Inhalt her eigentlich nicht anspruchsvoll oder überraschend, allerdings fand ich ihn teilweise etwas kompliziert formuliert, der vierte Text war schwieriger zu verstehen, aber vom Thema her für mich sehr interessant und neu.
- Würden schwächere Schülerinnen und Schüler die Texte schwierig finden? Schwächere Schüler könnten Probleme mit den Formulierungen im dritten und vierten Text haben und eventuell mit den ersten beiden Texten, weil man die Informationen noch ein bisschen sortieren und zuordnen muss.
- Was fandst du anspruchsvoller: die Texte zu verstehen oder deinen eigenen Text zu formulieren? Für mich war es anspruchsvoller, meinen eigenen Text zu schreiben, da man dafür die Texte aufeinander beziehen muss und die Informationen heraussucht, die man verwenden will, und sich überlegen muss, wie man sie präsentiert.

Auf Fortbildungsveranstaltungen haben Lehrkräfte wiederholt die Befürchtung geäußert, dass das Verfassen informierender Texte die Prüflinge unterfordern könne. Die zitierten Äußerungen der Abiturientin weisen darauf hin, dass das nicht der Fall ist.

Die Frage, wie die Materialnutzung in die Leistungsbewertung eingeht, wird in einer der beiden orientierenden Beispielaufgaben zum informierenden Schreiben – aus dem gemeinsamen Aufgabenpool der Länder – mit der Erwartung beantwortet, dass „über die wesentlichen Aspekte der Materialien [s]achgerecht [i]nformier[t]"[9] wird. Darüber hinaus bieten alle vier Beispielaufgaben im gemeinsamen Aufgabenpool zum materialgestützten Schreiben in den „Bewertungshinweisen" folgende Orientierung: Die Note „gut" wird vergeben, wenn eine „differenzierte, sachgerechte Auswertung der Materialien durch funktionale Integration von Referenzen auf die Materialien in den eigenen Text" vorliegt, wenn „aus unterschiedlichen Perspektiven geschriebene [...] Beiträge [...]" sachlich und auftragsbezogen verarbeitet werden und wenn „relevante [...] Informationen mit eigenen Kenntnissen" eigenständig verknüpft werden. Man fragt sich allerdings, was darüber hinaus verlangt wird, um 14 oder 15 Punkte zu erreichen. Für eine ausreichende Leistung genügt demgegenüber die „Berücksichtigung einiger wichtiger Aspekte der Materialien durch insgesamt funktionale Integration von Referenzen auf die Materialien in den eigenen Text, in Grundzügen sachliche und auftragsbezogene Verarbeitung von aus unterschiedlichen Perspektiven geschriebenen Beiträgen und ein nachvollziehbares Verknüpfen von Informationen mit eigenen Kenntnissen" (ebd.).

Um diese anspruchsvollen Erwartungen zu erfüllen, müssen Lernaufgaben entwickelt und erprobt werden. Welche Aufgaben zum Überarbeiten materialgestützter Schreibaufgaben geeignet sind, hat Maria Geipel (2015) in einem überzeugenden Unterrichtsmodell für die Sekundarstufe I gezeigt. Sie zerlegt auch die Teilprozesse des Schreibens auf eine Weise, die Schülern einleuchtet und sie kognitiv aktiviert.

**(3) Materialgestütztes Verfassen argumentierender Texte:** Um diese Aufgabenart vom materialgestützten informierenden Schreiben abzugrenzen, geben die BS AHR (26) geben folgende Beschreibung: „Das materialgestützte Verfassen argumentierender Texte besteht im Kern darin, zu strittigen oder erklärungsbedürftigen Fragen, Sachverhalten und Texten differenzierte Argumentationen zu entwickeln und diese strukturiert zu entfalten."

„Dabei nutzen die Schülerinnen und Schüler die vorgegebenen Materialien und die Ergebnisse eigener Analysen, Vergleiche und Untersuchungen ebenso wie eigene Wissensbestände und geeignete Argumentationsstrategien."

Auch diese Aufgabenart verlangt Erarbeitungs- und Übungsaufgaben. An-

9 IQB: Aufgabensammlung Deutsch, Materialgestütztes Verfassen informierender Texte. Aufgabe 1 (erhöhtes Anforderungsniveau), PDF, S. 7.

ders als beim Verfassen informierender Texte, steht hier an erster Stelle die Frage nach dem Streitpunkt, dem strittigen Problem. Lernaufgaben sollen die Schüler befähigen, Streitpunkte präzise und prägnant zu benennen. Denn über den Streitpunkt muss Klarheit herrschen, damit die Argumentation für die eine oder andere Seite oder auch abwägend oder kompromissorientiert geführt werden kann. Zudem stellt sich hier aus didaktischer Perspektive die gleiche Frage wie beim materialgestützten, informierenden Schreiben: Was müssen Lehrkräfte und Schüler über die Materialien wissen?

Auch hier geht es um die Beschaffenheit des Materials, ggf. auch um die Überwindung von Verstehensbarrieren. Auch hier muss entschieden werden, ob die Materialien sachlich neutral, parteiisch oder polemisch sind. Es geht sowohl um die Nähe des Materials zur Aufgabenstellung als auch um die erforderliche Umstrukturierung des Materials und um die vorausgesetzten Wissensbestände. Die Texte sind hinsichtlich ihres Argumentationswerts zu prüfen, um Argumente auswählen bzw. sie aus informierenden Texten gewinnen zu können.

Hinsichtlich des Produkts, also des Zieltextes, formulieren die BS AHR (26) folgenden Anspruch:

„Der dabei entstehende Text soll die Kontroverse sowie die Argumentation und die vom Prüfling eingenommene Position für den Adressaten des Textes nachvollziehbar machen. Argumentierende Texte enthalten immer auch erklärende und informierende Anteile." Folgt man Brinker (2005), dann kann der zu schreibende Text ein Kommentar, eine Erörterung, ein Gutachten oder auch eine wissenschaftliche Abhandlung sein. Auch ein Gerichtsurteil wäre denkbar.

Um zu lernen, solche Texte zu schreiben, haben sich „Halbfertigprodukte" wie Gliederungs- und Strukturierungshilfen bzw. Formulierungsvorschläge als günstig erwiesen. Darüber hinaus ist zu klären, dass die Situierung zu spezifischen Textmerkmalen führen soll. Erforderlich sind Übungen, die auf den Unterschied zwischen situationsbezogenen Argumentationen und konventionellen Texterörterungen zielen. Die Situierung sollte einen Unterschied bewirken – wie eine Wegbeschreibung für einen Blinden sich von der Wegbeschreibung für Sehende unterscheidet. Das heißt: Eine Situierung ist dann sinnvoll, wenn der zu schreibende Text spezifische Merkmale zeigen soll. Der Hinweis, dass der geforderte Text an ein heterogenes Publikum gerichtet ist, sodass er allgemein verständlich zu sein hat, auf Fachbegriffe verzichten sollte und sie da, wo sie unerlässlich sind, erklären sollte[10], gilt für eine große Zahl von Texten und erscheint wenig spezifisch.

Was den Umgang mit dem vorgelegten Material betrifft, so gibt die orientierende *Aufgabensammlung für das Fach Deutsch* aus dem gemeinsamen Abituraufgabenpool der Länder (D: 9) nur allgemeine Hinweise. Im Erwartungshorizont einer Beispielaufgabe für das grundlegende Niveau heißt es: „Das

10 Vgl. IQB: Aufgabensammlung Deutsch, materialgestütztes Verfassen argumentierender Texte. Aufgabe 2 (grundlegendes Anforderungsniveau).

Schreibziel steuert den Zugriff auf die Materialien und die Auswahl geeigneter Stellen in den Materialien unter Berücksichtigung eigenen Wissens." Die „Bewertungshinweise" sind identisch mit denen für das materialgestützte informierende Schreiben.

Adressierte und situierte Texte für bestimmte Medien zu schreiben, lernt man nur, wenn spezielle Formen wie Leserbrief und Blog-Beitrag eingeübt werden. Von den schulischen Textsorten unterscheiden sie sich nicht zuletzt in der Textlänge und in der Diktion.

## 3.3 Lesen

### 3.3.1 Beschreibung des Kompetenzbereichs – Zielgrößen des Unterrichts

Im Bereich „Lesen – Umgang mit Texten und Medien" formulieren die Bildungsstandards für die Schulabschlüsse der Sekundarstufe I (BS MSA 2003: 9; BS HSA 2004: 9) folgende Anforderungen: „Die Schülerinnen und Schüler verfügen über grundlegende Verfahren für das Verstehen von Texten, was Leseinteresse sowie Lesefreude fördert und zur Ausbildung von Empathie und Fremdverstehen beiträgt. Sie entnehmen selbstständig Informationen aus Texten, verknüpfen sie miteinander und verbinden sie mit ihrem Vorwissen. Dafür entwickeln sie verschiedene Lesetechniken und setzen Lesestrategien gezielt ein. Sie verfügen über ein Grundlagenwissen zu Texten, deren Inhalten, Strukturen und historischer Dimension, reflektieren über Texte, bewerten sie und setzen sich auf der Grundlage entsprechender Kriterien mit ihrem ästhetischen Anspruch auseinander. Sie verfügen über ein Orientierungswissen in Sprache und Literatur und nutzen die verschiedenen Medien, um Informationen zu gewinnen und kritisch zu beurteilen." Dennoch spielen auch beim Lesen textproduktive Aspekte eine Rolle, weil es in unterrichtlichen Zusammenhängen notwendig ist, über das Gelesene und Verstandene mündlich und schriftlich verständig Auskunft zu geben.

Für die Modellierung des Leseverstehens haben PISA, IGLU und DESI Wesentliches geleistet. Die KMK-Bildungsstandards haben folgende Unterscheidungen zum Teil übernommen: Es handelt sich um die Unterscheidung von „Decodieren" und „Verstehen" und – innerhalb des Verstehens – zwischen (1) dem Ermitteln einzelner Informationen, (2) der Sicherung des inhaltlichen Textzusammenhangs und (3) der Beurteilung von Textinformation mit Hilfe außertextlichen Wissens.

Diese Unterscheidungen sind wichtig, weil sie die Zuordnung von Aufgaben und Fähigkeiten ermöglichen. Zugleich machen sie transparent, dass Lesekompetenz unterschiedliche Facetten hat, auch wenn sie vielfach vernetzt sind. Das soll am Beispiel von Brechts „Freundschaftsdiensten" konkretisiert werden.

| | **Handlungen der Textrezeption am Beispiel von Bertolt Brecht: Freundschaftsdienste (vgl. S. 28)** | | |
|---|---|---|---|
| **Kognitiv** | Identifizieren: Ermitteln einzelner Informationen | Verknüpfen: Sicherung des inhaltlichen Textzusammenhangs auf lokaler und globaler Ebene | Schlussfolgern: Beurteilung von Textinformation mit Hilfe außertextlichen Wissens |
| | Nenne den Grund, warum der Erzähler diesen „Freundschaftsdienst" richtig findet. | Warum funktioniert die Hilfe des alten Arabers? | Handelt es sich hier nicht eher um Nachbarschaftshilfe als um einen Freundschaftsdienst?<br><br>Spielt es eine Rolle, dass die Hilfe des Arabers mathematisch nicht wirklich aufgeht?<br><br>Welche Freundschaftsdienste verlangen besondere Opfer? |
| | Welches Problem haben die drei jungen Männer? | Erkläre das Problem der jungen Männer.<br><br>Warum ist das Testament irritierend? | Was hat der Vater mit seinem Testament beabsichtigt?<br><br>Was wollte er den Söhnen übergeben? |
| **Sichtbar** | Lokalisieren/ Benennen | Zuordnen/Ergänzen/ Erklären | Erklären/Begründen unter Rückgriff auf ... |

Tab. 11: Übersicht zu Textrezeptionshandlungen mit Aufgabenstellungen

Bei jeder dieser drei Verstehensanforderungen unterscheidet Iris Winkler (2011) zwischen drei möglichen Richtungen der geistigen Operationen und ordnet ihnen entsprechende Aufgabentypen zu. Es geht darum, ob die Schüler Kohärenz, Sinn, Kritik *generieren, rekonstruieren* oder *bewerten* sollen. Dementsprechend trennt Winkler zwischen Generierungs-, Rekonstruktions- und Bewertungsaufgaben. Bei Generierungsaufgaben besteht der Lösungsprozess darin, ein Textverständnis aufzubauen, bei Rekonstruktionsaufgaben geht es um den Nachvollzug bzw. Nachweis des Textverständnisses und bei Bewertungsaufgaben um den Nachvollzug und die Überprüfung des Textverständnisses (109). Das gewünschte Endergebnis besteht beim Generieren in der *Erzeugung des Verstehensprodukts* auf der vorgesehenen Ebene, beim Rekonstruieren wird das *Verstehensprodukt nachvollzogen* und *mit Textbelegen angereichert*, beim Bewerten wird das *Verstehensprodukt rekonstruiert* und *reflektierend bewertet* (ebd.). Generieren erscheint als die anspruchsvollste Richtung. Für alle drei Richtungen gibt Winkler Beispiele, die sie einschlägigen Lehrmitteln entnommen hat und die sich auf Borcherts Erzählung *Das Brot* beziehen. „Borchert erzählt die Geschichte hauptsächlich aus der Sicht der Frau. Woran ist dies zu erkennen?"

(113) ist ein gutes Beispiel für eine Rekonstruktionsaufgabe. Das *Verstehensprodukt* („Sicht der Frau") *muss nachvollzogen* und *mit Textbelegen* (Woran ist dies zu erkennen?) *angereichert* werden. Demgegenüber muss bei Generierungsaufgaben das Verstehensprodukt erzeugt werden. Das ist bei der folgenden Aufgabe der Fall: „Was sagen Mann und Frau? Was denken und empfinden sie jeweils? Vergleiche." (115) Ebenso verhält es sich mit dem Produktionsauftrag: „Die Geschichte ist nicht zu Ende. Schreibe einen passenden Schluss." (ebd.) Bewertungsaufgaben geben wie Rekonstruktionsaufgaben ein Verstehensprodukt vor, das jedoch strittig ist. Es muss von den Schülern nachvollzogen werden, damit sie sich dann dazu reflektierend verhalten: „Ist diese Geschichte eine Liebesgeschichte? Begründe deine Meinung." (123).

Entlastung und Unterstützung bei der Aufgabenlösung wird bei Winkler über den Entscheidungsspielraum geregelt, den eine Aufgabe dem Bearbeiter einräumt. Anders formuliert: Je mehr Orientierung eine Aufgabe im Hinblick auf die Lösung bietet, desto geringer ist der Entscheidungsspielraum und desto größer die Unterstützung.

### 3.3.2 Typische Operatoren

Die für den Kompetenzbereich „Lesen – Umgang mit Texten und Medien" einschlägigen Operatoren sind in den gängigen Operatorenlisten versammelt: Besonders häufig findet sich die Anforderung, zu „beschreiben", zu „gliedern", zu „untersuchen", „in Beziehung zu setzen", zu „vergleichen", zu „deuten" und zu „begründen".

### 3.3.3 Typische Problemfelder

#### Das Spezifische oder das Übertragbare? Zum Verhältnis von „Gegenstands- und Kompetenzorientierung"

In den BS für die AHR ist „Lesen" ein eigener – prozessbezogener – Kompetenzbereich, der andere Ziele verfolgt als die Auseinandersetzung mit literarischen und pragmatischen Texten. Wie bei allen prozessbezogenen Kompetenzen stellt sich auch hier die Frage nach dem Verhältnis von Strategieerwerb und Würdigung der fachlichen Gegenstände. Wenn es darum geht, die Lesekompetenz der Schüler zunehmend auszuprägen, dann liegt der Akzent der Textarbeit eher auf dem Erwerb übertragbaren Wissens und dessen Nutzung als auf der Erschließung der Besonderheit einzelner Texte.

#### Dokumentation der Textrezeptionsergebnisse

Ein zentrales Problemfeld ist die Frage, wie die Ergebnisse des Leseprozesses dokumentiert werden sollen. Da Textrezeption und ihre Ergebnisse – unsichtbarer – geistiger Art sind, müssen sie dokumentiert werden. Das geschieht i. d. R. durch Sprechen, Schreiben oder andere Formen der Gestaltung (z. B. ein Standbild oder eine Spielszene). Möglich ist auch die Produktion einer Grafik, eines Diagramms oder einer Tabelle. Dazu sollten die Schüler durch Lernaufgaben angeleitet werden. Denn die Sicherung der Ergebnisse in Tabellen oder Schaubildern ist eine sinnvolle Vorbereitung der Textproduktion.

| | **Tabellarische Ergebnissicherung am Beispiel von Bertolt Brecht: Freundschaftsdienste (vgl. S. 28)** | |
|---|---|---|
| **W-Fragen** | Wer?<br>Wann? | Was? Welches Problem? |
| | Die drei Brüder;<br>der alte Araber;<br>17 Kamele + 1Kamel;<br>nach dem Tod des Vaters | Testament kann nicht erfüllt werden;<br>Sie sollen aus einer Anzahl, die weder durch 9 noch durch 2 teilbar ist, gerade solche Teile herstellen.<br>Sie sollen eine Primzahl teilen. |
| **Erzählweise** | Aufbau der Erzählung | Wer spricht? |
| | Rahmen,<br><br>Binnenerzählung<br><br>mit Pointe: eine pragmatische Lösung für ein mathematisches Problem | Erzähler, der nicht Teil der erzählten Welt ist; Herr K.<br><br>Die Söhne<br>Der Araber |
| **Aussage Sinn** | Freundschaftsdienst | Bedeutung des Testaments |
| | Herr K. nennt diesen Freundschaftsdienst richtig, „weil er keine besonderen Opfer verlangt“. | Es aktiviert die Söhne. Sie sollen lernen, Probleme auf ungewöhnliche Art zu lösen. |

Tab. 12: Übersicht zu Rezeptionsaspekten und Schülerlösungen

Welche Formen der Textproduktion sollen die Schüler beherrschen, wenn sie den Prozess und das Ergebnis der Textrezeption schriftlich darlegen sollen? Grundsätzlich ist zwischen informierenden und argumentierenden Schülertexten zu unterscheiden. Zu den informierenden Texten gehört (1) die Wiedergabe von Textinhalten. Diese Anforderung wird häufig unterschätzt. Den Inhalt einer Kurzgeschichte oder eines journalistischen Kommentars wiederzugeben, setzt voraus, dass der Text verstanden wurde. Um das zu dokumentieren, muss der Ausgangstext umstrukturiert und – losgelöst vom Wortlaut – in einen „Zieltext“ überführt werden. Dass die „Inhaltsangabe“ als schulische Textform bei Schülern wenig beliebt ist, hat, wie Reinert (2012) zeigt, gute Gründe. Das sollte jedoch nicht davon abhalten, vielfältige Übungsgelegenheiten zu schaffen, um den Schwierigkeiten dieser wiederkehrenden Anforderung gewachsen zu sein. Auch Textanalysen und -interpretationen haben häufig informierenden Charakter. Im schulischen Kontext informieren sie die Lehrperson über den Grad des Textverständnisses, das ein Schüler erreicht, und über den damit einhergehenden Interpretationsprozess (Wieser 2015: 51 f.). Anders verhält es sich, wenn Schüler Ergebnisse der Textrezeption in argumentativen Zusammenhängen nutzen. Hier geht es nicht um die Dokumentation des Verstandenen, sondern um die Nutzung von Interpretationsprodukten (ebd.) in einem Argumentationszusammenhang. Wenn die Schüler z. B. den Auftrag erhalten, die These zu entkräften, dass Goethes *Heidenröslein* ein Naturschutzgedicht ist, dann müssen sie ihr Textverständnis argumentativ nutzen, d. h. sie müssen mit ihrem Textverständnis die These stützen, dass es sich um ein Beziehungsgedicht handelt.

### 3.3.4 Typische Leistungsaufgaben

In Anlehnung an „Sprechen, Schreiben – Kommunizieren" (Busch et al. 2007: 84 ff.), ein Deutschbuch für berufliche Schulen, lässt sich an einem Textvergleich überprüfen, ob die Schüler den Unterschied zwischen faktualen (pragmatischen) und fiktionalen (literarischen) Texten verstanden haben und ihn erklären können.

Für eine Klausuraufgabe in der 11./12. Jahrgangsstufe wird Brechts Erzählung *Freundschaftsdienste* einem Text gegenübergestellt, der eine ähnliche Erzählung nutzt, um zu zeigen, dass die Teilung der Kamele mathematisch nicht aufgeht, sondern auf einem Trick beruht (A 2). Es handelt sich um einen Auszug aus *Logischen Katastrophen auf der Spur – Mathematische Sophismen und Paradoxa* von Andrej Grigorjewitsch Konforowitsch (1990: 61).

A

**Klausuraufgabe**

„Ein Nomade versprach in seinem Testament seinen drei Söhnen folgende Anteile seiner Kamelherde: Dem ältesten die Hälfte aller Kamele, dem mittleren ein Drittel und dem jüngsten ein Neuntel der Herde. Als er starb, hinterließ er 17 Kamele. Seine Söhne überlegten lange, wie sie diese Herde entsprechend dem Testament unter sich aufteilen könnten. Da kam ein Wanderer auf einem alten, schwachen Kamel des Weges und sagte: „Ich gebe euch noch mein Kamel, und dann versucht noch einmal zu teilen."

Das Teilen brachte nun keine Probleme mehr. Der älteste Sohn erhielt 9 (die Hälfte), der zweite 6 (ein Drittel) und der jüngste 2 (ein Neuntel) Kamele. Die Brüder waren zufrieden, der Wanderer auch, denn ein kräftiges, wohlgenährtes Kamel blieb übrig, welches er sich nahm, und seinen Weg fortsetzte. Wie war die Teilung möglich?

A

**Lösung**

Hier wurde der Fehler „Verwechslung der Behauptung“ begangen. Es wird so getan, als würde die gestellte Aufgabe gelöst, in Wirklichkeit wird aber eine andere gelöst. Das Testament wurde nachlässig verfasst, denn die Summe der Teile

$\frac{1}{2} + \frac{1}{3} + \frac{1}{9} = \frac{17}{18}$ umfasst nicht das gesamte Eigentum $\frac{18}{18}$.

Nach der Teilung hätte 1/18 der Kamele übrig bleiben müssen.
Dank des Wanderers wurde nun eine Herde von 18 Kamelen geteilt, und den im Testament nicht erfassten Rest (18 x 1/18 = 1) nahm sich der Wanderer wieder.
Das Testament wurde nur annähernd erfüllt, denn faktisch erhielt der älteste Sohn 9 – 17/2 = 1/2, der zweite 6 – 17/3 = 1/3 und der jüngste 2 – 17/9 = 1/9 [Kamel] zu viel.“

**Aufgabenstellung:**

1. Vergleichen Sie die beiden Texte im Hinblick auf ihre Gemeinsamkeiten und ihre Aussageabsichten.
2. Ermitteln Sie, welche Aspekte aus Brechts Text bei Konforowitsch nicht berücksichtigt werden, und erklären Sie diesen Umstand unter Berücksichtigung der jeweiligen Textsorte.

Dieser Vergleich zielt darauf, dass Brechts Text fiktionalen Charakter hat, bei dem es keine Rolle spielt, dass die Rechnung schräg ist, während Konforowitsch einen faktualen (nicht fiktionalen) Text im Bereich der mathematischen Logik geschrieben hat, in den er einen fiktionalen Text als Untersuchungsgegenstand integriert.

Diese Aufgabe konkretisiert zwei Bildungsstandards aus dem Kompetenzbereich „Lesen“, nämlich „Geltungsansprüche von Texten reflektieren und das Ergebnis in das Textverstehen einbeziehen“ und „die Qualität von Textinformationen vor dem Hintergrund ihres fachlichen Wissens prüfen und beurteilen“ (BS AHR 2012: 18)

## 3.4 Sich mit literarischen Texten auseinandersetzen

Während Leseaufgaben vor allem auf den Erwerb von Lesestrategien und übertragbarem Wissen angelegt sind, geht es bei Aufgaben im Bereich der Auseinandersetzung mit Texten und Medien um die Erschließung und Verarbeitung konkreter Texte oder Medienprodukte.

### 3.4.1 Beschreibung des Kompetenzbereichs – Zielgrößen des Unterrichts

Die Bildungsstandards für die AHR erwarten, dass die Schülerinnen und Schüler „sich literarische Texte von der Aufklärung bis zur Gegenwart [erschließen]“

und „das Ästhetische als eine spezifische Weise der Wahrnehmung, der Gestaltung und der Erkenntnis [verstehen]. Sie verfügen über ein literaturgeschichtliches und poetologisches Überblickswissen, das Werke aller Gattungen umfasst, und stellen Zusammenhänge zwischen literarischer Tradition und Gegenwartsliteratur auch unter interkulturellen Gesichtspunkten her" (BS AHR 2012: 18).

Den Bildungsstandards entsprechend sind Lernaufgaben im Literaturunterricht vor allem darauf zu richten, dass die Schüler lernen, zentrale Inhalte zu erschließen und wesentliche Elemente eines Textes zu erfassen: Die BS MSA (14) nennen „Figuren, Raum- und Zeitdarstellung, Konfliktverlauf" und erwarten, dass die Schüler sowohl eigene Deutungen des Textes entwickeln, diese am Text belegen und sich mit anderen darüber verständigen als auch „Handlungen, Verhaltensweisen und Verhaltensmotive bewerten". Dafür eignen sich sowohl analytische als auch handlungs- und produktionsorientierte Aufgaben. Übungsaufgaben schulen die Nutzung wesentlicher Fachbegriffe zur Erschließung von Literatur. Das gilt insbesondere für Begriffe wie Erzähler, Erzählperspektive, Monolog, Dialog, lyrisches Ich, für sprachliche Bilder, Metapher, Reim. In Leistungsaufgaben sollen die Schüler zeigen, dass sie sprachliche Gestaltungsmittel in ihren Wirkungszusammenhängen und in ihrer historischen Bedingtheit erkennen – „z.B. Wort-, Satz- und Gedankenfiguren, Bildsprache (Metaphern)" und „Zusammenhänge zwischen Text, Entstehungszeit und Leben des Autors/der Autorin bei der Arbeit an Texten aus Gegenwart und Vergangenheit herstellen" (ebd.). Darüber hinaus gilt es, Aufgaben zu entwickeln, die die Schüler für die Vielfalt literarischer Formen und für deren charakteristische Merkmale sensibilisieren.

### 3.4.2 Typische Operatoren

Neben den bereits beim „Lesen" genannten Operatoren – „beschreiben", „gliedern", „untersuchen" – haben beim literarischen Lernen die Operatoren „vergleichen", „erläutern", „deuten", „interpretieren" und „bewerten" besondere Relevanz.

### 3.4.3 Typische Problemfelder

#### Unterschätzung der Komplexität der Anforderungen

Im Bereich des literarischen Lernens zeigt sich, dass die Erfüllung der Anforderungen der Bildungsstandards mit hohem Aufwand und erheblichem Schwierigkeitsgrad verbunden ist. Angemessener Umgang mit Literatur erfordert den Erwerb und die Nutzung von Konzepten. Was die BS MSA (14) z.B. „Konfliktverlauf" nennen, erschließt sich im Rahmen der Plotstruktur von Erzähltexten. Sie zu durchschauen, gehört zu den allgemeinbildenden literaturbezogenen Kompetenzen. Die Lerner sollen die Konfrontation des Protagonisten mit einer schwierigen oder bedrohlichen Situation erkennen und die Art der Bewältigung benennen können. Dazu gehört auch die Unterscheidung dreier Arten von Schlüssen in der Literatur, wie Peter von Matt (1989: 27) sie umrissen hat: „Hochzeit, Mord und Wahnsinn".

Wenn die BS MSA (14) von den Schülern „Perspektivenwechsel" verlangen, dann ist das eine voraussetzungsreiche Angelegenheit. Denn sie setzt Einblick in die Beschaffenheit der Textwelt voraus, d. h. in die Lebenswelt, die ein Text simuliert: „Was kommt in ihr vor und wem kommt diese Welt so vor? Literatur ist eine Kunst der Perspektive, die nicht nur etwas zeigt, sondern zugleich den Blickpunkt deutlich macht, von dem aus etwas so aussieht, wie es sich zeigt." (Matuschek: 2013: 68)

Eine besondere Herausforderung für die Schüler stellen Formen sprachlicher Indirektheit dar. Metaphern, Allegorien und Ironie erweisen sich häufig als Verstehensbarrieren (Köster/Winkler 2015), die es zu bewältigen gilt. Entscheidend ist, dass die Erschließung von Metaphern, Allegorien und Ironie nicht nur auf lokaler Ebene geschieht, sondern unter Berücksichtigung des engeren oder auch weiteren Textzusammenhangs.

Grundsätzlich stellt sich die Frage, was es mit der Entwicklung „eigene[r] Deutungen des Textes" auf sich hat. Diese Anforderung bedarf der Explikation, ehe Anstrengung in die Entwicklung entsprechender Lernaufgaben investiert wird.

### Kognition und Sinnlichkeit

Worauf die Bildungsstandards nicht verweisen, sind Aspekte der Sinnlichkeit im Umgang mit Literatur. Jenseits aller Texterschließungsstrategien ist die Wirkung von Klang und Bild eine unmittelbare. Aus dieser Unmittelbarkeit mag auch der Fehlschluss resultieren, dass sinnliche Wahrnehmung nicht des Trainings und der Schulung bedarf. Allerdings ist die Wirkung des Klangs vornehmlich an lyrische Texte bzw. an Verse gebunden, sodass dieser Aspekt gattungsspezifischen Einschränkungen unterliegt.

### Produktionsorientierung und Textanalyse

Ein zentrales Problemfeld bildet das Verhältnis von „Anschauung" und „Begriff" bzw. von Produktionsorientierung und Textanalyse. Was haben Produktionsorientierung und Textanalyse gemeinsam? Beide sollen das Textverstehen befördern, also der Texterschließung dienlich sein. Unstrittig ist, dass es sich um zwei unterschiedliche Zugänge zu literarischen Texten handelt. Während textanalytische Zugriffe sich textexterner (metasprachlicher) Kategorien bedienen, um bestimmte Textmerkmale zu ermitteln und in Beziehung zu setzen, greifen produktionsorientierte Verfahren in den literarischen Text ein und lassen sich folglich als eingreifende Verfahren beschreiben. Es gilt, den Text sowohl zu verändern oder ihn fortzuschreiben bzw. den abgebrochenen Text zu Ende zu schreiben als auch Leerstellen des Textes zu konkretisieren oder in didaktischer Absicht geschaffene Lücken zu füllen. Die Ergebnisse solcher Eingriffe sind Brücken zum Verstehen. Deshalb müssen die Arbeitsergebnisse nicht nur präsentiert und ausgewertet werden, sondern sie sind auch und vor allem auf das ihnen implizite Textverständnis zu befragen. Insofern handelt es sich um hypothesenbildende Verfahren, wobei die Explikation der Hypothesen in der Auswertung und mithilfe der Lehrkraft geschieht.

**Uneingeschränkter oder spezifizierter Analyseauftrag:** Auch beim Umgang mit literarischen Texten werden die Schüler in Leistungssituationen immer wieder mit uneingeschränkten Analyseaufträgen konfrontiert. Die Befürworter argumentieren mit der Mehrdeutigkeit literarischer Texte und der Absicht, den Schülern Raum für eigene Deutungen/eigene Interpretationen zu ermöglichen. Eng damit verknüpft ist der Anspruch, dass die Schüler eigenständig Interpretationshypothesen bilden. (Vgl. zu diesem Problemfeld auch Kap. 2.3.2.)

### 3.4.4 Typische Leistungsaufgaben

Das folgende Aufgabenbeispiel ist den Bildungsstandards für den Hauptschulabschluss entnommen. Es konkretisiert die Anforderung, „einen literarischen Text [zu] untersuchen und weiter [zu] schreiben", und illustriert die Aufgabenart „Von einer Textgrundlage ausgehend einen Text gestalten".

**Monika Seck-Agthe: Mein Bruder hat grüne Haare**

Gestern hat sich mein Bruder Johannes eine Haarsträhne grün färben lassen. Die restlichen Haare hat er mit Baby-Öl eingeschmiert, dann hat er sich ganz schwarz angezogen und sich so an den Kaffeetisch gesetzt. Mein Bruder ist fünfzehn. Er sagt, er sei jetzt ein Punk. Wenn ich ihn frage, was das ist, weiß er das selber nicht so genau.

Jedenfalls gab's einen ziemlichen Krach, als er so vor der versammelten Familie erschienen ist. Meine Eltern haben sich noch nicht mal so aufgeregt, aber dann war da noch meine Tante Vera. Und die ist fast vom Stuhl gefallen, als der Johannes in dem Aufzug reingekommen ist. „Bist du eigentlich total übergeschnappt? Ihr seid ja wohl heute alle total verrückt geworden!", hat sie sich aufgeregt. Der Johannes ist ganz ruhig geblieben, hat einfach nichts gesagt und angefangen, Kuchen zu essen. Das hat meine Tante natürlich nur noch wütender gemacht. Sie fing richtig an zu kreischen: „Kannst du nicht wenigstens deinen Schnabel aufmachen, wenn man dich was fragt? Ich versteh euch aber auch nicht!" Sie funkelte meine Eltern an. „Lasst ihr die Kinder denn alles machen, was ihnen in den Kopf kommt?" Mein Vater sagte bloß: „Der Junge ist doch alt genug! Der muss doch wissen, was der tut." – „Alt genug? Fünfzehn Jahre ist der alt. Ein ganz grünes Bürschchen!" Als Tante Vera das Wort grün sagte, mussten alle auf die grüne Haarsträhne gucken und lachen. Nur eben Tante Vera, die musste nicht lachen. Sie hat auch gar nicht kapiert, dass wir über die Haare gelacht haben, sondern dachte natürlich, wir lachen über sie und ärgerte sich schrecklich. „Die wissen doch vor lauter Wohlstand nicht mehr, was sie machen sollen! Wisst ihr eigentlich, was wir mit fünfzehn gemacht haben? Mitten im Krieg! Wir sind bei Bauern betteln gegangen! Um ein paar Rüben! Weil wir gehungert haben!" „Lass das doch, Vera! Die Kinder leben doch heute in einer ganz anderen Welt als damals." Meine Mutter stand auf und räumte die Kaffeetassen weg. Aber Tante Vera war in Fahrt. „Im Luftschutzkeller haben wir gesessen! Und wussten nicht, ob wir da je wieder lebendig rauskommen! Und ihr färbt euch die Haare grün! Und schmiert euch Öl auf den Kopf! Guckt mal lieber in eure Schulbücher!"

„Hör doch bloß auf mit deinen blöden Kriegsgeschichten. Die hängen mir absolut zum Hals heraus, Mensch!" Johannes tat so, als müsste er auf seinen Teller kotzen. Dann sagte er noch: „Versuch doch einfach mal einigermaßen cool zu bleiben, Vera."

Das war zu viel für die Tante. „Seit wann nennst du mich Vera? Bin ich irgendein Pipimädchen, das neben dir die Schulbank drückt? Das ist doch unerhört! Blöde Kriegsgeschichten hat er gesagt! Euch geht's doch einfach zu gut! Euch ist doch gar nicht bewusst, was das heißt, im Frieden zu leben! Begreift ihr überhaupt, was das ist?"

Johannes tat weiter ganz cool. Aber ich hab gesehn, dass seine Hände ganz schön zitterten. Dann ist er aufgestanden und hat gesagt: „Vom Frieden hast du wohl selbst nicht allzu viel kapiert. Sonst würdest du hier nämlich nicht so einen Tanz machen." Dann ging er einfach raus.

Tante Vera kriegte einen knallroten Kopf und fing an zu heulen. Mein Vater holte die Kognakflasche aus dem Schrank. Meine Mutter sagte zu mir: „Du, geh mal für 'n Moment in dein Zimmer, ja?" Mir war alles plötzlich richtig peinlich. Im Flur hab ich Tante Vera noch weiter heulen gehört. Die konnte kaum noch reden. „Wie wir damals gelitten haben! Was wir durchgemacht haben! Und da sagt dieser Rotzlümmel ‚blöde Kriegsgeschichten'!" Ich bin raufgegangen. Aus Johannes' Zimmer dröhnte knalllaute Musik. Mit einem Mal hab ich eine Riesenwut gekriegt auf den, bin in sein Zimmer gerannt und hab gebrüllt: „Setz dir wenigstens deine Kopfhörer auf, wenn du schon so 'ne Scheißmusik hörst!"

Johannes hat mich groß angeguckt und gesagt: „Jetzt fängst du auch noch an auszurasten! Was ist hier überhaupt los? Der totale Krieg, oder was?" Mir war's zu blöd, ich hab die Tür zugepfeffert und mich in mein Zimmer verzogen.

Abends im Bett musste ich nochmals über alles nachdenken. Auch über das, was Tante Vera gesagt hatte. Über die Luftschutzkeller und dass sie Angst gehabt hat und so. Und dass sie meint, wir würden nicht begreifen, was das ist: Frieden. So richtig im Frieden leben wir, glaub ich, auch gar nicht. Aber natürlich auch nicht richtig im Krieg. Wir können schon eine Menge machen, was die damals nicht konnten. und vieles, was die machen und aushalten mussten, das passiert uns eben nicht, dass wir zum Beispiel hungern müssen oder Angst haben, ob wir den nächsten Tag noch erleben. Da bin ich eigentlich auch unheimlich froh darüber. Aber trotzdem: Bloß weil kein Krieg ist, ist noch lange kein richtiger Frieden. Dazu gehört, glaub ich, noch eine Menge mehr.

Hildegard Wohlgemuth (Hrsg.) 1983: Frieden: Mehr als ein Wort Reinbek bei Hamburg Rowohlt, S. 141–143.

A

**Aufgabenstellung:**

1. Zur Vorbereitung deines eigenen Textes (Aufgabe 2) bearbeite zunächst die folgenden Aufgaben:
   a) Mit welchen Aussagen beleidigt Tante Vera Johannes, mit welchen provoziert Johannes Tante Vera? Schreibe sie auf.
   b) Verbinde die Personen im Diagramm mit Pfeilen und schreibe stichwortartig dazu, wie sie sich zueinander verhalten.

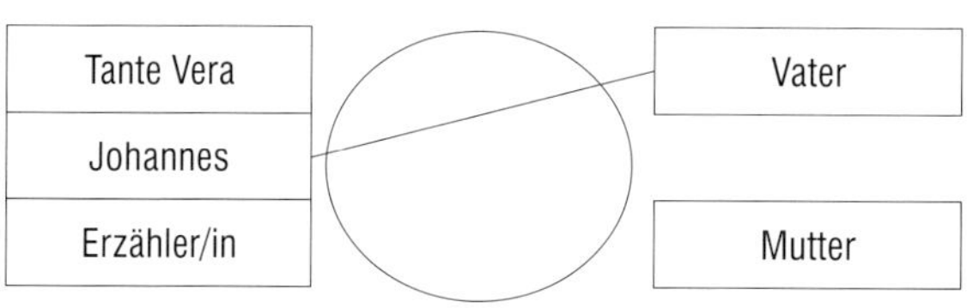


   c) Seiner Schwester/seinem Bruder gegenüber spricht Johannes vom „totalen Krieg". Erkläre den Begriff und beurteile seine Verwendung durch Johannes.
2. Statt in ihrem/seinem Zimmer zu bleiben, geht die Ich-Erzählerin/der Ich-Erzähler zu ihrem/seinem Bruder zurück, um mit ihm zu sprechen.
Gestalte das Gespräch zwischen den Geschwistern aus der Sicht der Schwester/des Bruders. Berücksichtige ihre/seine Gedanken aus dem ursprünglichen Schluss des Textes (Z. 72 ff.).

MS HSA 2014, S. 34-36.

## 3.5 Sich mit pragmatischen Texten auseinandersetzen

### 3.5.1 Beschreibung des Kompetenzbereichs – Zielgrößen des Unterrichts

Die Auseinandersetzung mit pragmatischen Texten zielt v. a. in der gymnasialen Oberstufe auf domänenspezifischen Erkenntnisgewinn. Gegenstand sind „vielschichtige, voraussetzungsreiche Sachtexte, darunter auch wissenschaftsnahe und berufsbezogene Fachtexte aus unterschiedlichen Domänen. Sie erschließen, analysieren und beurteilen Gehalt, Kontext und Wirkungsabsicht pragmatischer Texte" (BS AHR 2012: 19). Anders als beim prozessbezogenen Kompetenzbereich „Lesen" handelt es sich um einen domänenspezifischen Kompetenzbereich und die entsprechenden Aufgaben sind darauf gerichtet, den dargestellten oder verhandelten Sachverhalt zu ermitteln, zu erklären und zu debattieren. Welche Herausforderungen sich in diesem Bereich bei der Aufgabenentwicklung stellen, wird unter 3.5.3 genauer entfaltet.

### 3.5.2 Typische Operatoren

Die Verwendung von Operatoren bei der Analyse pragmatischer Texte konzentriert sich meist auf die Folgenden:

1. Wiedergeben, zusammenfassen;
2. Untersuchen, analysieren;
3. Beurteilen, bewerten;
4. Erörtern, Stellung nehmen.

### 3.5.3 Typische Problemfelder

**Textsorten:** Bereits in der Sekundarstufe I, in der Regel im Kontext des Themas „Zeitung", müssen sich Lehrkräfte und Schüler den Herausforderungen der Textsortenklassifikation stellen. Frederking und Wieser (2015: 192) weisen darauf hin, „dass die innere Differenzierung des Feldes zu mannigfaltigen und wenig befriedigenden Systematisierungsversuchen führt" und dass Christmann/Groeben (2002: 150 f.) „mit Blick auf die Lesekompetenz drei Textgruppen [unterscheiden]: (1) didaktische Texte oder Lehrtexte, (2) Persuasionstexte und (3) Instruktionstexte, für die sie dann die jeweils vorliegenden Forschungsbefunde darstellen".

**Themenwahl:** Strittig ist die Frage, ob die im Deutschunterricht behandelten Sachtexte sich auf Gegenstände, Themen und Fragen des Deutschunterrichts beziehen sollen oder ob auch Themen aus anderen Sachgebieten erschlossen werden sollen. Hat man beim „Lesen" vor allem den Strategieerwerb und übertragbares Wissen im Blick, dann können durchaus Themen aus unterschiedlichen Sachgebieten gewählt werden. Für die Erschließung von Metaphern eignen sich auch Texte über Wirtschaftsthemen und Ironie findet sich in zahlreichen Glossen zur Bildungspolitik. Blickt man in die Deutschbücher für die Sekundarstufe I, dann finden sich zahlreiche Sachtexte zu gesellschaftlich relevanten und für die Schüler interessanten Themen. Das ist auch insofern unproblematisch, als es in diesen Klassenstufen vor allem um die Entwicklung von Lesestrategien geht.

Geht es aber um die Auseinandersetzung mit pragmatischen Texten, wie sie in den Bildungsstandards für die Allgemeine Hochschulreife vorgesehen ist (BS AHR 2012: 19), dann sollte der Fachbezug Vorrang haben. Das Textangebot in den einschlägigen Lehrmitteln für die Oberstufe besteht sowohl aus literaturwissenschaftlichen Texten, die sich auf bestimmte literarische Texte beziehen, als auch aus Texten zur Sprach- und Medientheorie sowie zur Sprach- und Medienkritik.

**Textbeschaffenheit:** Problematisch daran ist, dass diese Texte oft sehr voraussetzungsreich sind und deshalb schwierig zu verstehen. Und fachlich einschlägige Texte ohne diese Hürde sind eher rar. Oder sie sind – vor allem im Bereich der Sprachkritik und Sprachpflege – in erster Linie polemisch. Dieses Merkmal macht sie allerdings für Aufgabenstellungen geeignet, die die Analyse im Hinblick auf sprachlich-stilistische Mittel verlangen.

Ein weiteres Problemfeld resultiert aus der Länge authentischer Texte. Wissenschaftliche Texte werden in der Regel als Ausschnitte angeboten, journalistische Texte werden sowohl in Deutschbüchern als auch in Abiturprüfungsaufgaben, für die es ein Limit von 1500 Wörtern gibt (BS AHR 2012: 26), vielfach gekürzt. Wenn es darum geht, Argumentationsverläufe zu rekonstruieren und zu bewerten, können Kürzungen zu Fallstricken werden.

### 3.5.4 Typische Leistungsaufgabe

Die folgende Aufgabenstellung wurde an die entsprechende Beispielaufgabe für die „Erörterung eines pragmatischen Textes" im gemeinsamen Abituraufgabenpool der Länder angepasst und zur Abiturvorbereitung als Klausuraufgabe für das grundlegende Niveau eingesetzt.

A

**Aufgabenstellung:**

Für einen Sammelband zum 250. Geburtstag Lessings wurden zahlreiche Persönlichkeiten um Beiträge gebeten. Die Schriftstellerin Johanna Braun (*1929) schrieb dem Herausgeber daraufhin den folgenden (gekürzten) Brief.

1. Fassen Sie die wesentlichen Aussagen des Textauszugs aus Johanna Brauns Text zusammen.
2. Erörtern Sie vor dem Hintergrund Ihres Verständnisses der Figur Emilia Galotti, inwieweit Sie Johanna Brauns Sicht zustimmen können. Beziehen Sie dabei im Unterricht erworbene Kenntnisse über das Stück und Lessings Theatertheorie ein.

**Johanna Braun (1981): Aus dem Brief an den Herausgeber**
... die klassischen Erstechungen auf offener Bühne haben bei mir seit jeher zwiespältige Gefühle ausgelöst, einerseits das Gefühl, das man moralischerweise zu empfinden gelehrt worden ist, nämlich, handelt es sich bei der erstochenen Person um einen Bösewicht, die Gerechtigkeit ihren Lauf nehmen zu sehen und daher befriedigt zu sein, oder handelt es sich um ein unschuldiges oder schuldiges aber edles Opfer, Betroffenheit und Mitleid zu empfinden. Andererseits fühlte ich aber an diesem Höhepunkt der Aktion (wie manche meinen) gerade ein Stocken dieser Handlung, als geschähe da überhaupt nichts, als sei plötzlich ein Loch im Stück. Das Schlimmste geschieht, aber eigentlich geschieht nichts, und ich halte nicht denjenigen für einen Barbaren, der an solchen Stellen sich mühsam das Lachen verbeißt oder einfach lacht. Er ist wenigstens ehrlich, denn die klassischen Bühnenerstechungen entbehren nicht des Lächerlichen, besonders, wenn die Erstochenen, noch nicht ganz tot, noch einmal zu sich kommen und moralische Sentenzen von sich geben oder sich gar noch zu einer Arie aufraffen müssen. Aber ist es nur die Unnatur, der Theaterdolch, dessen Schneide anstatt in der Brust des Opfers im Griff verschwindet, die lange geübte Kunst des schadlosen Zusammenbrechens, Dahinsinkens, ist es die Gewißheit, daß der Erstochene am Ende unversehrt vor dem Vorhang erscheinen wird, um den Applaus für sein kunstvolles Sterben entgegenzunehmen, was peinliche Empfindungen hervorruft? Und ist die Ausdrucksweise eines Provinz-Theater-Kritikers, der Emilia Galottis Erstechung etwa so beschreibt, „dem Wunsch seiner Tochter Rechnung tragend, ersticht der Vater diese", nur Unbeholfenheit, über die der wortgewandtere Leser lacht? Steckt nicht auch Hilflosigkeit gegenüber dieser Aktion, zu der Lessing seinen alten Galotti veranlaßt, dahinter, Unfähigkeit, sie zu verstehen?
Dem Wunsch seiner Tochter Rechnung tragend, wunschgemäß, entsprechend Emilias Wunsch, Worte aus der Sprache der Bürokratie. Ich sage mir heute, jener Rezensent, über den ich damals lachte, konnte sich wahrscheinlich die Erstechung nicht anders erklären. [...] Mir widerstrebt die Lösung, die Lessing offeriert. Ich möchte sogar wütend werden, doch nicht, wie Lessing es wohl bezweckt hat, auf Marinelli, den Prinzen, sondern auf Herrn Galotti, den Vater, der sich da plötzlich als Herr über Leben und Tod seiner Tochter aufwirft. Wieviel verbirgt sich hinter den Worten wunschgemäß, freiwillig für einen Menschen, der gezwungen ist in einem absoluten System zu existieren? Bedeuten sie nicht in den meisten Fällen das Gegenteil? Mit der Erfahrung, die ich nicht leugnen kann, also nicht objektiv, betrachte ich den „wunschgemäßen" Tod Emilias. Ich bin da skeptisch, auch gegenüber Lessing, der für die Frauen so viel Verständnis aufbringt, ich könnte sagen, ja, wunschgemäß in einer Männerwelt, könnte Bemerkungen zur Emanzipation der Frau ableiten. Ich könnte sagen, h e u t e empfinden wir den Wunsch Emilias und ihren Tod als widersinnig, der Vater mordet sie, der Prinz wollte sie sexuell ausnutzen, was ist nun schlimmer, beide verdammten Männer taugen nichts, sind beide gottverdammte Unterdrücker. [...]
Es sollte lieber gar nichts mit Lessings „Emilia" geschehen, sie sollte vielleicht eine Weile ruhen. Anstatt an Lessings Stück herumzudoktern, sollte man selbst ein neues Stück versuchen. [...] Nach diesen Betrachtungen, zumindest, wenn ich sie fortsetzte, könnte ich mich moralisch genötigt sehen, dieses neue Stück selbst zu schreiben, eine moderne „Emilia", ein Emanzipationsdrama, und dazu könnte die nicht zuletzt durch Sie angeregte Wiederbeschäftigung mit Lessing geführt haben. So will ich lieber schließen.
Magdeburg, den 16. November 1979

Braun, Johanna 1981: Aus einem Brief an den Herausgeber. In: Dvoretzky, Edward: Lessing Heute. Beiträge zur Wirkungsgeschichte. Stuttgart. Hans-Dieter Heinz, S. 36–43.

Diese Aufgabenstellung erscheint insofern wegweisend, als sie der Kompetenz, Texte zusammenzufassen, einen prominenten Platz einräumt und den Erörterungsauftrag präzisierend einschränkt.

## 3.6 Sich mit Texten unterschiedlicher medialer Form und Theaterinszenierungen auseinandersetzen

### 3.6.1 Beschreibung des Kompetenzbereichs – Zielgrößen des Unterrichts

„Die Schülerinnen und Schüler analysieren die spezifische Gestaltung von Texten unterschiedlicher medialer Form, erläutern ihre Wirkung und beurteilen die ästhetische Qualität. Sie setzen sich fachgerecht mit exemplarischen Theaterinszenierungen, Hörtexten und Filmen auseinander." (BS AHR 2012: 20) Nimmt man diese Standardformulierung ernst, dann stellt sich die Frage, was hier unter „fachgerecht" zu verstehen ist. Bestimmt man hier fachgerecht als sachgemäß, dann gilt es, den Schülern Basiswissen über „Theaterinszenierungen, Hörtexte und Filme" zu vermitteln, das sie sowohl zur Beschreibung als auch zur Bewertung der Produkte befähigt. Mit Hilfe entsprechender Lernaufgaben erwerben die Schüler die notwendige Begrifflichkeit und lernen, relevante Fragen an die unterschiedlichen Medienprodukte und Inszenierungen zu stellen.

Im Umgang mit Hörtexten können sich Lernaufgaben darauf beziehen, Lesung und Hörspiel zu kontrastieren. Frederking/Wieser (2015: 198) nennen eine Reihe von Anknüpfungsmöglichkeiten, die als Anschlussaufgaben in Verbindung mit anderen Kompetenzbereichen realisierbar sind: „Schreibarrangements (z. B. zusammenfassende Verschriftlichung, Rezension, Rollenbiographie, ‚Schreibgespräch', Chat-Diskussion, Tagebucheintrag, fiktiver Brief an einen Protagonisten), szenische Interpretationen gehörter Passagen, audiovisuelle Umsetzungen etc.".

Als besonders komplex und herausfordernd erweist sich die Arbeit mit Filmen im Deutschunterricht. Frederking/Wieser (ebd.: 199) stellen fest, dass es um „Grundfragen der ästhetisch-reflexiven Auseinandersetzung mit audiovisuellen Texten" wie „Film, Serie, Videoclip etc." geht und um die „mit ihnen verbundenen Wirkpotenziale und -absichten". Dies setze die Kenntnis von „Aspekten der Filmtheorie" voraus.

Im Kontext des Literaturunterrichts hat die Theaterarbeit große Relevanz. Lernaufgaben befähigen die Schüler, den Dramentext als Partitur zu verstehen, der die Inszenierung auf der Bühne braucht. Sie sollen nicht nur lernen, was den Dramentext von der Inszenierung unterscheidet, sondern auch, was Regietheater von werkgetreuen Inszenierungen unterscheidet und welche unterschiedlichen Auffassungen es zum Regietheater gibt. Es geht darum, dass Inszenierungen – ebenso wie Literaturverfilmungen – keine Illustration des Textes sind, sondern immer Interpretationen. Darüber hinaus brauchen die Schüler Wissen sowohl über Inszenierungskonzepte als auch über Sprechweise und Körpersprache, über die Rolle von Bühnenbild, Lichteffekten, Musik und nicht zuletzt von Kostümen.

### 3.6.2 Typische Operatoren

Bei der Beschäftigung mit Texten in medialer Form werden häufig folgende Operatoren angewendet:

- Anschauen,
- Anhören,
- etwas in einem Beobachtungsprotokoll festhalten,
- Notieren,
- eine These zur Inszenierung formulieren,
- These prüfen,
- These erläutern.

### 3.6.3 Typische Problemfelder

**Abgrenzungen**: Frederking/Wieser weisen auch darauf hin, dass Hörtexte, Filme und Theaterinszenierungen je eigene Forschungsrichtungen nicht nur innerhalb der Deutschdidaktik bilden, sondern dass sich auch fachwissenschaftlich eigenständige Forschungsschwerpunkte zu Hörtext, Film und Theater etabliert haben.

**Schwerpunktsetzung:** Theaterinszenierungen, Hörtexte, Filme – Wo soll der Schwerpunkt des Kompetenzerwerbs liegen?

Geht man davon aus, dass Unterrichtszeit wohl nur für die Arbeit mit einem einzigen Film zur Verfügung steht, dann ist die Frage: Literaturverfilmung im Vergleich mit einem im Unterricht besprochenen Text oder Film ohne Rückgriff auf literarische Texte?

**Zeitaufwand:** Im Allgemeinen hat man ein Zeitproblem. Unter diesem Aspekt ist die 80-minütige Emilia-Inszenierung Thalheimers ein Glücksfall. Das gilt auch für andere Inszenierungen Thalheimers.

### 3.6.4 Typische Leistungsaufgaben

Auch in diesem Bereich sind Klausur- und Prüfungsaufgaben an Textproduktion gebunden. So sollen die Schüler am Ende einer Lerneinheit zu Theaterinszenierungen und Inszenierungskonzepten in der Lage sein, folgende Anforderung zu bewältigen:

A

„Schreiben Sie eine Stückeinführung zu Michael Thalheimers Inszenierung von ‚Emilia Galotti', in der Sie sein Regiekonzept erläutern (Wirkungsabsicht, Auswahl und Funktion der eingesetzten theatralen Mittel, Intention)."

Um diese Leistungsaufgabe vorzubereiten, die von den Schülern verlangt, materialgestützt einen informierenden Text über Regiekonzepte zu verfassen, findet sich bei Frederking/Wieser (2015: DVD: Beispielaufgabe 3: Theaterinszenierung von Lessings „Emilia Galotti": 4 f.) eine aus mehreren Teilaufgaben bestehende Lernaufgabe. Als Textgrundlage dienen

1. Auszug aus der Rede von Daniel Kehlmann zur Eröffnung der Salzburger Festspiele (2009) und
2. Andrea Breths Replik *Kehlmanns Ansichten reizen zur Diskussion* (Salzburger Nachrichten, 29.07.2009).

A

**Die Lernaufgabe gliedert sich in drei Teilaufgaben, von denen eine wiederum untergliedert ist:**

1. Formulieren Sie die Kritik, die Daniel Kehlmann gegenüber dem Theater der Gegenwart äußert.
2. Arbeiten Sie die Position Andrea Breths gegenüber der geäußerten Kritik heraus:
   - a) Welche Formen des Theaters kritisiert Breth?
   - b) Was ist aus der Sicht von Andrea Breth im Umgang mit historischen Theatertexten entscheidend?
3. Diskutieren Sie die Thesen und Argumente von Andrea Breth am Beispiel der „Emilia Galotti"-Inszenierung von Michael Thalheimer.

## 3.7 Sprache und Sprachgebrauch untersuchen und reflektieren

### 3.7.1 Beschreibung des Kompetenzbereichs – Zielgrößen des Unterrichts

Warum sich mit Sprache beschäftigen? Um diese Frage in Bezug auf den Deutschunterricht zu erörtern, stellen Reinold Funke und Iris Kleinbub (2015) eine instrumentelle und eine kulturanthropologische Antwort gegenüber: Aus instrumenteller Sicht trägt „[m]etasprachliches Lernen [...] zur Entwicklung sprachlichen, jedenfalls schriftsprachlichen Könnens bei". Aus kulturanthropologischer Sicht befördert „[m]etasprachliches Lernen [die] Verwirklichung des individuellen und sozialen Potentials von Menschen". Obwohl Funke/Kleinbub davon ausgehen, dass keine der beiden Antworten „die abschließende Auskunft darstellen kann", ermuntern sie „zur Vertiefung wie zur kritischen Relativierung" der beiden Sichtweisen und schließen auch deren Annäherung nicht aus.

Folgt man den Bildungsstandards (BS MSA 2003: 9/BS HSA 2004: 9 f.), dann geht es in der Sekundarstufe I darum, „Texte nach funktionalen, normativen und ggf. ästhetischen Gesichtspunkten" zu untersuchen und zu formulieren. „Im Sinne von ‚Sprache im Gebrauch' arbeiten [die Schüler] an dem umfassenden Bereich menschlicher Verständigung, im Sinne von ‚Sprache als System' nehmen sie vorwiegend grammatische Erscheinungen und ihre inhaltliche Funktion in den Blick und nutzen diese zur Textherstellung sowie Textüberarbeitung. Sie können grammatische Strukturen korrekt aufbauen und bei Bedarf korrigieren." Dabei wird mehrfach betont, dass die grammatische Terminologie nicht isoliertes Begriffswissen bleibt, sondern stets im funktionalen Zusammenhang angewandt werden soll. Da oft weder das eine noch das andere gelingt, besteht großer Bedarf an lernwirksamen Aufgaben in diesem Bereich. Das ist eine Herausforderung, die das Zusammenwirken von Lehrkräften, Schülern, Lehrbuchmachern und Deutschdidaktikern verlangt.

Wenn es also darum geht, Sprache zu thematisieren, dann sind zum einen Lernaufgaben angesagt, die sowohl in die Bereiche Lexikologie, Grammatik und Orthografie einführen als auch die damit verknüpfte Terminologie bereitstellen und vermitteln.

### 3.7.2 Typische Operatoren

Auch für die Untersuchung von Sprache und Sprachgebrauch sind rezeptive und produktive Handlungen (also Zuhören und Lesen, Sprechen und Schreiben) erforderlich. Spezifisch für diesen Kompetenzbereich sind jedoch der Operator „Bestimmen" sowie die Arbeit mit grammatischen Proben. Sie spielen in der Sekundarstufe I eine wichtige Rolle. Zu den bekannten grammatischen Proben zählen folgende Operationen: Ersetzen, fragen, erweitern, paraphrasieren, umstellen bzw. verschieben.

### 3.7.3 Typische Problemfelder

Dieser Kompetenzbereich hat sehr spezielle Probleme. Entweder erscheint er eng begrenzt auf Grammatik, Orthografie und ausgewählte Fragen der Lexikologie, oder er wird zum Mega-Bereich, der die anderen Kompetenzbereiche überwölbt. Diese Tendenz wird dadurch genährt, dass fast alles, was im Deutschunterricht verhandelt wird, sprachlicher Natur ist. Aus Gründen der Unterscheidung und Fokussierung von Lern- und Leistungsaufgaben wird der Kompetenzbereich im Folgenden eng gefasst.

Wenn es um Defizite von Auszubildenden oder Studienanfängern geht, dann werden in erster Linie grammatische und orthografische Schwächen vorgeführt. Da es sich dabei um Ausfälle in Bereichen, die durchaus erlernbar sind, handelt, stellt sich die Frage, warum der Sprachunterricht so wenig lernwirksam ist oder warum die Halbwertzeit des grammatischen Wissens so kurz. Diese Frage führt zu den zentralen Problemfeldern, die mit dem Erwerb von Sprachwissen und dessen Reflexion verbunden sind und Relevanz für die Aufgabenentwicklung haben.

**Unterschiedliche Konzepte des Grammatikunterrichts:** Ein zentrales Problemfeld des Kompetenzbereichs resultiert aus dem Anspruch, grammatische Erscheinungen immer mit einer inhaltlichen Funktion zu verknüpfen (BS HSA und MSA: 10). Mit der Frage, welchem der fachdidaktischen Konzepte von Grammatikunterricht der Vorzug zu geben sei, kommen weitere Streitfragen ins Spiel. Induktion oder Deduktion, Integration der Lernbereiche oder isolierter Grammatikunterricht?

**Unterschiedliche Bedürfnisse:** Lernaufgaben können dazu beitragen, nicht nur den schulischen Grammatikunterricht, sondern metasprachliches Lernen überhaupt, anregender und effizienter zu machen. Denn ungleich stärker als für Muttersprachler ist für Schüler mit Deutsch als Zweitsprache die Nutzung sprachlichen Wissens geboten. Während Muttersprachler vor allem im Bereich der Orthografie oder der indirekten Rede auf Sprachwissen zurückgreifen, sind Zweitsprachler in vielen Zusammenhängen auf den Erwerb von Sprachwissen angewiesen. Deshalb ist die Option für einen späten Beginn des Grammatikunterrichts nicht unproblematisch.

### 3.7.4 Typische Leistungsaufgaben

Leistungsaufgaben, die den Erfolg metasprachlichen Lernens prüfen, finden sich schwerpunktmäßig in den Klassenstufen 5 bis 7. In der Regel handelt es sich um Bestimmungsaufgaben, deren Anforderung darin besteht, entweder etwas aufgrund bestimmter Merkmale bzw. Proben zu identifizieren oder präzise zu bezeichnen. Es finden sich aber auch Konstruktions- und Erklärungsaufgaben.

#### Bestimmungsaufgaben

**Identifizierungsaufträge:** Identifizierungsaufträge können sich auf alle sprachlichen Phänomene beziehen. Meistens handelt es sich jedoch um Wortarten, Satzglieder, Satzgliedteile. Sie sind entweder mit einem Markierungsauftrag oder mit der Aufforderung, etwas herauszuschreiben, verbunden.

A

**Aufgabe „Satzglieder" (A 3)**

Aus wie vielen Satzgliedern bestehen die folgenden Sätze? Markiere in den folgenden Sätzen die Satzglieder.

1. „Vom freundlichen Dorfe Maienfeld führt ein Fußweg durch grüne, baumreiche Fluren bis zum Fuße der Höhen, die von dieser Seite groß und ernst auf das Tal herniederschauen."
2. „Am Fußweg beginnt bald, Heideland mit dem kurzen Gras und den kräftigen Bergkräutern dem Kommenden entgegen zu duften."

**Aufgabe „Attribute" (A 4)**

Unterstreiche im folgenden Text alle Attribute.

**Johanna Spyri: Heidis Lehr- und Wanderjahre (1881)**

Zum Alp-Öhi hinauf

„Vom freundlich gelegenen, alten Städtchen Mayenfeld aus führt ein Fußweg durch grüne, baumreiche Fluren bis zum Fuße der Höhen, die von dieser Seite groß und ernst auf das Tal herniederschauen. Wo der Fußweg zu steigen anfängt, beginnt bald das Heideland mit dem kurzen Gras und den kräftigen Bergkräutern dem Kommenden entgegen zu duften, denn der Fußweg geht steil und direkt zu den Alpen hinauf."

Johanna Spyri (1912): Aus den Schweizer Bergen. Gotha 1912, S. 6.

In dieser unbestimmten Form handelt es sich um eine ausgesprochen schwere Aufgabe. Denn neben den Adjektiv-Attributen bietet der Text auch ein Attribut in Form eines Relativsatzes. Zudem gibt es konkurrierend Adjektive, die als adverbiale Bestimmung und nicht als Attribut fungieren. Schwer zu entscheiden ist auch, ob „mit dem kurzen Gras und den kräftigen Bergkräutern" Attribut zu Heideland oder adverbiale Bestimmung ist. Dieses Beispiel zeigt auch, dass es keineswegs unproblematisch ist, authentische Texte als Grundlage für sprachreflexive Leistungsaufgaben zu wählen. Deutlich einfacher wird diese Aufgabe, wenn sich der Auftrag auf eine Art des Attributs beschränkt. Am einfachsten sind die Adjektivattribute zu identifizieren. Aber auch hier stellt sich die Frage, ob es sich bei „freundlich gelegen" um ein Adjektivattribut handelt.

**Bezeichnungsaufträge (A 5):**

A

**Aufgabe: Bezeichnungen finden**

Wie heißt das, was unterstrichen ist? Trage die treffende Bezeichnung in die linke Spalte ein.

| Bezeichnung | |
|---|---|
| | Weil er seine Bewerbungsunterlagen nicht rechtzeitig abgegeben hatte, konnte seine Bewerbung nicht mehr berücksichtigt werden. |
| | Die Bewerbung wird nur dann berücksichtigt, wenn die Bewerbungsunterlagen vollständig sind. |
| | Der Lebenslauf, ein Teil der Bewerbungsunterlagen, sollte nicht zu umfangreich sein. |

**Verbindung von Identifizierungs- und Bestimmungsaufträgen:** Komplexe Aufgaben verbinden oft Identifikation und präzise Bezeichnung. Das ist z. B. dann der Fall, wenn es darum geht, im komplexen Satz Satzglieder zu bestimmen. Zunächst muss der Satz mit Hilfe der Verschiebeprobe in seine Teile zerlegt werden (Identifizierung) und dann müssen diese Teile anhand bestimmter Merkmale oder Proben genau bezeichnet werden.

A

**Aufgabe: Satzglieder bestimmen (A 6)**

Bestimme im folgenden Satz die Satzglieder.
„Vom freundlich gelegenen, alten Städtchen Mayenfeld aus führt ein Fußweg durch grüne, baumreiche Fluren bis zum Fuße der Höhen, die von dieser Seite groß und ernst auf das Tal herniederschauen."

1. Adverbiale Bestimmung (Ortsangabe); 2. Subjekt (ein Fußweg)

Sowohl Identifizierungs- als auch Bezeichnungsaufgaben können in unterschiedlichen Formaten und in unterschiedlichen Schwierigkeitsgraden gestellt werden.

**Zuordnungsaufgaben:** Einfacher wird diese Aufgabe, wenn sie als Zuordnungsaufgabe gestellt wird (A 7).

A

**Aufgabe:**
**Ordne jeweils den richtigen Buchstaben zu! Vier Buchstaben bleiben übrig.**

| Hier Buchstaben eintragen | Es führt …<br>Satzglieder |
|---|---|
| | vom freundlich gelegenen Städtchen Mayenfeld aus |
| | ein Fußweg |
| | durch grüne, baumreiche Fluren |
| | bis zum Fuße der Höhen, die von dieser Seite groß und ernst auf das Tal herniederschauen. |

A: Subjekt
B: Ortsangabe
C: Dativobjekt
D: Ortsangabe
E: Dativobjekt
F: Ortsangabe
G: Ortsangabe
H: Präpositionalobjekt

Bei dieser Zuordnungsaufgabe müssen die Schüler aus acht Angeboten die zutreffenden auswählen und den vier Satzgliedern zuordnen. Die Zahl der Angebote stellt eine Erschwernis dar. Einfacher wird die Zuordnung, wenn die Angebote auf sechs reduziert werden.

**Konstruktionsaufgaben (A 8)**

Von den Bestimmungsaufgaben sind Konstruktionsaufgaben zu unterscheiden. Hier müssen die Schüler das vorgegebene Material verändern, um etwas gefordertes Neues zu konstruieren.

A

**Aufgabe „Relativsätze"**

**Verknüpfe die beiden folgenden drei Sätze jeweils durch einen Relativsatz:**

- Häftlinge stellen geheime Botschaften mit primitiven Mitteln her. Geheime Botschaften müssen entschlüsselt werden.
- Die besten Tricks für geheime Nachrichten findest du in diesem Buch *Geheime Nachrichten soll kein Dritter verstehen*.
- Der Erfinder der Verschiebeschrift ist ein Gelehrter aus dem Mittelalter. Die Verschiebeschrift ist einfach anzuwenden und kompliziert zu entschlüsseln.

**Erklärungsaufgaben (A 9)**

**Aufgabe „Schaufenster"**

„Eine junge Frau in einer Modeboutique sagt zur Verkäuferin: ‚Entschuldigen Sie bitte, dürfte ich das Kleid im Schaufenster anprobieren?' Darauf die Verkäuferin: ‚Natürlich können Sie das, aber wir haben auch Umkleidekabinen.'"

**Aufgabenstellung:**

Erkläre grammatisch, warum die Verkäuferin die Frage der jungen Frau etwas seltsam findet.

**Kommentar:** Diese Aufgabe bereitet auch Lehramtsstudierenden für das Fach Deutsch erhebliche Schwierigkeiten. Das hat vielleicht damit zu tun, dass sie nicht gewohnt sind, Witze grammatisch zu erklären. Es hat aber auch damit zu tun, dass grammatisches Wissen selten genutzt wird, um semantische Probleme zu lösen. Deshalb empfiehlt sich diese Aufgabe im Anschluss an eine Unterrichtssequenz, in der es um die Unterscheidung von Satzgliedern und Satzgliedteilen geht oder – konkreter formuliert – um die Unterscheidung von adverbialen Bestimmungen und Attributen.

# 4. Die Wahl der Aufgabe als Entscheidung der Lehrkraft

Ob eine Aufgabe ihre Funktion erfüllt, hängt von den Entscheidungen der Lehrkraft ab. Solche Entscheidungen beziehen sich nicht nur auf das Unterrichtsziel und den Gegenstand, an dem das Ziel realisiert wird, sondern ganz entscheidend auch auf die Auswertung der Arbeitsergebnisse. Darüber hinaus ist über Gelegenheiten zur Rückmeldung durch formative Tests, d. h. durch Tests „mit inhaltlicher Rückmeldefunktion über den individuellen Lernfortschritt" (Felten/Stern 2012: 145) und über Aufgaben für Klassenarbeiten zu entscheiden. Wichtigste Bezugsgröße sind die Merkmale und Voraussetzungen der Schüler.

## 4.1 Welches Ziel? Oder: Wo liegt der Erwerbsfokus?

Ehe die Lehrkraft eine Aufgabe entwickelt oder auswählt, muss die Frage nach dem Ziel des Unterrichts geklärt werden: Was soll gelernt, erworben, gefestigt, trainiert werden? Dabei ist zu entscheiden, ob das Hauptziel darin besteht, einen bestimmten Text zu erschließen oder zu produzieren, sodass dieser spezielle Text im Fokus der Aufmerksamkeit steht, oder ob es in erster Linie darum geht, eine Kompetenz zu erwerben bzw. zu entfalten, sodass der Text vor allem als Material dient, also Hilfsfunktion einnimmt. Da sich Kompetenzen langfristig aufbauen, brauchen Lernaufgaben Zielsetzungen in überschaubaren Schritten. Auch wenn in der unterrichtlichen Praxis gegenstands- und kompetenzorientierte Zielsetzungen häufig Hand in Hand gehen, muss die Lehrkraft doch vorab entscheiden, was den Schwerpunkt der Unterrichtseinheit ausmachen soll, wo der *Erwerbsfokus* liegt.

Am Beispiel des Literaturunterrichts wäre das folgendermaßen zu konkretisieren: Im ersten Fall soll ein einzelner Text um seiner selbst willen gelesen und verstanden werden – z. B. das Märchen vom „Froschkönig", Schillers Ballade „Der Handschuh" –, im zweiten Fall sollen die Schüler verallgemeinerbares Wissen erwerben –, dass z. B. in bestimmten Erzähltexten die Hauptfigur in schwierige oder bedrohliche Situationen gerät, die es zu bewältigen gilt, damit das Geschehen an ein bestimmtes Ende kommt. In diesem zweiten Fall geht es um Einblick in die Plotstruktur von Erzählungen, die auch für eine Vielzahl anderer Erzähltexte gilt und deren Nachweis bzw. Ermittlung geübt werden muss. Das setzt voraus, dass zunächst mindestens zwei ereignishafte Texte in ihrer Besonderheit erschlossen werden (z. B. zwei Balladen, also nicht nur den „Handschuh", sondern auch den „Ring des Polykrates"), um dann vergleichend die Ereignisstruktur in ihren entscheidenden Punkten zu erarbeiten. Im Anschluss ist das Wiedererkennen zu trainieren: Sei es an weiteren Balladen oder anderen einschlägigen Erzählungen. Diese Trainingsphase wird oft vernachlässigt. Sie ist aber erforderlich, um verallgemeinerbares Wissen über Literatur in Kompetenz(en) zu überführen. Auch Felten/Stern (2012: 145) betonen eindringlich, dass „[o]hne eigenständige, unterrichtliche Vertiefungs- und Übungsphasen [...] die Verankerung neuen Wissens selten möglich" ist. Eine vertiefte Ausprägung der Kompetenz(en) wird erreicht, wenn Schüler das erworbene Wissen an veränderte Bedingungen anpassen können, wenn adaptive Wissensnutzung gelingt. Dieser Begriff steht für einen hohen Ausprägungsgrad von Kompetenz, der sehr viel Übung und Erfahrung voraussetzt.

Auch in den anderen Kompetenzbereichen muss über den Erwerbsfokus entschieden werden. Bezogen auf die Textproduktion ist zu fragen: Soll ein spezifischer Text geschrieben werden, wie es z. B. in Prüfungszusammenhängen gefordert ist, oder sollen im Rahmen der Zerlegung des Schreibprozesses bestimmte Teilkompetenzen erworben und entfaltet werden? Immer stellt sich dabei die Frage, wie viel Anleitung erforderlich ist oder ob es primär auf den „Sprung ins kalte Wasser" ankommt. Wenn es darum geht, einen ganz konkreten Text zu produzieren – wie z. B. die Bewerbung um einen Praktikumsplatz oder ein Stipendium –, dann gilt es, relevante Textmerkmale zu beachten. Diese müssen den Schülern bekannt sein. Um solche Texte so schreiben zu können, dass sie die beabsichtigte Wirkung hervorrufen, dürften Teilaufgaben sinnvoll sein, die Schüler mit den Aspekten „Funktion", „Wissen" und „Interaktion" vertraut machen. Diese Aspekte bilden die Stellschrauben für das Profil einer Schreibaufgabe (vgl. Neumann/Steinhoff 2015: 74). Interaktion hat den spezifischen Adressaten im Blick, Funktionen lassen sich nach Appell, Darstellung und Ausdruck (Selbstoffenbarung) unterscheiden. Während Wissensbeschaffung große Affinität zur Textrezeption hat, wird die Nutzung des Wissens sowohl von der Textfunktion als auch von der Interaktion bestimmt. Im Fall der Akzentuierung des Schreibprozesses geht es darum, dass die Schüler nicht nur die einzelnen Teilprozesse des Schreibens unterscheiden, sondern auch deren Interaktivität, Rekursivität und Simultaneität erfahren.

Für den Kompetenzerwerb im Bereich der Sprachreflexion haben Ann Peyer (2011: 97 ff.) und Jakob Ossner (2007: 141 f.) gezeigt, wie die unterschiedlichen Wissensarten zusammenspielen. Die Lehrkraft hat jedoch zu entscheiden, auf welcher Wissensart der Planungsschwerpunkt liegen soll und auf welche Wissensmerkmale eine Lernaufgabe zielt.

## 4.2 Welche Gegenstände sollten gewählt werden?

Die Gegenstandswahl wird entscheidend durch den Erwerbsfokus bzw. die Zielsetzung des Unterrichts bestimmt. Wenn es darum geht, einen literarischen Text – z. B. Goethes „Faust" – als Bildungsinhalt zu erschließen, gelten andere Auswahlkriterien, als wenn es darum geht, zum Erwerb einer bestimmten Kompetenz ein besonders geeignetes Exemplar zu finden. Daraus folgt, dass der Gegenstand, an dem Kompetenzen erworben werden, keineswegs beliebig ist. Vielmehr besteht eine enge Beziehung zwischen Kompetenzerwerb und Gegenstand. Wenn z. B. der Lyrikunterricht auf den Erwerb von Wissen über artistische Formen im Zusammenhang mit Sprachästhetik zielt, also auf Wissen mit hohem Transferpotenzial, dann bietet sich z.B. Karl Rihas Gedicht „So zier so starr" (Riha 1988: 864) als geeignet an, auch wenn dieser Text um seiner selbst willen nicht zum Unterrichtsgegenstand geworden wäre.

Umgekehrt wird man Gedichte wie Celans *Todesfuge* oder Jandls *wien : heldenplatz* (Jandl 1997: 46) nicht in erster Linie wegen der daran zu erwerbenden Kompetenzen besprechen, sondern die Gedichte um ihrer selbst und ihres Inhalts willen als Kulturgut erschließen. Natürlich sind beide Texte repräsentativ für literarische Perspektiven auf den Holocaust und den Nationalsozialismus. Was diese beiden Texte in erster Linie auszeichnet, ist gerade nicht auf andere Texte übertragbar. Das schließt aber keineswegs aus, dass diese Texte auch Gelegenheit bieten, etwas Übertragbares zu lernen: an der *Todesfuge* die Wiederaufnahme und Variation ausgewählten sprachlichen Materials, an *wien : heldenplatz* die „Zertrümmerung", semantische Veränderung und Neuzusammensetzung sprachlichen Materials. Entscheidend ist, worauf der Erwerbsfokus liegt, also der Schwerpunkt des Unterrichts und damit auch der jeweiligen Aufgabe. Und nicht zu vergessen: Kompetenzerwerb ist immer Mittel zum Zweck, denn Kompetenz erfüllt sich in ihrer Nutzung.

Welche Texte also sollen von den Schülern verstanden werden? Anders formuliert: Auf das Verständnis welcher Texte soll Unterricht durch Kompetenzerwerb vorbereiten? Die Bildungsstandards Deutsch für den Primar- und Sekundarstufen I-Bereich geben nur wenige Hinweise zur Beschaffenheit der Texte und Lerngegenstände. In den Standards für die Primarstufe heißt es, dass „die Kinder [...] Lesen [als] eine Auseinandersetzung mit der Welt [erfahren]" und als etwas, das „Vergnügen bereiten kann" (BS PS 2004: 9). Daraus ist zu folgern, dass die Textauswahl eben diese Ansprüche berücksichtigen muss. Für den Hauptschulabschluss sollen die Schüler „aktuelle und klassische Werke der Jugendliteratur und altersangemessene Texte bedeutender Autorinnen und Autoren kennen" (BS HSA 2004: 14), für den Mittleren Schulabschluss ist gefordert, ein Spektrum altersangemessener Werke – auch Jugendliteratur – bedeutender Autorinnen und Autoren [zu] kennen" (ebd.).

Etwas anders verhält es sich mit den Standards für die Allgemeine Hochschulreife (AHR). Dort ist von Texten die Rede, deren Lektüre zur persönlichen Entwicklung und zur gesellschaftlichen Teilhabe beiträgt (BS AHR 2012: 12). Die zu bewältigenden Texte sollen umfangreich und komplex sein (vgl. ebd.: 19). Darüber hinaus gilt es, „vielschichtige, voraussetzungsreiche Sachtexte, darunter auch wissenschaftsnahe und berufsbezogene Fachtexte aus unterschiedlichen Domänen" „für den eigenen Erkenntnisprozess [zu nutzen]" sowie „literarische Texte von der Aufklärung bis zur Gegenwart [zu erschließen]" (ebd.: 20).

Folgt man diesen Kriterien, dann müssen die Texte in erster Linie thematisch bedeutsam sein und sich am Verstehenshorizont und an Interessen der Schüler orientieren. Während es bei pragmatischen Texten vor allem auf inhaltliches Niveau ankomme, sollen literarische Texte ästhetische Qualität besitzen. Immer aber sei zu prüfen, ob die Texte in Bezug auf die Zielsetzung exemplarisch sind.

Um z. B. die Etablierung globaler Kohärenz – die Sicherung des gesamten inhaltlichen Zusammenhangs – als bewusst gesteuerten Prozess zu trainieren, braucht es Texte, die eine unwillkürliche Sicherung der inhaltlichen Kontinuität zwischen Textteilen und dem Textganzen erschweren, weil die Relationen nicht deutlich erkennbar sind. Im Bereich literarischer Texte ist das häufig der Fall, wenn sie beispielsweise durch „Wechsel oder Verschränkung verschiedener Inhaltsebenen" (Zabka 2012: 156) bestimmt sind. Das kann z. B. durch harte Schnitte, durch unverbundene Assoziationen im inneren Monolog oder durch wechselnde Perspektivierungen geschehen. Entsprechendes gilt für Dramenszenen, die nur im Zusammenhang des gesamten Dramas zu verstehen sind – z. B. die Jahrmarktszenen in Büchners *Woyzeck*. Zu Verstehensbarrieren können auch Textstellen werden, die sich aufgrund ihrer Indirektheit nur durch vielfältige Verknüpfungen und durch Schlussfolgerungen erschließen. Das ist z. B. in Verbindung mit Metaphern oder Ironie der Fall. In der Leseforschung werden solche Schlussfolgerungen als Inferenzen bezeichnet. Gedichte stellen insofern einen Sonderfall dar, als hier die Textoberfläche häufig wenig Anhaltspunkte zur Kohärenzetablierung bietet und erst auf der Basis der Sinnzuschreibung ein inhaltlicher Zusammenhang konstruierbar wird.

Will man den reflektierten Umgang mit Deutungshypothesen trainieren, dann sind Texte mit großer Deutungsoffenheit zu wählen: Texte, die stark unterdeterminiert sind, also zahlreiche Leerstellen bieten, oder allegorische Texte. Blickt man auf die Traditionen des Deutschunterrichts in der Sekundarstufe II, dann erfüllen parabolische Texte wie z. B. die von Franz Kafka diese Bedingungen aufs Beste. Auch Texte, die Deutungen hervorrufen, die einander widersprechen, ohne vom Text widerlegt werden zu können, geben ausgezeichnete Übungsmöglichkeit. Als Beispiel sei Brechts Text *Maßnahmen gegen die Gewalt* genannt. Demgegenüber ist eine Erzählung wie Kunerts *Mann über Bord* (vgl. Günter Kunert in: http://nibis.ni.schule.de/~kgsgfehn/sonstiges/Kunert.pdf, recherchiert am 27.10.2015) exemplarisch für jene Gegenwartsprosa, die mit den Erwartungen der Leser spielt und Deutungen provoziert, die vom Text widerlegt werden können. Solche Texte eignen sich zugleich zur Wahrnehmung und Bewältigung von Verstehensbarrieren (vgl. Köster/Winkler 2015: 141).

Auch im Kompetenzbereich „Schreiben" hängen die Lernaufgaben von der Zielsetzung ab. Wie bereits unter 4.1 erwähnt, ist beim Erwerb von Schreibkompetenz zu entscheiden, ob der Schwerpunkt auf den Teilprozessen des Schreibens liegt oder auf einem bestimmten Schreibprodukt. Bei den Schreibprodukten bilden bestimmte Textprodukte den Gegenstand des Unterrichts. Wenn demgegenüber z. B. die Textrevision als Prozess den Schwerpunkt bildet, dann lernen die Schüler, „Nachträge, Korrekturen, Verbesserungen und Umsetzungen/Neufassungen" (Baurmann 2002: 93) zu unterscheiden.

## 4.3 Welche Voraussetzungen bringen die Schüler mit?

Die Lernwirksamkeit einer Aufgabe hängt davon ab, wie gut sie an das Vorwissen der Schüler angepasst ist. Anpassung an das Vorwissen setzt voraus, dass die Lernausgangslage erhoben wurde, denn die „Startillusion" (Felten 2011: 2) ist häufig ein Grund für misslingende Erwerbsprozesse. Felten weist eindringlich darauf hin, dass Lehrkräfte „das Vorwissen für neue Lernschritte [...] sorgfältig in Erfahrung bringen – und rechtzeitig und fantasievoll aktivieren" (ebd.) sollen. Um die für die Lösung der Aufgabe notwendigen Voraussetzungen zu erheben, muss die Lehrkraft nicht nur die notwendigen lebensweltlichen Erfahrungen und Wissensbestände, sondern auch den erforderlichen Vertiefungs-, Vernetzungs- und Automatisierungsgrad des Wissens ermitteln. Aufgabenanalyse ist folglich ein wesentlicher Bestandteil fachdidaktischer Lehrerexpertise. Ebenfalls wichtig für die Passung einer Aufgabe sind der Bekanntheitsgrad des zu behandelnden Gegenstands oder Verfahrens sowie deren Zugänglichkeit. Verstehensbarrieren in literarischen und wissenschaftsnahen Texten sind für Lehrkräfte oft schwer zu erkennen und liegen keineswegs nur im Bereich des Wortschatzes.

In kulturell gemischten Klassen unterscheiden sich die Voraussetzungen der Schüler nicht nur in Bezug auf das Vorwissen und auf spezielle kulturelle Traditionen und Prägungen, sondern auch in Bezug auf die Beherrschung der Verkehrssprache. Schüler, die Deutsch als Zweitsprache erwerben, müssen „eine Balance suchen [zwischen den] Anforderungen der Verkehrssprache, die Bildung und gesellschaftliche Partizipation in der Mehrheitsgesellschaft ermöglicht", und den „Familiensprachen, deren Bildung nicht nur eine Frage der Anerkennung von Andersheit und Identität ist, sondern auch eine Frage des sprachdidaktisch sinnvollen und effektiven Wegs sprachlicher Bildung" (Roth 2008: 8).

Obwohl Schüler, die Deutsch als Zweitsprache erwerben, im alltagssprachlichen Austausch gut zurechtkommen, haben sie häufig Schwierigkeiten, die im Unterricht vorgelegten Texte und Aufgaben zu verstehen. Eine für die Aufgabenkonstruktion hilfreiche Erklärung bietet das Konzept von Jim Cummins (1979), das zwischen kontextgebundenen – grundlegenden konversationellen – Sprachfertigkeiten und kontextreduzierten kognitiv-akademischen Sprachfertigkeiten unterscheidet. Kontextreduzierte Sprache ist abstrakt. Sie setzt voraus, dass ein Schüler in der jeweiligen Sprache denken und sich mit ihrer Hilfe Lernstoff aneignen kann. Beispiele für kontextreduzierte Sprache sind Lehrbücher, Romane, Referate und Vorträge, Lesetests. Je kontextreduzierter eine Aufgabe gestaltet ist, desto schwerer ist sie zu bewältigen. Zweitsprachenlerner, die in der Erstsprache literalisiert sind, brauchen in der Regel fünf bis sieben Jahre Training in der Zweitsprache, um kontextreduzierte Anforderungen schriftsprachlich zu bewältigen.

Für Schüler mit sehr geringer Erfahrung in der Zweitsprache werden kontextualisierte Aufgaben empfohlen, in Verbindung mit praktischen Tätigkeiten von niedrigem kognitiven Anspruch, wie z. B. Benennungsübungen oder einfache Zuordnungsaufgaben. Fortgeschrittenere Schüler brauchen kognitiv anspruchsvollere Aufgaben, sind aber auf Unterstützung durch Kontexte angewiesen (vgl. Cline/Frederickson 1996).

Dass bestimmte Gegenstände und Operatoren bei Schülern Resignation hervorrufen, sollte ernst genommen werden und Anlass sowohl zum Gespräch als auch zu didaktischer Reflexion sein. Die Lernausgangslage bestimmt also die Entscheidungen der Lehrkraft über die konkrete Beschaffenheit der Aufgabe.

## 4.4 Welche Aufgabe soll eingesetzt werden?

Besonders wichtig ist die Option für Aufgaben, die kognitiv aktivieren, ohne zu überfordern. Hier hat die Lehrkraft zu entscheiden, ob sie Problemlösungsaufgaben, Selbsterklärungsaufgaben oder metakognitive Fragen einsetzt (vgl. Felten/Stern 2012: 25 f.). Als kognitiv anregend gelten sowohl Aufgaben, die an Alltagserfahrungen anknüpfen, als auch Problemlösungsaufgaben, bei denen die gegebenen Informationen eine Lücke lassen, die durch Nachdenken und Wissensaktivierung geschlossen werden muss – so wie man ein passendes Puzzleteil findet. Kognitiv anregend sind darüber hinaus Aufgaben, die eine – begründungspflichtige – Entscheidung fordern (vgl. auch Kunter/Voss 2011: 89; Lipowsky 2006: 60 f.).

Darüber hinaus müssen Lehrkräfte auch über Art und Anzahl von hilfreichen Werkzeugen entscheiden. Vor allem bei der Erarbeitung von etwas Neuem sind Orientierung und Werkzeug in besonderem Maß geboten – unter Berücksichtigung kognitiver Aktivierung. Auch die an die Aufgabenbearbeitung anschließende Auswertung im Gespräch verlangt Entscheidungen der Lehrkraft: Wie viele Lösungen sollen präsentiert werden? Soll das Gespräch durch Leitfragen strukturiert werden oder sollen die Schüler die Diskussionsaspekte selbst bestimmen? Wie viel Raum soll für die Debatte eingeplant werden?

## 4.5 Aufgabe und Unterrichtsgespräch

Das Gespräch ist im Unterricht unentbehrlich. Unterricht, der sich auf die schülerzentrierten Komponenten der Einzel-, Partner- und Kleingruppenarbeit beschränkt, bleibt in der Regel flach und ohne Vernetzung. Die Vorzüge des Unterrichtsgesprächs bestehen darin, dass die Lehrperson Einblick nehmen kann in die Modell- und Hypothesenbildung der Schüler und dass sie – unter optimalen Bedingungen – einen hohen Vernetzungsgrad sowie gegenseitige Anregung und Befruchtung ermöglicht.

Wie verhalten sich Aufgabenbearbeitung und Gespräch zueinander? Die optimale Voraussetzung für ein Gespräch sind Arbeitsergebnisse der Schüler. Nach der Bewältigung einer angemessen komplexen Aufgabe in Einzel- oder Kleingruppenarbeit erklären und vertreten die Schüler ihre Arbeitsergebnisse.

Dabei fordern sie die Lehrperson und die Lerngruppe zur Kommentierung und Weiterführung der Ergebnisse heraus. Das heißt also: Dem Unterrichtsgespräch geht eine Arbeitsphase voran, in der die Schüler sich selbstständig mit einer angemessen komplexen und interessanten Fragestellung beschäftigen. Das hat zur Folge, dass das Unterrichtsgespräch nicht den ersten, sondern den zweiten Teil der Stunde bestimmt. Es ist nicht mehr Medium der Erarbeitung und Entwicklung, sondern der Ergebnisverarbeitung und -reflexion. Das bedeutet, Ergebnisse zu vergleichen, auf Richtigkeit zu prüfen, sie ggf. zu modifizieren und eventuell weiterführende Fragestellungen zu entwickeln.

*Erarbeitungsaufgaben* stehen also nicht am Ende, sondern im ersten Teil der Stunde und münden in die Ergebnispräsentation und das Auswertungsgespräch. Da die Ergebnisse der vorausgegangenen Arbeitsphase die Grundlage des Gesprächs bilden, ist die Gesprächssituation begrenzt und transparent zugleich. Ziel ist nicht das Erarbeiten von etwas Unbekanntem, sondern die Evaluation von etwas bereits Bekanntem. Folglich ist der Trend zu sich häufenden und zunehmend enger werdenden Nachfragen der Lehrperson deutlich geringer. Denn an die Stelle der Erkenntnisentwicklung ist die Erörterung und ggf. die Modifikation der bereits durch die Schüler gewonnenen Erkenntnis getreten. Diese Abfolge entlastet die Lehrperson von der Permanenz der Gesprächsführung und gibt den Schülern Gelegenheit zur selbstständigen Bearbeitung angemessener anspruchsvoller Problemstellungen.

Die *Ergebniskontrolle* wird insofern entschärft, als zu Beginn des Gesprächs die Erträge der vorausgegangenen Arbeitsphase vorgestellt werden. Auf diese Weise übernimmt das Gespräch selbst eine gewisse Kontrollfunktion. Gleichwohl muss auch hier den einzelnen Schülern Gelegenheit gegeben werden, ihren individuellen Lernfortschritt zu dokumentieren.

Dass allerdings noch Mangel an selbstständigem, individuellem und kooperativem Arbeiten und Lernen der Schüler besteht und wie schwierig es für Lehrpersonen ist, „die gegenwärtig dominierende Lehrerzentriertheit des schulischen Unterrichts durch Formen selbstständigen individuellen und kooperativen (ko-konstruktiven) Lernens der Schüler zu ergänzen" und beides zu einem Ganzen zu verknüpfen, zeigen Erträge der Kassler Forschergruppe zum Selbstständigen Lernen im Fachunterricht" (Messner/Blum 2006: o. S.).

Besteht der Unterricht ausschließlich aus dem Unterrichtsgespräch, dann ist Kompetenzerwerb überaus schwierig. So wichtig „Zeigen" und „Erklären" auch sind, Kompetenzerwerb braucht erfahrungsbezogene Phasen, in denen die Schüler etwas erproben, entwickeln oder trainieren können. Es ist nicht zuletzt die vermeintlich leichte Realisierbarkeit des Lehrgesprächs, die zum Verzicht auf Lernaufgaben führt.

Anders verhält es sich mit *Übungsaufgaben*. Sie werden eingesetzt, um fachliches Wissen zu festigen und Strategien zu automatisieren. Sie können auch angeboten werden, um zu überprüfen, ob der Erwerbsprozess erfolgreich war – ob gelernt wurde, was gelernt werden sollte. In diesem Fall stehen entsprechende

Aufgaben am Ende der Stunde oder werden als Hausaufgabe gestellt. Grundsätzlich können auch ganze Übungsstunden geplant werden, in denen Übungs- und Transferaufgaben unterschiedlichen Schwierigkeitsgrads zur Auswahl stehen.

Zentrale Basis eines gelingenden Unterrichtsgesprächs ist seine funktionale Platzierung im Verlauf der Unterrichtsstunde. Statt wie bisher der Erkenntnisfindung – d. h. der Erarbeitung von Wissen – zu dienen, soll es als *Medium der Erkenntnisverarbeitung* und *-reflexion* genutzt werden, sodass auf die von den Schülern gewonnenen Arbeitsergebnisse zurückgegriffen werden kann.

## 4.6 Welche Gelegenheiten zur Rückmeldung?

Damit eine Aufgabe lernwirksam wird, braucht es häufige und konstruktive Rückmeldungen durch die Lehrperson. Natürlich geben auch die Schüler einander Bestätigung oder Hinweise auf notwendige Verbesserungen. Das kann sowohl im Plenum geschehen als auch im Rahmen von Partner- und Kleingruppenarbeit.

Eine spezielle Form der Rückmeldung ist der Einsatz und die Besprechung sog. formativer Tests. Sie haben nichts mit Leistungsbewertung zu tun, sondern dienen ausschließlich der Auskunft über den individuellen Lernzugewinn. Es gilt, Gelungenes hervorzuheben und bei Fehlern nach dem Lösungsweg oder nach dem Grund für die problematische Entscheidung zu fragen. Die Lehrperson entscheidet darüber, welches Aufgabenformat für ihre Schüler in der jeweiligen Situation am besten geeignet ist. Es gibt eine Vielzahl ansprechender Formate, die von Ergänzungsaufgaben über Umformungsaufträge bis zu eigenen kleinen Texten reichen. „Formative Tests" (Felten/Stern 2012) dürfen keinesfalls zur Notenfindung genutzt werden.

## 4.7 Wie soll die Leistungsaufgabe aussehen?

Auch über die konkrete Form der Lernerfolgskontrolle sollte bei der Planung des Unterrichts nachgedacht werden. Welches Wissen, welche Kompetenz sollen die Schüler nachweisen? Geht es um die Bewältigung einer komplexen Großaufgabe (z. B. um einen Schreibauftrag) oder soll eine Reihe unterschiedlicher Einzelaufgaben gelöst werden? An Leistungsaufgaben können die Schüler zeigen, was sie gelernt haben. Bei der Bewältigung von Leistungsaufgaben können die Schüler gebrauchen, was sie gelernt haben. Je mehr konzeptionelle Freiheit eine Leistungsaufgabe gewährt, desto anspruchsvoller ist sie. Die Lehrkraft muss also entscheiden, wie nah die Leistungsaufgabe an den im Unterricht eingesetzten Übungsaufgaben sein soll.

Leistungsaufgaben müssen gewährleisten, dass das in der Lernsituation Erworbene von den Schülern nachgewiesen bzw. gezeigt werden kann. Und zwar in unterschiedlichen Ausprägungsgraden. Das heißt: Leistungsaufgaben müssen so konstruiert sein, dass sie auch für schwächere Schüler zu bewältigen sind und zugleich starken Schülern die Möglichkeit bieten, Optimales zu leisten. Das kann auf ganz unterschiedliche Weise geschehen: Ein Weg besteht in der Quantität der Einzelaufgaben. Dieser Weg geht von der Annahme aus, dass leistungsstärkere Schüler schneller sind als leistungsschwächere, sodass sie in der gleichen Zeit mehr Aufgaben lösen, was zu einer höheren Punktzahl führt.

Wer statt vieler Einzelaufgaben auf *eine* komplexe Leistungsaufgabe setzt, die in wenige Teilaufgaben gegliedert sein darf, steht vor einer großen Herausforderung. Denn für die Entwicklung von Anwendungs- und Transferaufgaben, für die es ein breites Lösungsspektrum gibt und die folglich auf unterschiedlichen Kompetenzniveaus bearbeitet werden können, sind Erprobungsläufe erforderlich. Die gängige Praxis, Transferaufgaben mit maximalem Anforderungsprofil zu stellen, führt dazu, dass nur wenige Schüler überzeugende oder zutreffende Lösungen bringen und der große Rest schlicht scheitert – sei es in Form von Nichtbearbeitung, sei es in Form unpassender Lösungen.

Zur Vorbereitung auf Leistungsaufgaben eignen sich vor allem Transfer- und Evaluationsaufgaben, weil sie rückmelden, ob und inwieweit die Erarbeitung des Neuen gelungen ist.

Entscheidend ist, dass das Erworbene nicht wieder verloren geht. Möglichkeiten zur Weiterarbeit gibt es vielfältige. Anschlussaufgaben können sowohl zur Selbst- und Fremdevaluation genutzt werden als auch zur Übung und zum Transfer.

# Teil B

# Teil B

In diesem zweiten Teil werden für jeden Kompetenzbereich Lernaufgaben im Rahmen größerer Aufgabenkomplexe vorgestellt. Jeder Aufgabenkomplex mündet in eine Leistungsaufgabe. Auf Lösungsangebote wird immer dann verzichtet, wenn die Aufgaben den Schülern großen Entscheidungsspielraum geben.

| Kompetenzbereich | Klasse | Ziel/Thema | Gegenstände | Aufgabenmerkmale |
|---|---|---|---|---|
| Sprechen und Zuhören | 5–7 | einander begrüßen / sich und andere vorstellen / sich miteinander bekannt machen | Anleitungen, Kommunikationssituationen | (1) Wissenserwerb, (2) flexible Wissensnutzung |
| Schreiben | 6–8 | produktive Schreibformen nutzen | eindeutig perspektivierte literarische Texte | Anleitung, Tool in Form einer Tabelle, Anwendung, Übung |
| Schreiben | 10–12 | materialgestützt argumentierende Texte verfassen | Schullektüren, Texte und Tabellen zur Rezeption von Krimis und zu Krimis im Literaturunterricht, Texte zur Wirkung von Schullektüren | Zerlegung der Schreibaufgabe, Anleitung zur Materialrezeption und zur Schreibplanung |
| Lesen | 5/6 | Verstehensstrategien Wörterbucharbeit | Rechtsverordnungen, Leistungsbewertung | Anleitung durch halboffene Lernaufgaben, Selbstdifferenzierung |
| Lesen | 9–11 | Zusammenhang von Fragestellung und Wertung in Tabellen und Diagrammen kennen und erklären | sprachwissenschaftliche Untersuchung von Comics, Tabellen, Diagramme | Verbalisierung von Diagramminhalten, Inferenzbildung, Erklärungsaufgaben |
| Umgang mit literarischen Texten | 5/6 | Verrätselungsstrategien erklären sprachliche Bilder erschließen | Rätsel | Halboffene Aufgaben, Kombination von Fragen und Operatoren, Transfer |
| Umgang mit literarischen Texten | 7/8 | Pointen identifizieren und erklären | Johann Peter Hebel: „Kalendergeschichten“, die Pointe als erwartungswidrige gute Idee | Kombination von Fragen und Operatoren, Produktionsaufgaben, Vergleichsaufgaben, Übung, Transfer |

| Kompetenzbereich | Klasse | Ziel/Thema | Gegenstände | Aufgabenmerkmale |
|---|---|---|---|---|
| Umgang mit pragmatischen Texten | 8–10 | die in einem Text enthaltenen sprachlichen Handlungen ermitteln und formulieren | Zeitungsartikel „Gewissensfrage“ aus dem Magazin der Süddeutschen Zeitung | Verknüpfung von Wissen und Können (Zuordnungsaufgaben) |
| Umgang mit pragmatischen Texten | 11/12 | Textschwierigkeiten durch die Kennzeichnung der sprachlichen Handlungen bewältigen | Gerhard Roth: „Fühlen, Denken, Handeln. Wie das Gehirn unser Verhalten steuert“ | Verknüpfung von Wissen und Können, Multiple-Choice-Aufgaben, Überprüfungsaufgaben, aspektgeleitete Analyseaufgaben, Aufgaben mit unterschiedlichem Schwierigkeitsgrad |
| Umgang mit Hörbüchern, Theaterinszenierungen und Filmen | 10–12 | verschiedene Arten filmischer Spannungserzeugung unterscheiden und erklären | „Das indische Tuch“ (1963) (Edgar Wallace), Regisseur ist Alfred Vohrer (Trailer); „North by northwest“ (1959), Deutsch: Der unsichtbare Dritte, Regisseur ist Alfred Hitchcock (Die Straßenrandszene und die Helicopter-Szene); Hitchcock in: François Truffaut (1973); Hitchcock discusses North by northwest | Beobachtungsaufgaben, Vergleichsaufgaben, Auswertungsgespräch, Sicherung des Gelernten |
| Sprache und Sprachgebrauch untersuchen | 7/8 | Inhaltswörter und Funktionswörter unterscheiden | Wörterlisten, Bertolt Brecht: „Vergnügungen“, Informationstext | Ermittlungsaufgaben, Erklärungsaufgaben, Zuordnungsaufgaben, Übung und Transfer |

Tab.: 13: Übersichtstabelle über die elf Aufgaben in den Aufgabenkomplexen

# 1. Aufgabenkomplex Kompetenzbereich Sprechen und Zuhören (zu Teil A 3.1)

Auf das Üben kommt es an (Fokus auf Teil A: 2.2.1 Lernaufgaben: Übungsaufgaben)

In diesem Kapitel werden Lernaufgaben angeboten, die auf Performanz zielen. Ihre Bearbeitung setzt zwar die Kenntnis bestimmter Regeln voraus, zielt aber auf die souveräne Nutzung dieser Regeln. Damit das gelingt, steht wiederholtes Üben im Zentrum der Aufgaben (vgl. Teil A: 3.1.3 Typische Problemfelder).

| Klasse | Ziel/Thema | Gegenstände | Aufgabenmerkmale |
|---|---|---|---|
| 6/7 | einander begrüßen – sich und andere vorstellen/sich miteinander bekannt machen | Anleitungen, Kommunikationssituationen | Wissenserwerb, flexible Wissensnutzung |

Tab. 14: Übersicht über den in diesem Kapitel vorgestellten Aufgabenkomplex

**Thema:** Einander begrüßen, sich miteinander bekannt machen können
**Ziel:** Gelernt werden soll zum einen, dass es unterschiedliche Begrüßungsformen gibt und wann sie jeweils verwendet werden. Zum anderen geht es darum, wie man einander bekannt macht und die entsprechenden Regeln flexibel anzuwenden. Es handelt sich um Aufgaben, die Wissen voraussetzen, aber auf das Können zielen.
**Gegenstände:** Situationen, in denen einander unbekannte Personen miteinander ins Gespräch kommen sollen.
**Lernvoraussetzungen:** Bereitschaft, in neuen sozialen Zusammenhängen angemessen und zugewandt aufzutreten.

A

**Aufgabenschritte ( B 1)**
In den Teilaufgaben 1 bis 3 geht es um Wissenserwerb.

**Teilaufgabe 1: Sich über Begrüßungsformen austauschen**
*Zur Begrüßung gehören Worte und meist auch Gesten. Welche Begrüßungsformen kennt ihr? Welche nutzt ihr – bei welcher Gelegenheit?*

**Teilaufgabe 2: Sich über Händeschütteln austauschen**
*Wer grüßt zuerst? Ist Händeschütteln angesagt? Wer gibt wem die Hand? Tauscht euch darüber aus, lest dann den folgenden Informationstext. Er stammt von der Internetseite* https://de.wikibooks.org/wiki/Umgangsformen:_Gr%C3%BC%C3%9Fen_und_Vorstellen, *recherchiert am 29.01.2016.*

**Grundsätzliches**

Der in Deutschland allgemein übliche, höfliche Gruß an einen beliebigen Mitmenschen lautet „Guten Tag", den man den ganzen Tag über aussprechen kann. Dem „Guten Tag" kann man, sofern man die Person gegenüber kennt, ein „Guten Tag, Herr Müller" oder ein „Guten Tag, Frau Meier" hinzufügen.

Morgens wünscht man auch „Guten Morgen", abends wünscht man auch „Guten Abend". „Gute Nacht" sagt man eher selten und in der Regel nur dann, wenn sich jemand verabschiedet und man dieser Person einen guten Schlaf wünschen möchte.

Regional gibt es beim Grüßen auch Unterschiede: Im süddeutschen Raum trifft man häufig auch auf das „Grüß Gott". Auch wenn Sie selbst nicht an Gott glauben: Es ist absolut unhöflich, diesen Gruß mit einer Bemerkung wie „Ja, mach ich, wenn ich ihn sehe" oder ähnlichem zu erwidern. Bedenken Sie bitte, dass für viele Menschen dieser Gruß ganz normal ist, und dass dieser Mensch vielleicht sogar genau so wenig an Gott glaubt wie Sie, aber im Regelfall jetzt sicher nicht als Erstes mit Ihnen in einen Diskurs über religiöse Fragen eintreten möchte. Weitere regionale Grüße sind zum Beispiel im österreichischen Raum das „Servus" oder im norddeutschen Raum ein „Moin, Moin" oder „Moin" („Moin" bedeutet dabei nicht Guten Morgen), in der Schweiz trifft man auch das „Grüezi". Das hessische „Ei Gude, wie?" heißt übersetzt ungefähr soviel wie „Sieh an, da kommst Du guter Mensch, wie geht es Dir?".

Das „Hallo" ist eigentlich ein persönlicher Gruß unter Freunden. In Bereichen, wo die Kommunikation relativ schnell erfolgen soll, etwa bei E-Mails, gilt das Hallo nicht als unhöflich, beim Erstkontakt oder seltenen Kontakten mit Geschäftspartnern sollte jedoch das aus dem Briefverkehr übliche „Sehr geehrte Frau Schulze" oder „Sehr geehrter Herr Meier" oder „Sehr geehrte Damen und Herren" benutzt werden. Das „Hallo" können Sie bei E-Mails auch benutzen, wenn Sie nicht wissen, wie Sie die Person anreden sollen, z.B. bei Vornamen, die sowohl männlich als auch weiblich sein können (Bsp.: Andrea ist in Deutschland ein weiblicher Vorname, wird aber in Italien als männlicher Vorname verwendet).

Beim Verabschieden sagt man „Auf Wiedersehn" oder, wenn es persönlicher zugeht, „Bis bald" oder „Tschüss".

**Reihenfolge**

Zuerst grüßt: Der Herr die Dame, der Jüngere den Älteren, der Rangniedere den Ranghöheren und wer zu einer Gruppe hinzustößt.

In der Gruppe grüßt der, der zur Gruppe hinzustößt. Zuerst wird der Gastgeber begrüßt, danach dessen Partner. Die weitere Begrüßungsfolge hängt von der „sozialen Rangfolge" ab. Es ist daher unerlässlich, die Reihenfolge bereits ausfindig zu machen, bevor man zu einer Gruppe hinzustößt. Erst wird der politische, dann der religiöse, danach der finanzielle Würdenträger gegrüßt; sind Sie ein religiöser Mensch, grüßen Sie religiöse Würdenträger zuerst. Missachten Sie die räumliche Anordnung der Personen – es zeugt von guten Umgangsformen, wenn Sie wirklich dem Status der einzelnen Personen folgen.

Wenn Sie zu einer Gruppe hinzukommen, in der Sie einige Leute kennen und einige nicht, begrüßen Sie zuerst Ihre Bekannten in der obigen Reihenfolge. Stellen Sie sich dann mit vollem Namen den anderen vor, den Damen zuerst. Sind eindeutige Statussymbole wie Militärorden und religiöse Trachten auszumachen, folgen Sie der Rangfolge, ansonsten folgen Sie der räumlichen Anordnung der Personen. Sehr höflich ist es, wenn einer Ihrer Bekannten Sie in der korrekten Rangfolge den Anwesenden vorstellt. Sie dürfen einen Bekannten um diesen Gefallen bitten, dies könnte Ihn aber in Verlegenheit bringen, falls er die korrekte Rangfolge oder gar den Namen eines seiner Gegenüber nicht kennt.

**Händedruck**

Der Gegrüßte entscheidet, ob er dem Grüßenden die Hand reichen möchte. Ein Händedruck verstärkt das Grüßen durch direkten körperlichen Kontakt und ist da angebracht, wo Sie eine Vertiefung der Beziehung zum Grüßenden wünschen. In flüchtigen Situationen ist ein Händeschütteln übertrieben.

**Geben Sie jemandem die Hand, tun Sie es richtig!**
Früher glaubte man, ehrliche Menschen könne man am festen Händedruck erkennen. Ein ordentlicher Händedruck ist eine höfliche Respektsbezeugung. Reichen Sie die Hand und greifen Sie zu. Geben Sie die Hand nur kurz oder greifen Sie nicht zu, erwecken Sie in Ihrem Gegenüber den Eindruck, Sie fänden ihn nicht beachtenswert oder gar abstoßend. Einer Dame sollten Sie selbstverständlich nicht die Hand zerquetschen, unter Männern gibt es bei der Festigkeit jedoch kaum eine Obergrenze. Ein kräftiger Händedruck nimmt Ihr Gegenüber für einen Moment gefangen und kann einen tiefen, ersten Eindruck hinterlassen. Auch als Dame dürfen Sie natürlich einen kräftigen, Stabilität und Selbstbewusstsein vermittelnden Händedruck anbringen."

https://de.wikibooks.org/wiki/Umgangsformen:_Gr%C3%BC%C3%9Fen_und_Vorstellen, recherchiert am 29.01.2016.

**Grüßen beim Essen**
Zur Mittagszeit in Büros wird häufig „Mahlzeit" gesagt. Manchen gilt das als Unsitte.

A

**Teilaufgabe 3: den Wissenserwerb überprüfen**
*Beantwortet nun folgende Fragen in der Kleingruppe und notiert die Antworten in einem Protokoll.*

*Fragenkatalog:*
1. *Wie steht es mit dem Handschlag und dem Händeschütteln?*
2. *Nennt alle Grußformeln, die im Text genannt werden.*
3. *Welche dieser Grußformeln werden nur in bestimmten Regionen benutzt?*
4. *Beim Begrüßen gibt es eine Reihenfolge. Welche Regeln müsst ihr beachten?*

In den folgenden Teilaufgaben geht es darum, dieses Wissen in verschiedenen Situationen zu nutzen.

A

**Teilaufgabe 4: Begrüßungen und Abschied inszenieren**
*Wie grüßt du in folgenden Situationen? Stellt diese Situationen szenisch dar und diskutiert in der Kleingruppe, was sich verbessern lässt.*
*Du kommst*
- *morgens zuhause in die Küche.*
- *morgens in die Bäckerei.*
- *mittags ins Zimmer der Schulleiterin.*
- *mittags in die Mensa der Schule.*
- *morgens ins Klassenzimmer.*
- *nachmittags ins Sekretariat deiner Schule.*
- *abends gegen 21:30 Uhr vom Sport nach Hause.*

*Du verlässt*
- *den Friseursalon.*
- *den Umkleideraum im Sportverein.*
- *nachmittags den Schulbus.*
- *das Sprechzimmer eines Kieferorthopäden.*

**Teilaufgabe 5: die Inszenierung optimieren**
*Spielt die verbesserte Version dieser Szenen und achtet auf die angemessene Lautstärke, Deutlichkeit und Freundlichkeit.*

In den folgenden Teilaufgaben geht es darum, einander bekannt zu machen. Zunächst geht es wieder um Wissenserwerb. Der Schwerpunkt der Aufgabe liegt im Bereich der flexiblen Anwendung des Wissens durch Übungsaufgaben. Dafür werden vielfältige Situationen angeboten, die als Rollenspiel realisiert und in der Kleingruppe diskutiert werden sollen.

A

**Teilaufgabe 6: sich miteinander bekannt machen**
*Lest folgenden Informationstext: „Jemanden korrekt vorstellen".*

**Vorstellung**
Stellen Sie sich Unbekannten immer mit Namen vor, wenn es nötig ist auch mit Ihrer Funktion oder dem Anliegen, das Sie haben. Lächeln Sie freundlich und schauen Sie dem Menschen, den Sie gegenüber haben, in die Augen!
Stellen Sie andere Personen einander vor, so beachten Sie die Reihenfolge. Die Grundregel dabei ist: Der in irgendeiner Form höher Gestellte hat das Recht, zuerst zu erfahren, mit wem er es zu tun hat. Stellen Sie also zunächst den Herrn der Dame, den Jüngeren dem Älteren, den Rangniederen dem Ranghöheren vor. Fügen Sie in geschäftlichem Kontext stets Funktion und Rang bei. Sagen Sie: „Das ist Herr Müller, Leiter der Marketing-Abteilung." In privatem Umfeld geben Sie Funktion und Rang nur in gehobenem Umfeld an. Geben Sie an, wie Sie zum Vorgestellten stehen und machen Sie eine kleine Anmerkung, die den einander Vorgestellten als Ausgangsbasis für ein erstes kleines Gespräch dienen kann. Sagen Sie in gehobenem Umfeld: „Das ist Herr Generalstaatsanwalt Meier, wir spielen zusammen Golf.", in rein privatem Umfeld: „Das ist Fritz, er hat auch Jura studiert."
Zu Unsicherheiten führt immer wieder die Frage, was vorgeht: Rang oder Geschlecht? Die Reihenfolge richtet sich stets nach der Art des Anlasses. Zu rein geschäftlichen Anlässen, bei denen die Personen tatsächlich in ihrer Amtsfunktion anwesend sind, sollte die berufliche Rangfolge ausschlaggebend sein. Sind Sie

weiblich, gibt es daran auch kein Rütteln. Sind Sie jedoch männlich, haben Sie die Wahl und können sich sowohl als Befürworter traditionellen Gedankenguts als auch als Vertreter emanzipatorischer Ideen darstellen: Rang vor Geschlecht gehen zu lassen verstößt zwar gegen das Verhalten eines Gentleman, ist jedoch konform zur Gleichstellung von Mann und Frau. Zu rein privaten Anlässen geht immer das Geschlecht vor: Stellen Sie zunächst den Herrn vor, dann die Dame.

https://de.wikibooks.org/wiki/Umgangsformen:_Gr%C3%BC%C3%9Fen_und_Vorstellen

A

**Teilaufgabe 7: im Rollenspiel darstellen, wie man sich bekannt macht (1)**

*Stellt die folgenden Situationen in einem Rollenspiel dar. Es kommt darauf an, wie du grüßt und wie du dich bekannt machst.*

*Du kommst*

- *zu einer Geburtstagsparty, die zu Hause bei einer Mitschülerin stattfindet und wo du dich auch mit dir fremden Gästen bekannt machen willst*
- *zu einem Vorstellungsgespräch, wo dich die Personalchefin und ein Abteilungsleiter erwarten*

*Präsentiert euer Spiel vor der Klasse und berücksichtigt berechtigte Veränderungen.*

**Teilaufgabe 8: im Rollenspiel darstellen, wie man sich bekannt macht (2)**

*Stellt die folgenden Situationen in einem Rollenspiel dar. Es kommt darauf an, wie du grüßt und wie du dich bekannt machst.*

*Du gibst*

- *zu Hause eine Party, auf der du deine Freundinnen und Freunde, die sich noch nicht kennen, miteinander bekannt machst,*
- *zu Hause eine Party, auf der du deine Freundinnen und Freunde mit deinen Eltern bekannt machst,*

*Präsentiert euer Spiel vor der Klasse und berücksichtigt berechtigte Veränderungen.*

**Leistungsaufgabe: Im Rollenspiel darstellen, wie man sich bekannt macht (3)**

*Stellt die folgenden Situationen in einem Rollenspiel dar. Es kommt darauf an, wie du grüßt und wie du dich bekannt machst.*

*Du bist mit deinen Freunden im Park unterwegs und triffst*

- *deine Großeltern,*
- *die Sprechstundenhilfe aus der Zahnarztpraxis*

*Präsentiert euer Spiel vor der Klasse und berücksichtigt berechtigte Veränderungen.*

# 2. Aufgabenkomplex Kompetenzbereich Schreiben (zu Teil A 3.2)

Kompetenzerwerb durch Anleitung (Fokus auf Teil A: 3.2.3 Typische Problemfelder)

In diesem Kapitel werden zwei Aufgabenkomplexe angeboten, die den Erwerb bestimmter Schreibformen durch Anleitungen befördern (vgl. Teil A: 3.2.3: Typische Problemfelder). Der erste Aufgabenkomplex richtet sich an Schüler der Sekundarstufe I. Der Schwerpunkt liegt auf produktiven Schreibformen, die für die Perspektivierung literarischer Texte sensibilisieren. Arbeitsblätter mit zwei Spalten unterstützen die Schüler bei den geforderten Eingriffen und stellen ein einfaches Hilfsmittel bzw. Geländer dar (vgl. Teil A: 2.2.1: Erarbeitungsaufgaben).

Der zweite Aufgabenkomplex fokussiert den Kompetenzerwerb im Bereich des materialgestützten Schreibens, das vor allem in der Sekundarstufe II eine Rolle spielt und als fünfte Aufgabenart in der Abiturprüfung vorgesehen ist.

Es folgt eine Übersicht über die in diesem Kapitel vorgestellten Aufgabenkomplexe:

| Klasse | Ziel/Thema | Gegenstände | Aufgabenmerkmale |
|---|---|---|---|
| 6–8 | produktive Schreibformen nutzen | eindeutig perspektivierte literarische Texte | in Texte eingreifen, Anleitung, Tool in Form einer Tabelle nutzen, Anwendung, Übung |
| 10–12 | materialgestütztes argumentierendes Schreiben in der Sekundarstufe II | Schullektüren, Texte und Tabellen zur Rezeption von Krimis und zu Krimis im Literaturunterricht, Texte zur Wirkung von Schullektüren | Zerlegung der Schreibaufgabe, Anleitung zur Materialrezeption und zur Schreibplanung |

Tab. 15: Übersicht über die in diesem Kapitel vorgestellten Aufgabenkomplexe

## 2.1 Erster Aufgabenkomplex: Jahrgang 6–8

**Thema:** in Texte eingreifen – Produktive Schreibformen nutzen (Jahrgang 6–8)

**Ziel:** Produktive Schreibformen haben ihren Ort vor allem im Literaturunterricht. Sie knüpfen an literarische Texte an oder verändern diese, sei es durch die Transposition in eine andere Gattung oder durch das Verfassen von Paralleltexten. Das entspricht den Anforderungen der BS für den HSA und den MSA, „produktive Schreibformen [zu] nutzen: z. B. umschreiben, weiterschreiben, ausgestalten" BS MSA 2003: 12/ HSA: 12. Darüber hinaus haben die BS für den MSA die Anwendung „produktive[r] Methoden" auch an den „Umgang mit literarischen Texten" gekoppelt. Die Schüler sollen dabei z. B. *Perspektivenwechsel* vornehmen und Texte entsprechend umschreiben (BS MSA 2003: 14). Dafür sind Texte, in denen eine bestimmte Perspektive dominiert, besonders geeignet. Dies ist z. B. bei den Abenteuern des Odysseus der Fall.

**Gegenstände:** eindeutig perspektivierte literarische Texte
**Lernvoraussetzungen:** Die Schüler können Erzähltexte inhaltlich erfassen, also Handlungen, Figuren und Konflikte benennen. Sie kennen einfache Formen der Gliederung von Texten und können einfache Verfahren der Textuntersuchung anwenden.

A

**Aufgabenschritte (B 2)**
**Teilaufgabe 1: einen literarischen Text lesen**
*Lies folgende Erzählung über den Krieg zwischen Griechen und Troern.*

**Der Fall Trojas**
„Zehn Jahre dauerte schon der Krieg und ein Ende war immer noch nicht abzusehen. Nach Achilleus mussten die Griechen auch Ajax betrauern, der sich von Pallas Athene mit Wahnsinn geschlagen selber das Leben nahm. Und so schwand bei ihnen die Hoffnung, die feindliche Stadt jemals zu erstürmen. Auch die Trojaner hatten Verluste zu beklagen. Paris starb an einem Giftpfeil des Philoktetes. Neue Kämpfer traten an ihre Stelle. Neoptolemos, der Sohn des Achilleus, nahm den Platz des Vaters ein. Die Trojaner wurden an Hektors Stelle von Aeneas geführt. Und so wogte der Kampf hin und her.
Da rief Kalchas, der Seher, das Heer zusammen und riet ihnen davon ab, die Stadt mit Gewalt zu nehmen. Stattdessen sollten sie zu einer List greifen. Im Traum hatte er gesehen, wie ein Habicht eine Taube verfolgt hatte. Als die Taube in einem Felsspalt Schutz fand, verbarg sich der Raubvogel in einem Gebüsch, bis das Täubchen wieder hervorgekrochen kam. Nun war es für ihn ein leichtes, die Taube zu packen. „Lasst uns diesen Vogel als Vorbild nehmen!", schloss Kalchas seine Rede. Der schlaue Odysseus hatte schließlich einen Einfall. Er schlug vor, ein großes hölzernes Pferd zu bauen, in dem sich die edelsten Krieger verbergen sollten. Dann sollte scheinbar das gesamte griechische Heer abziehen, um so die Trojaner aus ihrer Stadt zu locken. Sofort waren alle von dem Plan begeistert und der Gott Zeus selbst gab mit einem Donnerschlag seine Zustimmung dazu. Mit Staunen sahen die Trojaner von den Mauern ihrer Stadt aus, wie das feindliche Heer abzog. Voller ungläubiger Freude stürmten sie aus der Stadt und schritten den Platz ab, wo einst das Lager der Griechen gestanden hatte. Verblüfft standen sie vor dem riesigen hölzernen Pferd. Unschlüssig standen sie um es herum und wussten nicht, was damit anzustellen sei. Da trat Laokoon vor, der Priester des Apollon. „Welch ein Wahnsinn treibt euch?", sprach er zu ihnen, „Glaubt Ihr wirklich, die Griechen seien abgereist und ihre Gabe ehrlich gemeint? Traut ihnen nicht und ihrem Geschenk!" Er schleuderte einen Speer gegen das Pferd, der zitternd im Holz stecken blieb. Aus der Tiefe des Bauches erklang ein Widerhall wie von Waffengeklirr. Aber die Trojaner waren so verblendet, dass sie es nicht bemerkten.
In diesem Augenblick brachten die Hirten einen Griechen namens Sinon herbei und schleppten ihn vor den König Priamos. Flehend hob er seine Hände zum König und erzählte ihm von seinem Schicksal. Die Griechen hätten beschlossen, ihn zu opfern, um sich eine glückliche Heimkehr von den Göttern zu sichern. Es sei ihm jedoch gelungen zu fliehen. Sein Schluchzen fand bei dem König Gehör und so gewährte er ihm Asyl. Er ahnte nicht, dass Sinons Geschichte eine Lüge war, um ihr Vertrauen zu erschleichen. Und so beteuerte Sinon sogleich, dass dies Pferd ein Weihegeschenk für die Göttin Athene sei. Es sei deshalb so groß, damit die Trojaner es nicht in ihre Stadt schaffen könnten, um so den Schutz der Göttin zu erhalten. Würde man dem Pferd Gewalt antun, sei ihnen die Rache der Göttin gewiss. So geschickt trug Sinon seine Worte vor, dass die Trojaner ihm schließlich glaubten. [...]
Sie rissen die Stadtmauer ein und zogen es im Triumph in die Stadt hinein. Überall feierten die Einwohner ein Freudenfest. Wein floss in Strömen und niemand hörte auf die Warnun-

gen Kassandras, die das kommende Unheil gesehen hatte. Bald sanken die Letzten ermattet von dem rauschenden Fest in einen tiefen Schlaf. Sinon erhob sich von seinem Lager und gab mit einer Fackel den Griechen das verabredete Zeichen. Dann schlich er zum Pferd und gab Odysseus das vereinbarte Klopfzeichen. Lautlos kletterten die Griechen aus dem Pferd und eilten in die unbewachte Stadt.Erbarmungslos metzelten die Griechen die Trojaner nieder. Sie schonten weder Mann noch Frau, weder Kind noch Greis. Flammen loderten aus den Häusern. Der König Priamos starb durch Neoptolemos Hand. Krieger rissen Hektors Sohn Astyanax aus den Armen der Mutter und schleuderten ihn von den Zinnen des Turmes hinunter. Nur wenige entkamen dem Morden. Unter diesen befand sich Aeneas, der mit seinem greisen Vater Anchises auf den Schultern und seinem Sohn Askanios an der Hand fliehen konnte."



A

**Teilaufgabe 2: die Erzählperspektive ermitteln**

*Du lernst hier, diese Erzählung aus einer anderen Perspektive wiederzugeben. Dafür sind folgende Arbeitsschritte nötig:*

*(1) Ermittle, um was es im vorliegenden Text geht und aus welcher Perspektive er erzählt wird.*

Vereinfachte Version: Die Aufgabe wird einfacher, wenn nur die Erklärung der Erzählperspektive verlangt wird.

Lösung: Es geht um die Eroberung Trojas mit Hilfe des hölzernen Pferds. Diese Episode wird aus der Perspektive der Griechen erzählt.

*(2) Wer gehört zu den Griechen, wer zu den Troern? Ordne die verschiedenen Namen den beiden Kriegsparteien zu.*

Lösung: Griechen: Achilleus, Ajax, Philoktetes, Neoptolemos, Kalchas, Sinon
Troer: Paris, Hektor, Aeneas, Laokoon, Priamos, Astyanax, Mutter des Astyanax, Anchises, Askanios

**Teilaufgabe 3: Für die Perspektive der Troer Irrelevantes streichen**

Um die Erzählung vom hölzernen Pferd aus der Perspektive der Troer wiederzugeben, besteht die wichtigste Aufgabe darin, alles zu streichen, was nur den Griechen bekannt ist.

*(1) Markiere alles, was nur den Griechen bekannt ist und was die die Troer nicht wissen können.*

*(2) Tauscht euch über eure Ergebnisse aus und verständigt euch über die notwendigen Streichungen.*

Lösung Teilaufgabe 3:

| **Unterlegt: Was die Troer nicht wissen können** | **Aus der Perspektive der Troer** |
|---|---|
| „Zehn Jahre dauerte schon der Krieg und ein Ende war immer noch nicht abzusehen. Nach Achilleus mussten die Griechen auch Ajax betrauern, der sich von Pallas Athene mit Wahnsinn geschlagen selber das Leben nahm. Und so schwand bei ihnen die Hoffnung, die feindliche Stadt jemals zu erstürmen. Auch die Trojaner hatten Verluste zu beklagen. Paris starb an einem Giftpfeil des Philoktetes. Neue Kämpfer traten an ihre Stelle. Neoptolemos, der Sohn des Achilleus, nahm den Platz des Vaters ein. Die Trojaner wurden an Hektors Stelle von Aeneas geführt. Und so wogte der Kampf hin und her.<br>Da rief Kalchas, der Seher, das Heer zusammen und riet ihnen davon ab, die Stadt mit Gewalt zu nehmen. Stattdessen sollten sie zu einer List greifen. Im Traum hatte er gesehen, wie ein Habicht eine Taube verfolgt hatte. Als die Taube in einem Felsspalt Schutz fand, verbarg sich der Raubvogel in einem Gebüsch, bis das Täubchen wieder hervorgekrochen kam. Nun war es für ihn ein leichtes, die Taube zu packen. „Lasst uns diesen Vogel als Vorbild nehmen!“, schloss Kalchas seine Rede.<br>Der schlaue Odysseus hatte schließlich einen Einfall. Er schlug vor, ein großes hölzernes Pferd zu bauen, in dem sich die edelsten Krieger verbergen sollten. Dann sollte scheinbar das gesamte griechische Heer abziehen, um so die Trojaner aus ihrer Stadt zu locken. Sofort waren alle von dem Plan begeistert und der Gott Zeus selbst gab mit einem Donnerschlag seine Zustimmung dazu.<br>Mit Staunen sahen die Trojaner von den Mauern ihrer Stadt aus, wie das feindliche Heer abzog. Voller ungläubiger Freude stürmten sie aus der Stadt und schritten den Platz ab, wo einst das Lager der Griechen gestanden hatte. Verblüfft standen sie vor dem riesigen hölzernen Pferd. Unschlüssig standen sie um es herum und wussten nicht, was damit anzustellen sei. Da trat Laokoon vor, der Priester des Apollon.„Welch ein Wahnsinn treibt euch?“, sprach er zu ihnen, „Glaubt Ihr wirklich, die Griechen seien abgereist und ihre Gabe ehrlich gemeint? Traut ihnen nicht und ihrem Geschenk!“ | „Zehn Jahre dauerte schon der Krieg und ein Ende war immer noch nicht abzusehen.<br>Wir hatten den Griechen schwere Verluste bereitet, aber auch von den unseren waren Paris und Hektor gefallen. Aeneas war jetzt unser Heerführer.<br>Eines Tages beobachteten wir, dass das griechische Heer den Rückzug antrat. Das erschien uns unglaublich und wir stürmten auf den Platz, wo das feindliche Heer gestanden hatte. Dort stand ein riesiges hölzernes Pferd. Wir wussten nicht, was es damit auf sich hatte. Laokoon, der Priester des Apollon, warnte uns mit den Worten: „Welch ein Wahnsinn treibt euch? Glaubt Ihr wirklich, die Griechen seien abgereist und ihre Gabe ehrlich gemeint? Traut ihnen nicht und ihrem Geschenk!“ Er schleuderte einen Speer gegen das Pferd, der zitternd im Holz stecken blieb. Aus der Tiefe des Bauches erklang ein Widerhall wie von Waffengeklirr. Aber wir bemerkten nichts davon.<br>In diesem Augenblick brachten Hirten einen Griechen namens Sinon herbei und schleppten ihn vor Priamos. Flehend hob er seine Hände zum König und erzählte ihm von seinem Schicksal. Die Griechen hätten beschlossen, ihn zu opfern, um sich eine glückliche Heimkehr von den Göttern zu sichern. Es sei ihm jedoch gelungen zu fliehen. Sein Schluchzen fand bei Priamos Gehör und er gewährte ihm Asyl. Er ahnte ja nicht, dass Sinons Geschichte eine Lüge war, um unser Vertrauen zu erschleichen. Und so beteuerte Sinon sogleich, dass dies Pferd ein Weihegeschenk für die Göttin Athene sei. Es sei deshalb so groß, damit wir es nicht in unsere Stadt schaffen könnten, um so den Schutz der Göttin zu erhalten. Würde man dem Pferd Gewalt antun, sei uns die Rache der Göttin gewiss. Schließlich glaubten wir Sinon mehr als den Warnungen Laokoons.<br>Wir rissen also die Stadtmauer nieder und zogen das Pferd im Triumph in die Stadt hinein. Überall fanden Freudenfeste statt. Wein floss in Strömen und niemand von uns hörte auf die Warnungen Kassandras, die das kommende Unheil gesehen hatte. |

| | |
|---|---|
| Er schleuderte einen Speer gegen das Pferd, der zitternd im Holz stecken blieb. Aus der Tiefe des Bauches erklang ein Widerhall wie von Waffengeklirr. Aber die Trojaner waren so verblendet, dass sie es nicht bemerkten.<br>In diesem Augenblick brachten die Hirten einen Griechen namens Sinon herbei und schleppten ihn vor den König Priamos. Flehend hob er seine Hände zum König und erzählte ihm von seinem Schicksal. Die Griechen hätten beschlossen, ihn zu opfern, um sich eine glückliche Heimkehr von den Göttern zu sichern. Es sei ihm jedoch gelungen zu fliehen. Sein Schluchzen fand bei dem König Gehör und so gewährte er ihm Asyl. Er ahnte nicht, dass Sinons Geschichte eine Lüge war, um ihr Vertrauen zu erschleichen. Und so beteuerte Sinon sogleich, dass dies Pferd ein Weihegeschenk für die Göttin Athene sei. Es sei deshalb so groß, damit die Trojaner es nicht in ihre Stadt schaffen könnten, um so den Schutz der Göttin zu erhalten. Würde man dem Pferd Gewalt antun, sei ihnen die Rache der Göttin gewiss. So geschickt trug Sinon seine Worte vor, dass die Trojaner ihm schließlich glaubten.<br>[...]<br>Sie rissen die Stadtmauer ein und zogen es im Triumph in die Stadt hinein. Überall feierten die Einwohner ein Freudenfest. Wein floss in Strömen und niemand hörte auf die Warnungen Kassandras, die das kommende Unheil gesehen hatte. Bald sanken die Letzten ermattet von dem rauschenden Fest in einen tiefen Schlaf. Sinon erhob sich von seinem Lager und gab mit einer Fackel den Griechen das verabredete Zeichen. Dann schlich er zum Pferd und gab Odysseus das vereinbarte Klopfzeichen. Lautlos kletterten die Griechen aus dem Pferd und eilten in die unbewachte Stadt.<br>Erbarmungslos metzelten die Griechen die Trojaner nieder. Sie schonten weder Mann noch Frau, weder Kind noch Greis. Flammen loderten aus den Häusern. Der König Priamos starb durch Neoptolemos Hand. Krieger rissen Hektors Sohn Astyanax aus den Armen der Mutter und schleuderten ihn von den Zinnen des Turmes hinunter. Nur wenige entkamen dem Morden. Unter diesen befand sich Aeneas, der mit seinem greisen Vater Anchises auf den Schultern und seinem Sohn Askanios an der Hand fliehen konnte.“ | Bald sanken alle ermattet von dem rauschenden Fest in einen tiefen Schlaf.<br>Da war die Stunde der Griechen gekommen.<br>Das Pferd war nämlich keineswegs ein Weihegeschenk für die Göttin, sondern ein Versteck für Odysseus und die stärksten griechischen Krieger. Während wir schliefen kletterten die feindlichen Griechen aus dem Pferd und besetzten die schlafende Stadt.<br>Erbarmungslos metzelten sie uns nieder. Sie schonten weder Mann noch Frau, weder Kind noch Greis. Flammen loderten aus den Häusern. Unser König Priamos starb durch Neoptolemos Hand. Hektors Sohn Astyanax rissen die Feinde aus den Armen der Mutter und schleuderten ihn von den Zinnen des Turmes hinunter. Nur wenige entkamen dem Morden. Unter diesen befand sich Aeneas, der mit seinem greisen Vater Anchises auf den Schultern und seinem Sohn Askanios an der Hand fliehen konnte. |

A

**Teilaufgabe 4: Personalpronomen verändern**

*Der Text ist merklich kürzer geworden. Damit die Perspektive der Troer deutlich wird, sollst du in der Wir-Form schreiben. Führe diese Umformung durch und ergänze auch entsprechende Possessivpronomen („unser").*

**Teilaufgabe 5: den Text formulieren**

*Schreibe nun die veränderte Erzählung.*

Man kann den Schwierigkeitsgrad erhöhen, indem man das Geschehen aus der Perspektive Laokoons oder Kassandras erzählen lässt.

**Teilaufgabe 6: Übung mit erhöhtem Schwierigkeitsgrad**

*Lies den folgenden Text, der von einem Abenteuer des Odysseus und seiner Gefährten erzählt.*

*Gib die Erzählung aus der Sicht Polyphems wieder.*

**In der Höhle des Kyklopen**

Richtung Norden segelten die Schiffe des Odysseus und landeten an einer kleinen, dichtbewaldeten Insel. Menschen wohnten hier nicht, nur Ziegen durchstreiften in großen Scharen die Ebenen. Am Ufer erblickten sie eine Felsenhöhle, die von Sträuchern zugewachsen war. Odysseus wählte zwölf seiner Gefährten aus und betrat mit ihnen das Land. Die Weinschläuche des Priesters Maron, die er in Ismaros geschenkt bekommen hatte, nahm er mit.

Die Höhle war verlassen. Sie fanden dort drin Körbe voller Ziegenkäse und Schafe wie Lämmer in unterirdischen Pferchen. Hier wohnte der Riese Polyphem, Sohn des Poseidons, und wie alle Kyklopen besaß er nur ein Auge inmitten der Stirn. Er hatte so ungeheure Kraft, dass er einen Felsen wegwälzen und Granitblöcke durch die Luft schleudern konnte. Die Gefährten drängten Odysseus, vom Käse zu nehmen und die Schafe auf ihr Schiff zu treiben. Aber Odysseus war neugierig und wollte den Herrn dieser Höhle kennenlernen.

Und so fand Polyphem bei seiner Rückkehr die Fremdlinge in seiner Höhle vor. Mit einem riesigen Felsbrocken versperrte er den Zugang zur Höhle, so dass die Griechen nicht fliehen konnten. Mutig trat Odysseus vor und bat um Schutz. Polyphem verlachte ihn nur, packte zwei seiner Gefährten und fraß sie auf. Seelenruhig legte er sich danach zum Schlafen nieder. Odysseus überlegte, ob er sich auf ihn stürzen und ihm das Schwert ins Herz stoßen sollte. Doch er verwarf den Plan. Denn wer hätte den riesigen Felsbrocken vom Eingang der Höhle weggerollt? Angsterfüllt warteten sie auf den Morgen.

Wieder verschlang Polyphem zwei seiner Begleiter. Dann trieb er seine Ziegenherde hinaus und verschloss den Eingang sorgsam mit dem Felsen. Da ersann der listige Odysseus einen Plan. In der Höhle lag die Keule des Kyklopen, so lang und dick wie ein Mastbaum. Davon schlugen sie einen Teil ab, spitzen es zu und härteten es im Feuer. Damit wollten sie den Kyklopen blenden. Als Polyphem heimkehrte, verschlang er wieder zwei Gefährten des Odysseus. Dieser trat mutig zu dem Kyklopen und bot ihm von dem süßen Wein an. Gierig trank er davon und wurde sogar ein wenig freundlicher. „Schenk mir noch ein", sprach der Kyklop zu ihm, „und nenne mir deinen Namen, damit auch ich dich bewirten kann." So schenkte ihm Odysseus fleißig nach und sprach zu ihm „Niemand ist mein Name, denn Niemand nennen mich alle, meine Mutter, mein Vater und alle meine Gesellen." Zum Dank versprach der Kyklop, ihn erst zuletzt zu verspeisen.

Betrunken legte der Kyklop sich zum Schlafen nieder. Da holten sie den Pfahl aus seinem Versteck und steckten die Spitze in die glühende Asche bis sie Feuer fing. Mit aller Kraft stießen

sie ihn in das Auge des Kyklopen. Über die ganze Insel hallte das klägliche Schreien des Polyphem. Die anderen Kyklopen eilten sofort herbei und fragten, was ihm widerfahren sei. Polyphem antwortete: „Niemand würgt mich mit Arglist!" Da lachten sie nur und gingen wieder. Am nächsten Tag ließ Polyphem seine Schafe aus der Höhle heraus. Vorsichtig tastete er ihre Rücken ab, um sicher zu gehen, dass die Fremden nicht auf ihnen fliehen würden. Diese hatten sich jedoch unter den Bäuchen der Schafe an das dichte Fell geklammert. So täuschten sie Polyphem und entkamen aus seiner Höhle. Als sich die Schiffe von der Insel entfernten, da höhnte Odysseus und sprach zu Polyphem: „Höre, Kyklop! Wenn dich je ein Mensch fragen sollte, wer dich geblendet hat, so sage ihm, Odysseus, Sohn des Laertes, der Vernichter Trojas, war es!" Voll Zorn schleuderte der Kyklop einen Felsbrocken nach dem Schiff, der es verfehlte. Unbehelligt segelte Odysseus mit seinen Männern fort.
Doch Polyphem sprach zu seinem Vater Poseidon und bat ihn, Odysseus die Heimkehr zu verwehren. Spät erst, ohne seine Gefährten, unglücklich und auf einem fremden Schiff sollte er nach Hause finden und dort nur das Elend vorfinden. Und Poseidon erhörte seinen Sohn und so begannen die Irrfahrten des Odysseus.



A

- *Verfahre so, wie du es bei der Erzählung vom Hölzernen Pferd getan hast.*
- *Kläre zuerst, aus welcher Perspektive hier was erzählt wird.*
- *Streiche alles, was für Polyphem unwichtig ist*
- *Streiche alles, was Polyphem nicht wissen kann.*
- *Auch die Überschrift musst du verändern.*

**Teilaufgabe 7: Personalpronomen verändern**
*Setze die Erzählung in die Ich-Form und passe die Pronomen entsprechend an.*

**Teilaufgabe 8: eine anspruchsvolle Veränderung vornehmen**
Eine *Textstelle musst du so verändern, dass der Perspektivenwechsel deutlich wird.*
Lösung: Es handelt sich um die Stelle, wo die Griechen den glühenden Pfahl in das Auge des Kyklopen stoßen. Polyphem muss sich von dem Stoß mit dem glühenden Pfahl überrascht zeigen.

Für Leser, die die Erzählung nicht kennen, müssen auch Informationen über die Kyklopen gegeben werden: Dass sie Riesenkräfte haben, Menschen fressen und einäugig sind.

| **Dunkelgrau: Was für Polyphem unwichtig ist** | **Im Rahmen: Perspektivische Veränderungen und Ergänzungen** |
|---|---|
| **Grau: Was Polyphem nicht wissen kann** | **Aus der Perspektive Polyphems** |
| **In der Höhle des Kyklopen**<br>„Richtung Norden segelten die Schiffe des Odysseus und landeten an einer kleinen, dichtbewaldeten Insel. Menschen wohnten hier nicht, nur Ziegen durchstreiften in großen Scharen | **Die Blendung** |

| **Dunkelgrau: Was für Polyphem unwichtig ist** | **Im Rahmen: Perspektivische Veränderungen und Ergänzungen** |
|---|---|
| **Grau: Was Polyphem nicht wissen kann** | **Aus der Perspektive Polyphems** |
| die Ebenen. Am Ufer erblickten sie eine Felsenhöhle, die von Sträuchern zugewachsen war. Odysseus wählte zwölf seiner Gefährten aus und betrat mit ihnen das Land. Die Weinschläuche des Priesters Maron, die er in Ismaros geschenkt bekommen hatte, nahm er mit.<br>Die Höhle war verlassen. Sie fanden dort drin Körbe voller Ziegenkäse und Schafe wie Lämmer in unterirdischen Pferchen. Hier wohnte der Riese Polyphem, Sohn des Poseidons, und wie alle Kyklopen besaß er nur ein Auge inmitten der Stirn. Er hatte so ungeheure Kraft, dass er einen Felsen wegwälzen und Granitblöcke durch die Luft schleudern konnte. Die Gefährten drängten Odysseus, vom Käse zu nehmen und die Schafe auf ihr Schiff zu treiben. Aber Odysseus war neugierig und wollte den Herrn dieser Höhle kennen ernen. | |
| Und so fand Polyphem bei seiner Rückkehr die Fremdlinge in seiner Höhle vor. Mit einem riesigen Felsbrocken versperrte er den Zugang zur Höhle, so dass die Griechen nicht fliehen konnten. Mutig trat Odysseus vor und bat um Schutz. Polyphem verlachte ihn nur, packte zwei seiner Gefährten und fraß sie auf. Seelenruhig legte er sich danach zum Schlafen nieder. Odysseus überlegte, ob er sich auf ihn stürzen und ihm das Schwert ins Herz stoßen sollte. Doch er verwarf den Plan. Denn wer hätte den riesigen Felsbrocken vom Eingang der Höhle weggerollt? Angsterfüllt warteten sie auf den Morgen. Wieder verschlang Polyphem zwei seiner Begleiter. Dann trieb er seine Ziegenherde hinaus und verschloss den Eingang sorgsam mit dem Felsen. Da ersann der listige Odysseus einen Plan. In der Höhle lag die Keule des Kyklopen, so lang und dick wie ein Mastbaum. Davon schlugen sie einen Teil ab, spitzen es zu und härteten es im Feuer. Damit wollten sie den Kyklopen blenden. Als Polyphem heimkehrte, verschlang er wieder zwei Gefährten des Odysseus. Dieser trat mutig zu dem Kyklopen und bot ihm von dem süßen Wein an. Gierig trank er davon und wurde sogar ein wenig freundlicher. „Schenk mir noch ein", sprach der Kyklop zu ihm, „und nenne mir deinen Namen, damit auch ich dich bewirten kann." So schenkte ihm Odysseus fleißig | Bei der Rückkehr in meine Höhle fand ich zahlreiche Fremdlinge vor. Die hatten wohl noch nie einen Kyklopen gesehen und waren neugierig auf meine Riesenkräfte und das eine Auge mitten auf der Stirn. Ich versperrte den Zugang zur Höhle mit einem riesigen Felsbrocken, sodass sie nicht entfliehen konnten. Ihr Anführer war so dreist, mich um Schutz zu bitten. Der wusste wohl nicht, dass mir ein paar kräftige Männer als Mahlzeiten gerade recht kamen. Deshalb lachte ich ihm ins Gesicht, griff mir zwei seiner Gefährten und verspeiste sie. Gesättigt legte ich mich dann zum Schlafen nieder. Auch am nächsten Morgen ließ ich mir zwei von den Fremdlingen schmecken und trieb dann meine Ziegenherde hinaus. Vor den Eingang der Höhle rollte ich den Felsen, um Fluchtversuche zu verhindern. |

| Dunkelgrau: Was für Polyphem unwichtig ist | Im Rahmen: Perspektivische Veränderungen und Ergänzungen |
|---|---|
| **Grau: Was Polyphem nicht wissen kann** | **Aus der Perspektive Polyphems** |
| nach und sprach zu ihm „Niemand ist mein Name, denn Niemand nennen mich alle, meine Mutter, mein Vater und alle meine Gesellen." Zum Dank versprach der Kyklop, ihn erst zuletzt zu verspeisen. Betrunken legte der Kyklop sich zum Schlafen nieder. Da holten sie den Pfahl aus seinem Versteck und steckten die Spitze in die glühende Asche bis sie Feuer fing. Mit aller Kraft stießen sie ihn in das Auge des Kyklopen. Über die ganze Insel hallte das klägliche Schreien des Polyphem. Die anderen Kyklopen eilten sofort herbei und fragten, was ihm widerfahren sei. Polyphem antwortete: „Niemand würgt mich mit Arglist!" Da lachten sie nur und gingen wieder. | Als ich hungrig heimkam und meinen Hunger mit zwei Männern gestillt hatte, kam ihr Anführer und bot mir ein süßes Getränk an. Das schmeckte so herrlich, dass ich mehr davon wollte. „Schenk mir noch ein", sagte ich zu ihm, „und nenne mir deinen Namen, damit auch ich dich bewirten kann." Der war freigiebig und knauserte nicht. „Niemand ist mein Name", sagte er, „denn Niemand nennen mich alle, meine Mutter, mein Vater und alle meine Gesellen." Ich versprach ihm dann, ihn als letzten zu verspeisen, und legte mich Schlafen. |
| Am nächsten Tag ließ Polyphem seine Schafe aus der Höhle heraus. Vorsichtig tastete er ihre Rücken ab, um sicher zu gehen, dass die Fremden nicht auf ihnen fliehen würden. Diese hatten sich jedoch unter den Bäuchen der Schafe an das dichte Fell geklammert. So täuschten sie Polyphem und entkamen aus seiner Höhle. Als sich die Schiffe von der Insel entfernten, da höhnte Odysseus und sprach zu Polyphem: „Höre, Kyklop! Wenn dich je ein Mensch fragen sollte, wer dich geblendet hat, so sage ihm, Odysseus, Sohn des Laertes, der Vernichter Trojas, war es!" Voll Zorn schleuderte der Kyklop einen Felsbrocken nach dem Schiff, der es verfehlte. Unbehelligt segelte Odysseus mit seinen Männern fort.<br>Doch Polyphem sprach zu seinem Vater Poseidon und bat ihn, Odysseus die Heimkehr zu verwehren. Spät erst, ohne seine Gefährten, unglücklich und auf einem fremden Schiff sollte er nach Hause finden und dort nur das Elend vorfinden. Und Poseidon erhörte seinen Sohn und so begannen die Irrfahrten des Odysseus." | Mitten im Schlaf durchdrang ein grauenvoller Schmerz meinen Kopf, meinen ganzen Körper. In meinem Auge steckte ein brennender Pfahl, den ich nur mühsam entfernen konnte. Mein Augenlicht war zerstört. Ich brüllte so unbändig, dass die benachbarten Kyklopen sofort herbei eilten und fragten, was mir denn passiert sei. Ich schrie verzweifelt, dass Niemand mich mit Arglist würgt. Statt mir beizustehen, lachten sie nur und gingen wieder.<br>Erst am nächsten Tag konnte ich meine Schafe aus der Höhle heraus lassen. Ich hatte den Verdacht, dass die Fremden auf den Schafen fliehen wollten. Um das zu verhindern, tastete ich den Rücken der Schafe vorsichtig ab. Aber sie müssen auf andere Art aus meiner Höhle entkommen sein. Denn nach einiger Zeit schallte vom Meer her höhnisch die Stimme des Anführers der Männer: „Höre, Kyklop! Wenn dich je ein Mensch fragen sollte, wer dich geblendet hat, so sage ihm, Odysseus, Sohn des Laertes, der Vernichter Trojas, war es!"<br>Das brachte mich so in Zorn, dass ich einen Felsbrocken nach dem Schiff schleuderte. Der traf aber nicht und so konnten die Männer entkommen. Hier konnte nur noch mein Vater Poseidon helfen. Ihn bat ich dringlich, den Fremdlingen die Heimkehr zu verwehren. |

A

**Leistungsaufgabe für eine Klassenarbeit:**
*Lies folgende Erzählung des Odysseus und gib sie aus der Sicht von Eurylochos und Perimedes, zwei Gefährten des Odysseus, wieder. Ermittle, aus welcher Perspektive hier erzählt wird, und verfahre dann so, wie du es im Unterricht gelernt hast.*

**Gustav Schwab: Der Gesang der Sirenen**

Nachdem wir [...] von Kirke sehr freundlich empfangen und bewirtet worden waren, fuhren wir, von ihr vor allerlei Gefahren gewarnt und reichlich mit Lebensmitteln versorgt, weiter. Das erste Abenteuer, das wir zu bestehen hatten und von welchem uns Kirke geweissagt, erwartete uns am Eilande der Sirenen. Dieses sind sangreiche Nymphen, die jedermann bezaubern, der auf ihr Lied horcht. Am grünen Gestade sitzen sie und singen ihre Zauberlieder dem Vorüberfahrenden zu. Wer sich zu ihnen hinüberlocken lässt, ist ein Kind des Todes, und man sieht deswegen an ihrem Ufer moderndes Gebein genug umherliegen. Bei der Insel dieser verführerischen Nymphen angekommen, hielt unser Schiff stille, denn der Fahrwind, der uns bisher gelinde vorwärts getrieben, hörte mit einem mal auf zu wehen, und das Gewässer schimmerte wie ein Spiegel. Meine Begleiter nahmen die Segel von den Stangen, falteten sie zusammen, legten sie im Schiffe nieder und setzten sich ans Ruder, um das Schiff so vorwärtszubringen. Ich aber gedachte an das Wort, das Kirke, die mir dieses alles voraussagte, gesprochen hatte. ›Wenn du an die Insel der Sirenen kommst und ihr Gesang euch droht, so verklebe die Ohren deiner Freunde mit Wachs, dass sie nichts hören; begehrst du aber selbst ihr Lied zu vernehmen, so befiehl, dass man dich, an Händen und Füßen gefesselt, an den Mast binde, und je sehnlicher du deine Freunde bittest, dich loszubinden, desto fester sollen sie die Seile schnüren!‹

Daran dachte ich jetzt, zerschnitt eine große Wachsscheibe und knetete sie mit meinen nervichten Fingern; das weiche Wachs strich ich sodann meinen Reisegenossen in die Ohren. Sie aber banden mich auf mein Geheiß aufrecht unten an den Mast; dann setzten sie sich wieder an die Ruder und trieben das Fahrzeug getrost vorwärts. Als die Sirenen dieses heranschwimmen sahen, standen sie in der Gestalt reizender Mägdlein am Ufer und stimmten mit wundersüßer Kehle ihren hellen Gesang an, der also lautete:

Komm, preisvoller Odysseus, erhabener Ruhm der Achajer, Lenke das Schiff ans Land, um unsere Stimme zu hören. Denn noch ruderte keiner vorbei im dunkelen Schiffe, eh er aus unserem Munde die Honigstimme gehöret: Jener sodann kehrt fröhlich zurück und mehreres wissend. Denn wir wissen dir alles, wieviel in den Ebenen Trojas Argos' Söhne und die Troer vom Rat der Götter geduldet, alles, was irgend geschah auf der vielernährenden Erde. So sangen sie. Mir aber schwoll das Herz im Busen vor Begierde, sie zu hören; ich winkte meinen Freunden mit dem Kopfe, mich loszubinden. Aber sie mit ihren tauben Ohren stürzten sich nur umso rascher aufs Ruder, und zwei von ihnen, Eurylochos und Perimedes, kamen herbei und legten mir, wie ich früher befohlen hatte, noch viel stärkere Stricke an und schnürten auch die alten fester zusammen. Erst als wir glücklich vorübergesteuert und ganz außer dem Bereiche der Sirenenstimmen waren, nahmen meine Freunde sich selbst das Wachs aus den Ohren, und mir lösten sie die Fesseln wieder. Ich aber dankte ihnen herzlich für ihre Beharrlichkeit.

Gustav Schwab 1928: Sagen des klassischen Altertums. Leipzig.

Lösung Leistungsaufgabe:

| | **Grau: Perspektivische Veränderungen und Ergänzungen** |
|---|---|
| **Grau: Was Eurylochos und Perimedes nicht wissen können** | **Aus der Perspektive von Eurylochos und Perimedes** |
| Auf unserer weiteren Reise mussten wir an der Insel der Sirenen vorbei. Dieses sind sangreiche Nymphen, die jedermann bezaubern, der auf ihr Lied horcht. Am grünen Gestade sitzen sie und singen ihre Zauberlieder dem Vorüberfahrenden zu. Wer sich zu ihnen hinüberlocken lässt, ist ein Kind des Todes, und man sieht deswegen an ihrem Ufer moderndes Gebein genug umherliegen. Kirke hatte uns davor gewarnt.<br>Bei der Insel dieser verführerischen Nymphen angekommen, hielt unser Schiff stille, denn der Fahrwind, der uns bisher gelinde vorwärts getrieben, hörte mit einem mal auf zu wehen, und das Gewässer schimmerte wie ein Spiegel. Meine Begleiter nahmen die Segel von den Stangen, falteten sie zusammen, legten sie im Schiffe nieder und setzten sich ans Ruder, um das Schiff so vorwärtszubringen. Ich aber gedachte an das Wort, das Kirke, die mir dieses alles voraussagte, gesprochen hatte. ›Wenn du an die Insel der Sirenen kommst und ihr Gesang euch droht, so verklebe die Ohren deiner Freunde mit Wachs, dass sie nichts hören; begehrst du aber selbst ihr Lied zu vernehmen, so befiehl, dass man dich, an Händen und Füßen gefesselt, an den Mast binde, und je sehnlicher du deine Freunde bittest, dich loszubinden, desto fester sollen sie die Seile schnüren!‹<br>Daran dachte ich jetzt, zerschnitt eine große Wachsscheibe und knetete sie mit meinen nervichten Fingern; das weiche Wachs strich ich sodann meinen Reisegenossen in die Ohren. Sie aber banden mich auf mein Geheiß aufrecht unten an den Mast; dann setzten sie sich wieder an die Ruder und trieben das Fahrzeug getrost vorwärts. Als die Sirenen dieses heranschwimmen sahen, standen sie in der Gestalt reizender Mägdlein am Ufer und stimmten mit wundersüßer Kehle ihren hellen Gesang an, der also lautete: | Auf unserer weiteren Reise mussten wir an der Insel der Sirenen vorbei. Dieses sind sangreiche Nymphen, die jedermann bezaubern, der auf ihr Lied horcht. Am grünen Gestade sitzen sie und singen ihre Zauberlieder dem Vorüberfahrenden zu. Wer sich zu ihnen hinüberlocken lässt, ist ein Kind des Todes, und man sieht deswegen an ihrem Ufer moderndes Gebein genug umherliegen. Kirke hatte uns davor gewarnt.<br>Bei der Insel dieser verführerischen Nymphen angekommen, hielt unser Schiff stille, denn der Fahrwind, der uns bisher gelinde vorwärts getrieben, hörte mit einem mal auf zu wehen, und das Gewässer schimmerte wie ein Spiegel. Wir nahmen die Segel von den Stangen, falteten sie zusammen, legten sie im Schiffe nieder und setzten uns ans Ruder, um das Schiff so vorwärtszubringen. Odysseus rief uns zu sich und sagte, dass er uns, wie Kirke ihm geraten hat, die Ohren mit Wachs verkleben würde, damit uns der Gesang nicht ins Verderben lockt. Dann sollten wir Odysseus an Händen und Füßen fesseln und ihn an den Mast binden. Auch das hatte Kirke ihm gesagt. Und wir dürften ihn auf gar keinen Fall losbinden, so sehr er auch darum bitten und betteln würde. Stattdessen sollten wir die Fesseln noch fester binden. Odysseus zerschnitt also eine große Wachsscheibe, knetete das weiche Wachs und strich es sodann in unsere Ohren. Darauf banden wir Odysseus aufrecht unten an den Mast, setzten uns wieder an die Ruder und trieben das Fahrzeug getrost vorwärts.<br><br>Als die Sirenen dieses heranschwimmen sahen, standen sie in der Gestalt reizender Mägdlein am Ufer und es sah aus, als würden sie singen. Aber ihren Gesang konnte nur Odysseus hören. |

| | |
|---|---|
| Komm, preisvoller Odysseus, erhabener Ruhm der Achajer,<br>Lenke das Schiff ans Land, um unsere Stimme zu hören.<br>Denn noch ruderte keiner vorbei im dunkelen Schiffe,<br>Eh er aus unserem Munde die Honigstimme gehöret:<br>Jener sodann kehrt fröhlich zurück und mehreres wissend.<br>Denn wir wissen dir alles, wieviel in den Ebenen Trojas<br>Argos' Söhne und die Troer vom Rat der Götter geduldet,<br>Alles, was irgend geschah auf der vielernährenden Erde.<br>So sangen sie. Mir aber schwoll das Herz im Busen vor Begierde, sie zu hören; ich winkte meinen Freunden mit dem Kopfe, mich loszubinden. Aber sie mit ihren tauben Ohren stürzten sich nur umso rascher aufs Ruder, und zwei von ihnen, Eurylochos und Perimedes, kamen herbei und legten mir, wie ich früher befohlen hatte, noch viel stärkere Stricke an und schnürten auch die alten fester zusammen. Erst als wir glücklich vorübergesteuert und ganz außer dem Bereiche der Sirenenstimmen waren, nahmen meine Freunde sich selbst das Wachs aus den Ohren, und mir lösten sie die Fesseln wieder. Ich aber dankte ihnen herzlich für ihre Beharrlichkeit." | Odysseus winkte uns mit dem Kopfe, ihn loszubinden. Aber unsere ganze Mannschaft stürzte sich nur umso rascher aufs Ruder, während wir beide zu Odysseus gingen und ihm noch viel stärkere Stricke anlegten und auch die alten fester zusammenschnürten. Erst als wir glücklich vorübergesteuert und Odysseus uns ein Zeichen gab, dass wir ganz außer dem Bereiche der Sirenenstimmen waren, nahmen wir uns selbst das Wachs aus den Ohren und lösten Odysseus die Fesseln wieder. Er dankte uns herzlich für unsere Beharrlichkeit. |

Spalte links: Gustav Schwab 1928: Sagen des klassischen Altertums. Leipzig.

Entscheidend ist, dass die Schüler wahrnehmen, dass Eurylochos und Perimedes sowie die anderen Gefährten den Gesang der Sirenen nicht hören können, und dass sie die entsprechenden Aussagen streichen.

Eurylochos und Perimedes wissen auch nicht, was Kirke zu Odysseus gesagt hat. Folglich müssen sie diese Information von Odysseus erhalten.

## 2.2 Zweiter Aufgabenkomplex: Jahrgang 10–12

### Materialgestütztes argumentierendes Schreiben in der Sekundarstufe II (Jahrgang 10–12, B 3)

Dieser Aufgabenkomplex soll die Schüler befähigen, materialgestützt argumentierende Texte zu verfassen, wie sie in der Abiturprüfung gefordert werden. Sachdienliche Hinweise und orientierende Beispiele bieten sowohl der „Gemeinsame Abituraufgabenpool der Länder" auf der Website des IQB (https://www.iqb.hu-berlin.de/bista/abi/deutsch) als auch Praxis Deutsch 251 zum Thema „Materialgestütztes Schreiben" (2015).

Ausgangspunkt dieses Aufgabenkomplexes ist eine Prüfungsaufgabe, zu deren Bewältigung hier schrittweise angeleitet wird.

Die für die Bearbeitung der Aufgabe erforderliche unterrichtliche Voraussetzung ist die Beschäftigung mit Fragen der Schullektüre. Denkbar wären Auszüge aus Dietrich Schwanitz (1999): *Bildung*; aus Helmut Fuhrmann (1993): *Die Furie des Verschwindens: Literaturunterricht und Literaturtradition*; oder aktuell: Konrad Paul Liessmann (2014): *Geisterstunde. Die Praxis der Unbildung. Eine Streitschrift.*

A

**Prüfungsaufgabe**

- *Die Fachkonferenz Deutsch Ihrer Schule – bestehend aus den Deutschlehrkräften sowie je zwei gewählten Vertretern der Eltern und Schüler – soll einen Beschluss über den Lesestoff der Klassen 9 und 10 fassen. Strittig ist, ob unter den beiden Romanen auch ein Kriminalroman sein soll.*
- *Als Schülervertreter in der Fachkonferenz haben Sie ein schriftliches Statement vorbereitet, in dem Sie auf der Basis der vorliegenden Materialien Für und Wider einer solchen Option referieren und Ihre eigene Position argumentativ vertreten. Berücksichtigen Sie sowohl den Aspekt literarischer Bildung als auch den des Lesevergnügens.*

**Material 1: Lothar Müller: Platonische Leiter**

[…] Es gibt Leser, denen die Propaganda für das Lesen auf die Nerven geht. Zu ihnen gehört der englische Autor Tim Parks. In seinem Blog in der New York Review of Books hat er jetzt die „I-don't-mind-people-reading-Twilight-because-it-could-lead-to-higher-things"-Plattitüde aufgespießt. Nicht um den Lesern von Stephenie Meyers „Twilight"-Serie eins auszuwischen, die mit ihrer Kopplung von „Coming-of-age"-Roman und Vampirgeschichte auch in Deutschland erfolgreich war („Bis(s) zum Morgengrauen" etc.), sondern um die Vorstellung in Zweifel zu ziehen, es gebe beim Lesen so etwas wie einen positiven Suchteffekt. Wer erst einmal durch eine Einstiegsdroge wie mehr oder minder subtile Genreliteratur ans Lesen gekommen ist, der wird irgendwann bei Faulkner, Nabokov oder Coetzee landen. […] Nein, es gibt kein literarisches Kontinuum, keinen Sog des Lesens, der als Bildungsroman „von Pulp Fiction zu Proust" führt, keine „platonische Leiter" des „reading upward", des unweigerlichen Sich-Hochlesens. Es gibt nur verschiedene Lesebedürfnisse, nicht selten rivalisieren sie miteinander in ein und demselben Leser, manchmal aber sind sie ein ganzes Leserleben lang auf verschiedene Individuen verteilt.

© Lothar Müller: Die platonische Leiter. In: Süddeutsche Zeitung Nr. 191 vom 21. 8. 2014, S. 11.

**Material 2: Top 20: die TV-Quoten des Gesamtpublikums für Freitag, den 29. Januar 2016**

| | Sender | Titel | Beginn | Mio | % |
|---|---|---|---|---|---|
| 1 | ZDF | ZDF SPORTextra: Handball-EM Norwegen -Deutschland | 18:30 | 8,50 | 28,9 |
| 2 | ZDF | heute | 19:09 | 7,24 | 25,3 |
| 3 | RTL | Ich bin ein Star - Holt mich hier raus | 22:16 | 7,13 | 25,2 |
| 4 | ZDF | ZDF SPORTextra: Moderation | 18:05 | 6,74 | 25,0 |
| 5 | ZDF | Der Staatsanwalt (Krimi) | 20:34 | 5,81 | 16,9 |
| 6 | ZDF | SOKO Leipzig (Krimi) | 21:34 | 4,82 | 14,6 |

| | Sender | Titel | Beginn | Mio | % |
|---|---|---|---|---|---|
| 7 | RTL | Die Puppenstars | 20:14 | 4,17 | 12,3 |
| 8 | BFS | Fastnacht in Franken | 19:00 | 3,90 | 12,0 |
| 9 | ZDF | Politbarometer | 22:42 | 3,72 | 12,9 |
| 10 | ZDF | heute-show | 22:50 | 3,50 | 13,4 |
| 11 | ZDF | heute-journal | 22:18 | 3,42 | 11,2 |
| 12 | ARD | Tagesschau | 20:00 | 3,24 | 9,8 |
| 13 | RTL | RTL aktuell | 18:44 | 3,06 | 11,5 |
| 14 | RTL | Paul Panzer Live! Alles auf Anfang | 23:30 | 3,05 | 16,7 |
| 15 | ZDF | Leute heute | 17:45 | 3,02 | 16,8 |
| 16 | RTL | Gute Zeiten, schlechte Zeiten | 19:36 | 2,78 | 8,7 |
| 17 | ARD | Gefragt - Gejagt | 17:56 | 2,70 | 12,3 |
| 18 | ARD | Der fast perfekte Mann | 20:15 | 2,51 | 7,4 |
| 19 | ZDF | hallo deutschland | 17:11 | 2,50 | 15,3 |
| 20 | RTL | Exclusiv - Das Star-Magazin | 18:30 | 2,48 | 10,4 |
| 21 | ARD | Gefragt - Gejagt | 18:53 | 2,38 | 8,2 |
| 22 | SAT.1 | Ice Age 4 - Voll verschoben | 20:14 | 2,35 | 6,9 |

© 2016 media control GmbH, Quelle: © AGF in Zusammenarbeit mir der GfK/TV Scope 6.0/media control GmbH.

Diese Statistik zeigt die TV-Quoten des Gesamtpublikums für Freitag, den 29. Januar 2016. Die Schüler können per Recherche auch selbstständig aktuellere Daten berücksichtigen.

**Material 3: Dieter Paul Rudolph: Der Zwang zum Buch. Über Krimipflichtlektüre und das Lesen an sich**

[...] Selbst Lektüre, die auf dem Lehrplan steht, also nicht freiwillig ist, sollte sich an der Lebenswelt der Schülerinnen und Schüler orientieren, NICHT an der gemutmaßten Qualität der Texte. Sorry, Lessings Vorstellungen von Theater und Dramaturgie sind hoch spannend – aber wohl für die wenigsten Fünfzehnjährigen. Kleists Michael Kohlhaas oder Büchners Woyzeck lesen sich auch im 21. Jahrhundert, als seien sie gerade erst geschrieben worden. Aber als Lektüre für Deutschprüfungen an Realschulen scheinen sie mir dennoch ungeeignet, weil sie in den meisten Fällen die erste Begegnung von Jugendlichen mit sogenannter »anspruchsvoller« Literatur sind. Das haben auch die Schulen inzwischen erkannt – und machen es jetzt anders. Aber auch besser? Wer die Leserkommentare auf der Krimi-Couch verfolgt, hat so seine Zweifel. Ja, es stimmt: Neuerdings stehen in den Schulen auch Krimis auf dem Lehrplan. Grafeneck von Rainer Gross ebenso wie Der Kameramörder von Thomas Glavinic, Wildwasser von Paulus Hochgatterer, Hakan Nessers Kim Novak badete nie im See von Genezareth und andere.
Es sind Krimis. Aber „besondere". Darin spiegelt sich eine allgemeine Entwicklung des Ansehens von Kriminalliteratur wider, die Abkehr vom Trivialen, vom „Schund" ohne Mehr- und Lehrwert gewissermaßen, hin zu den sogenannten „literarischen Krimis", die mehr verhandeln als lediglich ein Verbrechen und seine Aufklärung. Nun, das ist nicht ganz neu. Schon früher waren etwa die Kriminalromane von Friedrich Dürrenmatt Schulthema. Doch nicht, weil sie Kriminalromane sind, sondern weil ihr Autor zu den „Hochliteraten" gehört. Ich selbst habe meinen Abituraufsatz zu Dürrenmatts Der Besuch der alten Dame verfasst, einem Theaterstück mit durchaus „Krimisubstanz", was aber nicht wirklich thematisiert wur-

de. Es ging, wenn ich mich korrekt erinnere, um „Schuld" im Allgemeinen, so wie man auch Dürrenmatts Der Richter und sein Henker als einen Text über Schuld lesen kann.
Auch die genannten Titel der Pflichtlektüre haben Gnade vor dem gestrengen pädagogischen Auge gefunden. Sie entsprechen hinsichtlich ihrer Sprache, ihrer Thematik und deren Aufbereitung dem, was seit Jahrhunderten als „gute Literatur" firmiert. Kein Mensch käme auf die Idee, einen Roman von Edgar Wallace oder den neuesten „Taunus Krimi" auf den Lehrplan zu setzen. Nein, es muss schon gehaltvoll sein, man muss etwas lernen, sich schwere Gedanken machen können. Ein möglicher Unterhaltungswert der gelesenen Krimis wird als Kollateralschaden achselzuckend in Kauf genommen. [...]
Nun ist, wie wir alle aus mehr oder weniger düsterer Erinnerung wissen, Schule generell mit Zwang verbunden. Kein Mensch hat je darauf Rücksicht genommen, dass ich Donnerstags um Viertel vor Neun überhaupt keine Lust auf chemische Formeln oder mathematische Gleichungen entwickeln konnte, warum also sollte das beim Lesen anders sein? Man liest schließlich nicht um des Vergnügens willen, man liest, um etwas zu lernen. Die Frage ist nur: WAS könnte man lernen, wenn man einen Krimi liest? [...]

http://www.krimi-couch.de/krimis/dprs-krimilabor-der-zwang-zum-buch.html, recherchiert am 10.11.2015.

**Material 4: Clemens Kammler/Reinhard Wilczek (2008): Krimi. Neue Ansätze für eine Einbindung von Kriminalliteratur in den Deutschunterricht.**
Dass in der Krimilektüre zugleich ein fruchtbarer Ansatz für eine intensive Leseschulung liegen kann, belegen neuere Untersuchungen zur Neuropsychologie des Textverstehens. In ihnen wird gezeigt, dass gerade der Kriminalroman eine Textart repräsentiert, die „den fokussierenden Modus des genauen Lesens"[11] in besonderer Weise aktivieren und schulen kann. Hinzu kommt, dass der Gegenstandsbereich des Genres – gerade aus didaktischer Perspektive – mittlerweile neue Grenzziehungen verlangt. Seine Reduktion auf den engen Bereich einer „industriell gefertigten Schemaliteratur"[12], wie ihn die Trivialliteraturdidaktik vergangener Jahre vorgenommen hat, entspricht nicht mehr den heute vorfindbaren ästhetischen und kulturellen Verhältnissen. Die traditionelle Dichotomie von E- und U-Literatur ist in den vergangenen 20 Jahren stark relativiert, wenn nicht gar aufgebrochen worden. In auch als Schullektüre erfolgreichen Romanen der Gegenwartsliteratur[13] werden die Erzähltraditionen, Formen und Wertungshaltungen der Hoch- und Populärliteratur vermischt und vielfach einer erfolgreichen Synthese zugeführt, wie die Beispiele der Bestseller von Umberto Eco (Der Name der Rose, Orig. 1980), Patrick Süskind (Das Parfum, 1985), Robert Schneider (Schlafes Bruder, 1992) oder Bernhard Schlink (Der Vorleser, 1995) belegen. Dabei zeigt sich, dass der Krimi heute mehr ist als nur ein Genre: Er ist „eine ‚Weltsicht', ein Dispositiv, [...] von dem auch viele AutorInnen Gebrauch machen, die keine eigentliche Kriminalliteratur verfassen".[14] [...]
Auch heute bleibt ein zentrales didaktisches Kriterium für die unterrichtliche Eignung des Krimis sein variationsreiches wie gleichermaßen übersichtliches Gattungsprofil. Krimis sind in besonderer Weise geeignet, Kindern und Jugendlichen formale Gestaltungsprinzipien des literarischen Textes nahe zu bringen, wobei die spezifischen Gattungsmerkmale einer Lektüre im Unterricht besonders thematisiert werden können.[15] In spielerischer Weise werden schon Grundschüler die formalen Merkmale einer Detektivgeschichte erkennen und benennen kön-

11 Willenberg, Heiner 1999: Lesen und Lernen. Eine Einführung in die Neuropsychologie des Textverstehens. Heidelberg und Berlin, S. 56 f.

12 Hurrelmann, Bettina 1998: Basisartikel Unterhaltungsliteratur. In: Praxis Deutsch Nr. 150, S. 15-22, S. 15.

13 Vgl. Clemens Kammler/Volker Surmann 2001): Sind Deutschlehrer experimentierfreudig? Ergebnisse einer Befragung zur Lektüre von Ganzschriften der Gegenwartsliteratur in der Sekundarstufe II. In: Der Deutschunterricht 6, S. 92-96.

14 Werner Wintersteiner 2004: Moderne Märchen. In: ide. Themenheft „Krimi". Herausgegeben von Werner Wintersteiner. Heft 2, S. 5-7, S. 6.

15 Vgl. auch Elisabeth K. Paefgen 1999: Einführung in die Literaturdidaktik. Stuttgart und Weimar, S. 73.

nen: Das geschehene Verbrechen oder Vergehen, die ungeklärte Frage, wer der Urheber der Tat ist, und das Auftreten eines Detektivs, der die ungeklärten Fragen durch seine Ermittlungstätigkeit aufklären will. Das schier unerschöpfliche Reservoir an gattungsgeschichtlichen Variationen eröffnet daneben auch für die weiterführenden Schulformen zahlreiche Möglichkeiten, die gattungsgeschichtlichen Kenntnisse auszudifferenzieren und zu erweitern."

Praxis Deutsch Nr. 192, S. 6-14, S. 7 und 12.

**Material 5: „Kriterien für die Auswahl literarischer Texte sind ihre thematische, (literar-) historische oder kulturelle Bedeutung, ihre sprachliche und künstlerische Qualität sowie ihr Gattungsbezug"**

Die thematische Bedeutung zeigt sich in der Anbindung
- an Probleme der Lebenswelt
- an aktuelle Fragen
- an die Interessen und Fragestellungen der Schülerinnen und Schüler.

Die (literar-)historische und kulturelle Bedeutung sowie die sprachliche und künstlerische Qualität zeigen sich
- in nachhaltiger Wirkungsgeschichte
- in aktueller Rezeption
- in ihrer kulturhistorischen Repräsentanz (Akzentuierung der Umbrüche vom 18. zum 19., vom 19. zum 20. Jahrhundert und der Gegenwart)
- (für den Leistungskurs) in der Berücksichtigung von Literatur vor 1700 und des Umbruchs der Nachkriegszeit."

Ministerium für Schule und Weiterbildung NRW (Hrsg.): Richtlinien und Lehrpläne Deutsch Sek. II Gymnasium/Gesamtschule. Frechen: Ritterbach. 1999, S. 18.

A

**Aufgabenschritte der Prüfungsaufgabe**

**Teilaufgabe 1: die Aufgabenstellung zerlegen**

- **Situation**: Fachkonferenz Deutsch
- **Adressaten**: Vor allem Deutschlehrkräfte, zwei Elternvertreter, ein weiterer Schülervertreter
- **Was ist der Streitpunkt?** Krimi als Schullektüre in der 9./10. Klasse
- **Aspekte für den Kriminalroman im 9./10. Jahrgang:** zum Beispiel Aufhebung der Gegenüberstellung von E- und U-Literatur in den vergangenen 20 Jahren; Vermischung und Synthese von Erzähltraditionen, Formen und Wertungshaltungen der Hoch- und Populärliteratur; variationsreiches wie gleichermaßen übersichtliches Gattungsprofil der Krimis; geeignet, Kindern und Jugendlichen formale Gestaltungsprinzipien des literarischen Textes zu vermitteln.
- **Aspekte gegen den Kriminalroman im 9./10. Jahrgang:** zum Beispiel auf dem Lehrplan sind nur „literarische Krimis", die mehr verhandeln als lediglich ein Verbrechen und seine Aufklärung; kein „positive[r] Suchteffekt" des Lesens, kein „Sog des Lesens, der als Bildungsroman ‚von Pulp Fiction zu Proust'" führt.
- **Aspekt der literarischen Bildung**: Was ist literarische Bildung? Ist literarische Kompetenz literarische Bildung? Gehört zur literarischen Bildung nicht auch die Kenntnis der großen literarischen Werke?
- **Aspekt des Lesevergnügens:** Die ungeklärte Frage, wer der Urheber der Tat ist, erzeugt Spannung und ermuntert zum Weiterlesen.
- **Eigene Position:** Weiß noch nicht.

A

**Teilaufgabe 2: Die zerlegte Aufgabenstellung nutzen**

Wie nutze ich die zerlegte Aufgabenstellung?

*Erstellen Sie eine oder mehr Tabellen, die die Anforderungen der Aufgabe abbildet. Es müssen alle in der Aufgabenstellung genannten Aspekte aufgenommen werden.*

| **PRO** | | | | |
|---|---|---|---|---|
| **Material** | **Ansatz** | **Aspekte/ Argumente** | **Bildung** | **Lesevergnügen** |
| 1 Leiter | | | | |
| 2 Ranking | | | | |
| 3 Zwang zum Buch | | | | |
| 4 Praxis Deutsch | | | | |
| 5 Auswahlkriterien | | | | |

| **KONTRA** | | | | |
|---|---|---|---|---|
| **Material** | **Ansatz** | **Aspekte/ Argumente** | **Bildung** | **Lesevergnügen** |
| 1 Leiter | | | | |
| 2 Ranking | | | | |
| 3 Zwang zum Buch | | | | |
| 4 Praxis Deutsch | | | | |
| 5 Auswahlkriterien | | | | |

PRO: Kompetenz- und Wissenserwerb ist an vielfältigen Texten möglich. Es kommt auf die Übertragbarkeit des Gelernten an.

| **PRO** | | | | |
|---|---|---|---|---|
| **Material** | **Ansatz** | **Aspekte/Argumente** | **Bildung** | **Lesevergnügen** |
| 1 Leiter | | | | |
| 2 Ranking | | | | Krimis und Thriller haben hohes Motivationspotenzial. |
| 3 Zwang zum Buch | | | | |
| 4 Praxis Deutsch | fruchtbarer Ansatz für eine intensive Leseschulung: genaues Lesen | Viele aktuelle Krimis sind mehr als „Schemaliteratur“, mehr als nur ein Genre. Die traditionelle Dichotomie von E- und U-Literatur ist in den vergangenen 20 Jahren stark relativiert. Erfolgreiche Synthese in vielen Werken der Gegenwartsliteratur [Beispiele, auch eigene, nennen] | Krimis sind in besonderer Weise geeignet, Kindern und Jugendlichen formale Gestaltungsprinzipien des literarischen Textes nahe zu bringen. Möglichkeit, gattungsgeschichtliche Kenntnisse auszudifferenzieren und zu erweitern. | |
| 5 Auswahlkriterien | | | | |

KONTRA: Auf die Qualität der Texte kommt es an. Das Lesevergnügen spielt keine Rolle. Schulische Pflichtlektüre scheint Lesevergnügen auszuschließen.

| **KONTRA** | | | | |
|---|---|---|---|---|
| **Material** | **Ansatz** | **Aspekte/Argumente** | **Bildung** | **Lesevergnügen** |
| 1 Leiter | [Nein], es gibt kein literarisches Kontinuum von Pilcher zu Proust; es gibt beim Lesen keinen positiven Suchteffekt. Einstiegsdrogen wie mehr oder minder subtile Genreliteratur führen nicht zur Lektüre anspruchsvoller Texte. | Es gibt verschiedene Lesebedürfnisse, nicht selten rivalisieren sie miteinander in einer Person. „Besser, man beginnt gleich mit ‚Romeo und Julia‘“– hohes Einstiegsniveau! | Unter dem Aspekt literarischer Bildung ist es keinesfalls immer besser, irgendetwas als überhaupt nichts zu lesen. Lesen kann den geistigen Horizont auch drastisch verengen. | |

| KONTRA | | | | |
|---|---|---|---|---|
| **Material** | **Ansatz** | **Aspekte/Argumente** | **Bildung** | **Lesevergnügen** |
| 2 Ranking | | | Konsequenz: [Schule sollte gerade das bieten, was kein Selbstläufer ist.] | |
| 3 Zwang zum Buch | [Das Problem ist die Pflicht, nicht das Genre.] | Die für die Schule vorgesehenen Krimis entsprechen hinsichtlich ihrer Sprache, ihrer Thematik und deren Aufbereitung dem, was seit Jahrhunderten als „gute Literatur" firmiert. Kein Mensch käme auf die Idee, einen Roman von Edgar Wallace oder den neuesten „Taunus Krimi" auf den Lehrplan zu setzen. | Die Schüler sollen lernen, „dass alles im Leben Inszenierung ist – und damit auch Literatur". Das kann man auch an Filmen oder beim Nachdenken über das eigene Leben lernen. | Lesevergnügen wird durch den Pflichtcharakter von Schullektüren eingeschränkt. Aus Lesezwang soll Freiwilligkeit werden. |
| 4. Praxis Deutsch | | | | |
| 5 Auswahlkriterien | | | | |

A

**Teilaufgabe 3: Das zerlegte Material nutzen**

*Wie verarbeite und nutze ich das Material?*

Das zerlegte Material sichten und ordnen:

- *Lassen sich die Pro- bzw. die Kontra-Positionen zusammenfassen?*
- *Gibt es Gemeinsamkeiten innerhalb jeder der beiden Tabellen? Bilden Sie Überschriften.*

**Das zerlegte Material analysieren**

- *Formulieren Sie, warum die einzelnen Autoren eher für oder eher gegen Krimilektüre argumentieren.*
- *Gibt es etwas, was die PRO-Stimmen verbindet?*
- *Wie argumentieren die KONTRA-Stimmen?*

Es kommt darauf an, die Ansatzpunkte der Argumentationen zu ermitteln: Wer für Krimis argumentiert, setzt auf Kompetenzerwerb und Lesefreude, relativiert deshalb die Besonderheit der Gegenstände.

Wer gegen Krimis argumentiert, setzt auf den Unterschied von großer und trivialer Literatur und betont den Bildungswert der großen literarischen Werke.

Der Autor von „Krimi-Couch" (Material 3) sieht die Quelle des Missvergnügens im Pflichtcharakter der Schullektüren.

A

**Teilaufgabe 4: Das zerlegte Material in eine sinnvolle Reihenfolge bringen**

- Wie erstelle ich den Schreibplan?
- Wie baue ich meinen Text auf?

Zuerst die Argumente gegen den Krimi, dann die dafür, am Ende meine Position mit dem stärksten PRO-Argument?

Oder vergleichende Darstellung? Je ein Argument PRO und KONTRA?

- Was ist jeweils das stärkste Argument? Oder gibt es mehrere starke Argumente?
- Wie referiere ich die Gegenargumente? Sachlich oder streitbar / polemisch?
- Zu welchen Argumenten gibt es keine Gegenargumente?

| PRO | KONTRA |
|---|---|
| **Ansatz/Ziele des Literaturunterrichts** | |
| **Kompetenzerwerb und Lesefreude** | **Literarische Bildung und Niveau** |
| Krimis als fruchtbarer Ansatz für eine intensive Leseschulung: genaues Lesen | |
| Textauswahl | |
| Egal, was gelesen wird – die Schüler sollen literarische Kompetenz erwerben. | |
| Literarische Kompetenz heißt, das erworbene Wissen auf unbekannte Texte anwenden zu können. | Es gibt kein literarisches Kontinuum von Pilcher zu Proust; es gibt beim Lesen keinen positiven Suchteffekt. Einstiegsdrogen wie mehr oder minder subtile Genreliteratur führen nicht zur Lektüre anspruchsvoller Texte. |
| Befähigung, Texte auch dann zu reflektieren, zu analysieren oder zu interpretieren, wenn sie für sie/ihn völlig neu sind. | Unter dem Aspekt literarischer Bildung ist es keinesfalls immer besser, irgendetwas als überhaupt nichts zu lesen. Lesen kann den geistigen Horizont auch drastisch verengen. |
| **Textqualität** | |
| Viele aktuelle Krimis sind mehr als „Schemaliteratur", mehr als nur ein Genre. Die traditionelle Dichotomie von E- und U-Literatur ist in den vergangenen 20 Jahren stark relativiert. Erfolgreiche Synthese in vielen Werken der Gegenwartsliteratur [Beispiele, auch eigene, nennen.] | Es gibt verschiedene Lesebedürfnisse, nicht selten rivalisieren sie miteinander in einer Person. Deshalb: „Besser, man beginnt gleich mit ‚Romeo und Julia'"- hohes Einstiegsniveau! |

| **Eignung der Texte** | |
|---|---|
| Krimis sind in besonderer Weise geeignet, Kindern und Jugendlichen formale Gestaltungsprinzipien des literarischen Textes nahe zu bringen.<br>Möglichkeit, gattungsgeschichtliche Kenntnisse auszudifferenzieren und zu erweitern. | Die für die Schule vorgesehenen Krimis entsprechen hinsichtlich ihrer Sprache, ihrer Thematik und deren Aufbereitung dem, was seit Jahrhunderten als „gute Literatur" firmiert. Kein Mensch käme auf die Idee, einen Roman von Edgar Wallace oder den neuesten „Taunus Krimi" auf den Lehrplan zu setzen. |
| Die Schüler sollen zur Freude am Lesen geführt werden. | Lesevergnügen wird durch den Pflichtcharakter von Schullektüren eingeschränkt. |

A

**Teilaufgabe 5: Den Adressaten festlegen bzw. über den Adressaten nachdenken**
**Für wen schreibe ich?**

- Was sind die Merkmale des Adressaten/der Adressatengruppe?
- Was sind dessen/deren Erwartungen?

**Teilaufgabe 6: Von der Tabelle zum Text**

*Formulieren Sie die im ersten Absatz (unter der Überschrift „Ansatz Ziele des Literaturunterrichts" in Teilaufgabe 4) notierten Informationen für und gegen die Krimilektüre im Literaturunterricht in einem zusammenhängenden Text.*
*Sie können folgendermaßen beginnen:*

Es hängt von den Zielen des Literaturunterrichts ab, ob die Krimilektüre einen festen Platz darin erhalten soll. Wer davon überzeugt ist, dass die Schüler literarische Kompetenzen erwerben sollen, die für das Verständnis einer Vielzahl von Texten genutzt werden können, der hat kein Problem mit Krimis als Unterrichtsstoff. Denn literarische Kompetenzen können an verschiedenen und vielfältigen Texten erworben werden, auch an Kriminalromanen. Diese sind z. B. sehr geeignet, um das genaue Lesen zu schulen. Das gilt umso mehr, wenn zudem Lesefreude im Spiel ist.
Wer demgegenüber auf literarische Bildung setzt, der …

**Übungsaufgabe zur Klausurvorbereitung für Jahrgangsstufe 10–12 (B 4)**

*In einer 8. Klasse soll Gudrun Pausewangs Roman* Die Wolke *gelesen werden. Einige Eltern weisen darauf hin, dass auf Spiegel online kürzlich kontrovers diskutiert wurde, ob Jugendromane wie* Die letzten Kinder von Schewenborn *und* Die Wolke *als Schullektüren ungeeignet sind.*
*Damit die Eltern sinnvoll diskutieren können, ob diese Warnung berechtigt ist, sollen Sie einen Informationstext verfassen, in dem Sie auf der Basis der vorliegenden Materialien die verschiedenen Positionen und Argumente geordnet darstellen.*
*Organisieren Sie den materialgestützten Schreibprozess so, wie Sie es im Unterricht gelernt haben.*

**Material 1: Schock-Kinderliteratur Pädagogische Horrorshow**

Das literarische Einschüchtern junger Leser, um sie zu kritischen Bürgern zu erziehen, war zu dieser Zeit pädagogisch voll en vogue, wie viele Schüler am eigenen Leib erfuhren. Geeignete Angstthemen gab es mehr als genug: Zur Aufarbeitung des Zweiten Weltkriegs standen Bücher über Flucht, Bomben und Vernichtung auf dem Stundenplan. In „Der gelbe Vogel" erzählte US-Autor Myron Levoy vom jüdischen Mädchen Naomi, das mitansehen muss, wie ihr Vater von den Nazis erschlagen wird, und das schwer traumatisiert in der Psychiatrie landet. Hans Peter Richter beschrieb in „Damals war es Friedrich", wie ein jüdischer Junge in Berlin bei einem Bombenangriff stirbt, weil ihn die Nachbarn nicht in den Luftschutzkeller lassen wollen.

Später kamen Tagebücher von Drogenabhängigen dazu („Wir Kinder vom Bahnhof Zoo", „Fragt mal Alice"), um die Gymnasiasten vom Heroin abzuhalten. Auch sie waren keineswegs zimperlich geschrieben. So schilderte etwa Christiane F. in ersterem Roman ihre Entzugsversuche: „Es war weißer Schaum, den ich auf den Teppich spuckte. Ich dachte, wie früher bei meiner Dogge, wenn sie Gras gefressen hatte. Das Husten und das Kotzen hörten gar nicht mehr auf."

Das literarische Einschüchtern junger Leser, um sie zu kritischen Bürgern zu erziehen, war zu dieser Zeit pädagogisch voll en vogue, wie viele Schüler am eigenen Leib erfuhren. Geeignete Angstthemen gab es mehr als genug: Zur Aufarbeitung des Zweiten Weltkriegs standen Bücher über Flucht, Bomben und Vernichtung auf dem Stundenplan. In „Der gelbe Vogel" erzählte US-Autor Myron Levoy vom jüdischen Mädchen Naomi, das mitansehen muss, wie ihr Vater von den Nazis erschlagen wird, und das schwer traumatisiert in der Psychiatrie landet. Hans Peter Richter beschrieb in „Damals war es Friedrich", wie ein jüdischer Junge in Berlin bei einem Bombenangriff stirbt, weil ihn die Nachbarn nicht in den Luftschutzkeller lassen wollen. [...]

Später kamen Tagebücher von Drogenabhängigen dazu („Wir Kinder vom Bahnhof Zoo", „Fragt mal Alice"), um die Gymnasiasten vom Heroin abzuhalten. Auch sie waren keineswegs zimperlich geschrieben. So schilderte etwa Christiane F. in ersterem Roman ihre Entzugsversuche: „Es war weißer Schaum, den ich auf den Teppich spuckte. Ich dachte, wie früher bei meiner Dogge, wenn sie Gras gefressen hatte. Das Husten und das Kotzen hörten gar nicht mehr auf."



**Material 2: Forum: Diskutieren Sie über diesen Artikel**

*Holm Reuter, 28.02.2014*

Der Autor hat die Stimmung der Bücher gut getroffen. 5/8 habe ich selbst im Lauf meiner Schulzeit für den Unterricht lesen müssen. „Die Wolke" war dabei das erste und ich entsprechend am jüngsten. Hat es mir geschadet? Denke nicht. Hätte man sinnvolleres lesen können/sollen? Vermutlich schon. Aber gerade das Atom-Thema war damals halt sowas von „in", ging wohl leider nicht anders.

http://www.spiegel.de/einestages/die-letzten-kinder-von-schewenborn-horror-schocker-kinderliteratur-a-959122.html#js-article-comments-box-pager, recherchiert am 26.02.2016.

**Material 3: Forum: Diskutieren Sie über diesen Artikel**

*Siegfried Wittenburg 28.02.2014*

Nun, das Märchen, in dem der böse Wolf das liebe Rotkäppchen und die Großmutter frisst, ist auch nicht ohne Horror. Etwa zeitgleich, als es diese Bücher gab, sind die jungen Menschen im Osten in die Kinos geströmt, um sich dort die Apokalypse anzusehen. Diese Filme kamen aus der Sowjetunion in der Ära Glastnost und Perestroika, waren monatelang ausverkauft und die Horrorszenen entsprachen diesen Büchern. Und das Szenario vom Reaktorunglück ist 1986 Wirklichkeit geworden: in Tschernobyl, Weißrussland. Eine Stadt mit 50.000 Einwohnern ist vollkommen evakuiert worden. Die Zahl der Toten, Strahlenkranken und Missgeburten wird verschleiert. Nach einer Studie von Greenpeace beträgt die Zahl der Krebserkrankungen 270.000, von denen 98.000 tödlich enden werden. Aber die Wissenschaftler streiten sich. Auch in Fukushima. Sterbende Wälder, tote Flüsse und vergiftete Luft waren in den Industriegebieten der osteuropäischen Staaten an der Tagesordnung. Die Lebenserwartung der dort lebenden Menschen war dort niedrig, ist es oft heute noch. Also: Diese Schock-Romane entsprachen bereits der Realität. Und diese war vom hessischen Schlitz nicht weit entfernt. Es war nur eine Mauer dazwischen.

http://www.spiegel.de/einestages/die-letzten-kinder-von-schewenborn-horror-schocker-kinderliteratur-a-959122.html#js-article-comments-box-pager, recherchiert am 26.02.2016.

**Material 4: Forum: Diskutieren Sie über diesen Artikel**

*Stefan Arenz 28.02.2014*

Es ist schon ein Unterschied, ob man als Kind ein Märchen mit einem sprechenden Wolf liest – oder eine realistisch anmutende Erzählung, die in sehr drastischen Worten beschreibt, wie – heutzutage! - Menschen sterben, und die schlicht Angst macht. Ich kann mich an „Die Wolke" auch erinnern, das fand ich als Kind schlimm, regelrecht fürchterlich fand ich aber jene „Jugendbücher", in denen Jugendliche Drogen nahmen, kriminell wurden oder ähnliches, was ebenfalls stets auf grausigste Art und Weise beschrieben wurde. Ich hatte Albträume nach solchen Büchern, mit meiner Welt hatten diese Bücher nichts zu tun, ich habe das vermutlich nicht einmal richtig verstanden. Hätte ich einen brutalen Thriller im Fernsehen gesehen, ich wäre kaum weniger verstört gewesen. Ich finde schlicht, es ist nicht erforderlich, Kindern in dieser Art und Weise Angst zu machen. Kinder und Jugendliche sollen m.E. weitgehend sorglos leben, die Sorgen kommen noch früh genug. Eine „erzieherische Wirkung" haben solche Bücher m.E. ohnehin nicht. Beispiel Drogen: Wenn man ein Buch liest, in dem in drastischen Worten Heroin-Konsum beschrieben wird, dann schreckt das Kinder bzw. Jugendliche in keiner Weise davon ab, mit ihren Kumpels später einen Joint zu rauchen. Man fängt ja schließlich nicht mit Heroin an. Was mich an diesen „Jugendbüchern", insbesondere von Frau Pausewang, schon als Jugendlicher so gestört hat – neben der Gewalt, dem Schrecken und der Trauer –, war dieser moralische Zeigefinger. Wenn Sie sagen, es stimme ja, dass in Tschernobyl viele tausend Menschen gestorben sind und verstrahlt wurden – was hinsichtlich der Zahlen sehr umstritten ist – : Wozu muss man Kinder und Jugendliche damit behelligen und ihnen solchen Horror noch blumig ausmalen? Welchen Sinn soll das haben? Sollen Sie damit „erzogen" werden? Ich weiß noch, wie erleichtert ich damals war, als ich „Die unendliche Geschichte" von Michael Ende las. Am Anfang heißt es sinngemäß, dass der kleine Junge, von dem die Geschichte u.a. handelt, diese ganzen düsteren hyperrealistischen Geschichten in den Jugendbüchern von heute nicht möge, dass er viel lieber fantastische Geschichten mit hochroten Ohren unter der Bettdecke lesen würde, bei denen er völlig in die Geschichten eintauchen und alles um sich herum vergessen könne.

http://www.spiegel.de/einestages/die-letzten-kinder-von-schewenborn-horror-schocker-kinderliteratur-a-959122.html#js-article-comments-box-pager, recherchiert am 26.02.2016.

**Material 5: Forum: Diskutieren Sie über diesen Artikel**

*Wolfgang Wagener 28.02.2014*

Traumatisiert? Ach Gottchen ... Ja, und die vorherige Kindergeneration war schon schwer traumatisiert von den Vietnam-Bildern in der Tagesschau. Und heute werden die Kiddies laufend traumatisiert von Egoshootern, Action- und Splatterfilmen, von Pornobildchen auf dem Smartphone und und und... wenn ich aus dem Fenster schaue, sehe ich quasi nur traumatisierte Halbwüchsige ... Nee, lasst mal stecken, so schnell geht das nicht mit dem Traumatisieren. Der einzig wahre Kern dieses Artikels: Jede Schullektüre scheint zu nerven. Ob Goethe (klassische Bildung, elitär, pfui!) oder Pausewang (pädagogische Aufklärung – geht garnicht!). Doch das liegt wohl weniger an der Lektüre als vielmehr am Geschick der Lehrkräfte.

http://www.spiegel.de/einestages/die-letzten-kinder-von-schewenborn-horror-schocker-kinderliteratur-a-959122.html#js-article-comments-box-pager, recherchiert am 26.02.2016.

**Material 6: Gustav-Heinemann-Friedenspreis für Kinder- und Jugendbücher 1984**

Diese Geschichte soll die Vernichtung der Menschheit durch einen Atomkrieg vorstellbar machen. Der 12-jährige Sohn berichtet als Ich-Erzähler, wie er, seine Eltern und Geschwister das Leben und Sterben in den Jahren nach dem Atombombenabwurf in Schewenborn erlebten.

Die Menschen können es zunächst nicht fassen, geschäftig versuchen sie ihr Eigentum aus den brennenden Häusern zu retten, und warten auf die Hilfe des Roten Kreuzes. Langsam aber müssen sie erkennen, dass halb Europa atomar verseucht ist. In der nahen Stadt Fulda hat es nur wenige Überlebende gegeben, die mit Brandwunden, verstümmelt und durstend nach einigen Tagen hilfesuchend Schewenborn erreichen. Das ganze Ausmaß der Katastrophe wird deutlich; viele Menschen sterben an den unmittelbaren Strahlenfolgen, dann an Seuchen und Hunger. Für die wenigen Überlebenden ist die Moral der Zeit vor der Bombe hinfällig geworden; jeder, der stirbt, ist ein Esser weniger. „Haben Sie irgendetwas für den Frieden getan?" fragt ein Kind. Vier Jahre später unterrichtet der inzwischen 17-jährige Erzähler zusammen mit seinem Vater die letzten Kinder von Schewenborn.

„Ich habe die Katastrophe und ihre Folgen hier glimpflich und harmloser geschildert, als sie vermutlich in Wirklichkeit wäre. Denn ich musste jemanden überleben lassen können, der noch in der Lage ist, darüber zu berichten", schreibt Gudrun Pausewang im Nachwort.

„Das Buch verwandelt die Angst vor einem Atomkrieg in eine konkrete Furcht. Im Gegensatz zur Angst, die mehr lähmt, lässt uns die Furcht die Gefahr erkennen und Kräfte zu ihrer Beseitigung mobilisieren. Insofern macht das Buch nicht ängstlich, sondern mutig, nicht blind, und hellsichtig", aus der Laudatio von Prof. Dr. Paul Ackermann.



**Material 7: Gudrun Pausewang wird 85**

Sie schreibt und schreibt und schreibt. Dabei könnte Gudrun Pausewang es eigentlich ruhiger angehen lassen in ihrem Alter. Sie hat schließlich viel geschafft und 94 Bücher geschrieben.

Das wohl erfolgreichste, „Die Wolke", wurde knapp zwei Millionen Mal verkauft und in 15 Sprachen übersetzt. Der Roman nach dem Reaktorkollaps 1986 in Tschernobyl traf den Nerv der Zeit. Nach der Nuklearkatastrophe von Fukushima 2011 wurde das Thema wieder aktuell und Pausewang war eine gefragte Gesprächspartnerin. Jetzt ist es zwar wieder ruhiger geworden. Aber die renommierte Jugendbuchautorin aus Schlitz, einer Kleinstadt in Hessen, hat noch viel vor, sie will weiterschreiben. An diesem Sonntag (3. März) wird sie 85 Jahre alt.

Pausewang, leidenschaftliche Kämpferin für Natur und Frieden, hat vier Millionen Bücher verkauft. Die ersten zehn Jahre beschäftigte sie sich mit Literatur für Erwachsene. Den Großteil ihrer Bücher verfasste sie aber für Jugendliche. Vier Hauptthemen sind für sie prägend: „Krieg und Frieden", „die Armut in Südamerika", „Schutz der Umwelt" und „Nie mehr Nationalsozialismus", sagt sie. Über die NS-Epoche sagt Pausewang: „Ich bin noch Zeitzeuge. Mein Vater war ein überzeugter Nazi und ich wurde zum kleinen Nazi erzogen." Neben „Die Wolke" (1987), für das sie 1988 den Deutschen Jugendliteraturpreis bekam, verfasste sie so bekannte Titel wie „Die Not der Familie Caldera" (1977) und „Die letzten Kinder von Schewenborn" (1983). Nach Fukushima schrieb sie „Noch lange danach". (2013)

# 3. Aufgabenkomplex Kompetenzbereich Lesen (zu Teil A 3.3)

Wissensbestände aktivieren und nutzen (Fokus auf Teil A: 2.6.3 Welche Rolle spielt das Wissen bei der Aufgabenentwicklung und -bearbeitung?)

Am Ende der Sekundarstufe I sollen die Schüler in der Lage sein, „wesentliche Informationen aus linearen und nichtlinearen Texten zusammen[zu]fassen" (BS HSA 2004: 12), „nichtlineare Texte (auch im Zusammenhang mit linearen Texten) aus[zu]werten: z.B. Schaubilder" (BS HSA 2004: 14). Entsprechende Kompetenzanforderungen formulieren auch die BS MSA.

Deshalb bietet dieses Kapitel Aufgaben, die zum Verständnis und zur Auswertung von Tabellen, Diagrammen und Schaubildern anleiten. Schwerpunktmäßig geht es darum, dass Tabellen und Diagramme andere Herausforderungen an die Leser stellen als kontinuierliche (lineare) Texte. Um bei Grafiken und Tabellen den inhaltlichen Zusammenhang herzustellen, müssen zahlreiche unverbundene Elemente verknüpft werden. Dazu muss Textsortenwissen genutzt werden, um die einzelnen Angaben zu benennen und auf dieser Basis Bedeutungshypothesen zu bilden.

| Klasse | Ziel/Thema | Gegenstände | Aufgabenmerkmale |
|---|---|---|---|
| 5/6 | Verstehensstrategien, Wörterbucharbeit | Rechtsverordnungen, Leistungsbewertung | Anleitung durch halboffene Lernaufgaben, Selbstdifferenzierung |
| 10–12 | Den Zusammenhang von Fragestellung und Wertung in Tabellen und Diagrammen kennen und erklären können | Comics als fachbezogene Gegenstände | Verbalisierung von Diagramminhalten, Inferenzbildung, Erklärungsaufgaben |

Tab. 16: Übersicht über die in diesem Kapitel vorgestellten Aufgabenkomplexe

## 3.1 Erster Aufgabenkomplex: Jahrgangsstufen 5/6

**Thema**: Verstehenshindernisse wahrnehmen und überwinden
**Ziel:** In diesem Aufgabenkomplex geht es zum einen darum, die Schüler für Verstehensbarrieren zu sensibilisieren. Sie sollen wahrnehmen, wo sie stocken, was sie nicht verstanden haben, statt einfach darüber hinweg zu lesen. Zum anderen werden strategische Schritte vorgestellt und geübt, mit deren Hilfe sich die Verstehensschwierigkeiten überwinden lassen.
Die gesetzlichen Bestimmungen zur „Leistungsbewertung" aus Nordrhein-Westfalen erscheinen insofern als geeignete Textgrundlage, weil Schwierigkeiten wie zahlreiche Komposita und abstrakte Begriffe mit einem für Schüler belangvollen Thema verknüpft sind. Wenn der hier gewählte Text zu schwierig ist, kann ein anderer Text mit entsprechenden lexikalischen Merkmalen gewählt werden.

**Gegenstände:** Grundsätze der Leistungsbewertung NRW.
**Bezugsquelle**: Schulgesetz für das Land Nordrhein-Westfalen (Schulgesetz NRW – SchulG) vom 15. Februar 2005, Stand: 15.08.2015
**Lernvoraussetzungen:** Die Schüler können bei Wortzusammensetzungen zwischen Grundwort und Bestimmungswort unterscheiden und mit dem Bedeutungswörterbuch arbeiten. Sie wissen, dass man von der sprachlichen Form auf die mögliche Absicht des Verfassers schließen kann.

A

## Aufgabenschritte zur Bearbeitung (B 5)

**Teilaufgabe 1: Vor dem Lesen**

Vielleicht warst du schon mal über das Ergebnis einer Klassenarbeit oder über eine Zeugnisnote überrascht. Du konntest dir nicht recht erklären, warum du gerade diese Note erhalten hast. Da ist es hilfreich, das Schulgesetz zu kennen. Dort ist festgelegt, wie die Leistung von Schülerinnen und Schülern zu bewerten ist.
Das Verständnis schwieriger Texte fängt schon vor dem Lesen an:

*(1) Notiere, was du über Leistungsbewertung oder Benotung weißt.*

*(2) Was könnte im Schulgesetz über Leistungsbewertung gesagt werden? Tausche dich mit deinem Tischpartner darüber aus und notiert eure Erwartungen*

A

**Teilaufgabe 2: den Text lesen und das erste Verständnis überprüfen**

*(1) Lies nun den folgenden Text.*

**§ 48 Grundsätze der Leistungsbewertung**

(1) *Die Leistungsbewertung soll über den Stand des Lernprozesses der Schülerin oder des Schülers Aufschluss geben; sie soll auch Grundlage für die weitere Förderung der Schülerin oder des Schülers sein. Die Leistungen werden durch Noten bewertet. Die Ausbildungs- und Prüfungsordnungen können vorsehen, dass schriftliche Aussagen an die Stelle von Noten treten oder diese ergänzen.*

(2) *Die Leistungsbewertung bezieht sich auf die im Unterricht vermittelten Kenntnisse, Fähigkeiten und Fertigkeiten. Grundlage der Leistungsbewertung sind alle von der Schülerin oder dem Schüler im Beurteilungsbereich „Schriftliche Arbeiten" und im Beurteilungsbereich „Sonstige Leistungen im Unterricht" erbrachten Leistungen. Beide Beurteilungsbereiche werden bei der Leistungsbewertung angemessen berücksichtigt. [...]*

(5) *Verweigert eine Schülerin oder ein Schüler die Leistung, so wird dies wie eine ungenügende Leistung bewertet.*

Schulgesetz für das Land Nordrhein-Westfalen (Schulgesetz NRW - SchulG) vom 15. Februar 2005, Stand: 15.08.2015.

A

*(2) Einiges hast du sicher verstanden. Überprüfe dein Textverständnis, indem du folgende Sätze ergänzt:*

A: In diesem Text geht es um Bewertung von

..........................................................................................................

B: Es werden Leistungen aus .............. Bereichen bewertet. Die Bereiche heißen ........................................................ und ......................................

C: Leistungen werden in Form von ................................................ bewertet.

D: Es werden ............ von den Schülerinnen und Schülern erbrachten Leistungen bewertet.

Lösung:

A: Bewertung von Schülerleistungen/Leistungen von Schülern o. Ä.

B: Leistungen aus zwei Bereichen; sie heißen „Schriftliche Arbeiten" und „Sonstige Leistungen im Unterricht".

C: Bewertung in Form von Noten und/oder schriftlichen Aussagen.

D: Bewertet werden alle erbrachten Leistungen.

A

**Teilaufgabe 3: Verstehensschwierigkeiten wahrnehmen**

*Wenn du nicht alle Fragen vollständig beantworten konntest, dann bekommst du hier Hilfe.*

*(1) Lies den Text noch einmal und markiere die Wörter und Wendungen, die du nicht verstehst.*

*(2) Welche Wörter und Wendungen hast du nicht verstanden? Trage sie in die linke Spalte der folgenden Tabelle ein:*

| Schwierige Wörter und Wendungen | Bedeutung |
|---|---|
| z. B. Aufschluss geben | |
| | |
| | |
| | |
| | |
| | |
| | |
| | |
| | |

*(3) Hast du Vermutungen, was diese Wörter und Wendungen bedeuten? Tausche dich mit deinem Tischnachbarn darüber aus. Wo ihr euch sicher seid, könnt ihr die Bedeutung in die rechte Spalte eintragen.*

A

**Teilaufgabe 4: Lösungsstrategie I: mit dem Bedeutungswörterbuch bzw. dem Internet arbeiten**

*(1) Überprüfe, ob das Bedeutungswörterbuch oder das Internet (http://synonyme.woxikon.de/synonyme/erweitern.php) über die Bedeutung Auskunft gibt. Trage deine Ergebnisse in die rechte Spalte ein. Du kannst auch den Thesaurus bei Word nutzen.*

*(2) Tauscht euch in der Klasse über die Ergebnisse aus und berichtigt sie, wenn es nötig ist.*

Lösung: beispielsweise

| Schwierige Wörter und Wendungen | Bedeutung |
|---|---|
| Aufschluss geben | informieren über, anzeigen, hinweisen auf |
| vorsehen | bestimmen |
| an die Stelle von etwas treten | die Vertretung übernehmen, ersetzen |
| ergänzen | erweitern, vervollständigen |

A

**Teilaufgabe 5: Lösungsstrategie II: Zusammengesetzte Nomen paraphrasieren**

*(1) Bei manchen Wendungen helfen das Bedeutungswörterbuch und auch das Internet nicht immer weiter. Wenn du noch nicht alle schwierigen Wörter und Wendungen geklärt hast, dann trage sie in die linke Spalte der folgenden Tabelle ein.*

*(2) Lies dann den Text noch einmal. Wenn du an der Stelle bist, wo eines der unklaren Wörter steht, dann umschreibe es mit eigenen Worten. Es kann auch hilfreich sein, das Wort zu zerlegen.*

| Schwierige Wörter und Wendungen | Umschreibung mit eigenen Worten |
|---|---|
| Lernprozess | Das Lernen über einen bestimmten Zeitraum hinweg, z. B. über sechs Wochen oder ein Schulhalbjahr |
| Ausbildungs- und Prüfungsordnung | |

Lösung: zum Beispiel:

| Schwierige Wörter und Wendungen | Umschreibung mit eigenen Worten |
|---|---|
| Leistungsbewertung | Benotung; Beurteilung von Leistungen der Schüler |
| Lernprozess | Das Lernen über einen bestimmten Zeitraum hinweg, z. B. über sechs Wochen oder ein Schulhalbjahr |
| Prüfungsordnung | Darin sind Voraussetzungen und Ablauf von Prüfungen festgelegt. |

| | |
|---|---|
| Ausbildungsordnung | Darin sind Voraussetzungen und Ablauf einer Ausbildung festgelegt: z. B. als Krankenpfleger |
| Beurteilungsbereich | Gebiet, das mit Noten oder schriftliche Aussagen bewertet wird. |

*(3) Tauscht euch in der Klasse über die Ergebnisse aus und überprüfe deine Ergebnisse.*

A

**Teilaufgabe 6: weitere schwierige Wörter und Wendungen klären**

*Hast du verstanden, was „erbracht" und „berücksichtigt" bedeutet? Du darfst auch die Lehrkraft fragen.*

Lösung: „Erbracht" kommt von „erbringen" und „berücksichtigen" heißt, „etwas einbeziehen".

**Teilaufgabe 7: den Text noch einmal lesen und das Verständnis sichern**

*(1) Lies den Auszug aus dem Schulgesetz noch einmal.*

*(2) Überprüfe, ob du den Text jetzt besser verstanden hast, indem du folgende Aussagen überprüfst.*

| Im Schulgesetz steht: | Trifft zu | Trifft nicht zu |
|---|---|---|
| Mündliche Leistungen im Unterricht werden nicht bewertet. | | |
| Die Zeugnisnote besteht aus der Summe der Klassenarbeiten. | | |
| Eine Leistung ist ungenügend, wenn ein Schüler oder eine Schülerin sich überhaupt nicht am Unterricht beteiligt oder immer ein leeres Heft abgibt. | | |
| Die Leistungsbewertung zeigt an, wo ein Schüler oder eine Schülerin Unterstützung oder Hilfe braucht. | | |
| Die schulischen Leistungen eines Schülers oder einer Schülerin können auch durch Berichte über die Leistungen angezeigt werden. | | |
| Bewertet werden mündliche und schriftliche Leistungen, die sich auf den Unterrichtsstoff beziehen. | | |
| Die Zeugnisnote besteht aus der Summe der Klassenarbeiten. | | |
| Es darf nur das bewertet werden, was auch im Unterricht besprochen wurde. | | |
| Es gibt zwei Beurteilungsbereiche, die in die Zeugnisnote eingehen. | | |
| Nur die schriftlichen Leistungen werden bewertet. | | |
| Leistungen werden immer durch Noten bewertet. | | |
| (12) Noten zeigen die Leistungen eines Schülers oder einer Schülerin an. | | |

Lösung: Trifft zu: 3, 4, 5, 6 Trifft nicht zu: 1, 2, 7, 10, 11

*(3) Wenn du Schwierigkeiten hattest, die Aussagen richtig zu beurteilen, dann lies den Text noch einmal und suche zu jeder Aussage eine passende Textstelle. Dann klappt es bestimmt.*

**Alternative: Selbstdifferenzierung durch Wahlangebote**

Man kann diese Aufgabe auch als „Du kannst ... Aufgabe" gestalten:

(1) *Wenn du meinst, dass du den Text verstanden hast, dann überprüfe die Aussagen in der Tabelle von Teilaufgabe 7.*

(2) *Wenn du nicht sicher bist, ob du den Text verstanden hast, kannst du dein Verständnis überprüfen, indem du den Lückentext von Teilaufgabe 2 vervollständigst.*

(3) *Wenn du nicht alle Fragen vollständig beantworten konntest, dann kannst du die Tabellen in Teilaufgabe 3 und 4 nutzen – in Verbindung mit dem Bedeutungswörterbuch und dem Internet.*

(4) *Du kannst auch in eigenen Worten aufschreiben, was du verstanden hast.*

(5) *Du kannst auch aufschreiben, welche Fragen das Schulgesetz nicht beantwortet.*

## 3.2 Zweiter Aufgabenkomplex: Jahrgangsstufen 10–12

**Thema: Tabellen und Diagramme verstehen und kritisch auswerten**

**Ziel**: In diesem Aufgabenkomplex geht es darum, Wissen über bestimmte Diagrammtypen zu aktivieren, und zu zeigen, dass die Tabellen und Diagramme in sprachwissenschaftlichen Studien Wertungen nahelegen, die zwar nicht beabsichtigt sind, aber geeignet, bestimmte Vorurteile zu stützen. Die dokumentierten Tabellen und Grafiken befördern den Eindruck, dass Comics eher minderwertig sind, weil ihre sprachliche Gestalt als restringiert bzw. defizitär erscheint.

**Gegenstände:** Jugendschriften-Warte Nr. 4/1956, S. 26.

Bezugsquelle: http://www.nibis.de/nli1/chaplin/portal%20neu/materialien_verleih/nils_publikationen/texte_medbildung/web_gefaehrl_esen_.pdf (recherchiert am 30.08.2015)

Silvia Sperling & Stephan Weiß: Ist der Comic gute Jugendliteratur oder wertlose Unterhaltungslektüre?

Bezugsquelle: http://images.google.de/imgres?imgurl=http://www.linse.uni-due.de/Projekte/comicsprache/enten/bilder/diagramm4.jpg&imgrefurl=http://www.linse.uni-due.de/Projekte/comicsprache/enten/enten.htm&h=210&w=400&tbnid=5qTCYFh5QJY9KM:&zoom=1&tbnh=90&tbnw=171&usg=_LdF8DyUSAMLSOpWsoNm3xvtZh_g%3D&docid=OLSOMGwQeFaZwM&client=firefox-a&sa=X&ei=bzlzVLPdMMjWPeDxgYAM&ved=0CFMQ9QEwCA, recherchiert am 20.05.2016.)

Will Eisner (1985): Comics and Sequential Art. Kompetenzprofil der Comicschaffenden. Tamarac.

Bezugsquelle: http://hannesradke.blogspot.de/2010/10/kompetenzprofil-nach-eisner.html (recherchiert am 30.08.2015)

**Lernvoraussetzungen:** Tabellen und einfache Diagramme verstehen, Merkmale benennen. S

**Aufgabenschritte zur Bearbeitung (B 6)**

A

**Teilaufgabe 1: Ermittlung der Vorkenntnisse**

Aufgabe zur Medienbeschäftigung in der Freizeit 2013

– täglich/mehrmals pro Woche –

– bis zu drei Nennungen -

(1) *Formuliere in ein oder zwei Sätzen, worüber die folgende Tabelle informiert.*

| Mädchen | | Jungen |
|---|---|---|
| 93 | Handy | 87 |
| 90 | Internet* | 89 |
| 87 | Fernsehen* | 89 |
| 77 | MP3 | 81 |
| 82 | Radio* | 76 |
| 56 | Musik-CDs/-kassetten | 52 |
| 54 | Digitale Fotos machen | 40 |
| 19 | Computer-/Konsolen-/Onlinespiele | 70 |
| 49 | Bücher | 31 |
| 29 | Tageszeitung | 41 |
| 29 | DVD/Video | 35 |
| 18 | Computer (offline) | 29 |
| 21 | Zeitschriften/Magazine | 24 |
| 12 | Tageszeitung (online) | 16 |
| 9 | Zeitschriften (online) | 14 |
| 14 | Hörspielkassetten/-CDs | 9 |
| 9 | Digitale Filme/Videos machen | 9 |
| 4 | E-Books lesen | 4 |
| 1 | Kino | 1 |

JIM-Studie 2013, S. 11, Angaben in Prozent; *egal, über welchen Weg; Basis: alle Befragten, n =1.200.

Lösung: (1) Die Tabelle informiert über die Häufigkeit der Medienbeschäftigung in der Freizeit von Jungen und Mädchen im Jahr 2013.

A

*(2) Bestimmen Sie in jeder Spalte das Maximum und das Minimum.*

*(3) Vergleichen Sie die Werte in den Spalten „Mädchen" und „Jungen": Wo (in Bezug worauf) sind die Unterschiede am größten und wo am geringsten?*

*(4) Erklären Sie den Unterschied zwischen absoluter und prozentueller Häufigkeit.*

*(5) Wenn Sie diese Tabelle als Diagramm darstellen sollen, welche Art von Diagramm ist geeignet? Erklären Sie Ihre Entscheidung.*

*(6) Informieren Sie in einem Text von einer halben Seite über den Inhalt der Tabelle.*

Lösung:

(2) Das Maximum liegt bei der Handy-Nutzung (Mädchen 93 Prozent, Jungen 87 Prozent). Das Minimum bezieht sich auf Kinobesuch und liegt bei beiden Geschlechtern bei 1 Prozent.

(3) Am größten ist der Unterschied im Bereich Computer-/Konsolen-/Onlinespiele; in den Bereichen Digitale Filme/Videos machen, E-Books lesen und Kino gibt es keinen Unterschied.

(4) Die absolute Häufigkeit gibt die tatsächliche Anzahl der jeweiligen Äußerungen an. Ein Beispiel: In einer Umfrage werden 1000 Personen nach der Dauer der täglichen Internetnutzung befragt. Bei der Auszählung stellt man fest, dass 750 Personen täglich mehr als zwei Stunden das Internet nutzen. Damit beträgt die absolute Häufigkeit dieser Klasse 750. Um die prozentuelle Häufigkeit zu ermitteln, muss diese Zahl auf die Gesamtzahl der Befragten bezogen und mit 100 multipliziert werden: 750 durch 1000 mal 100. 750 der 1000 Befragten sind 75 Prozent.
(5) Linien- oder Kurvendiagramm mit zwei Kurven oder doppeltes Balkendiagramm
(6) „Bezogen auf eine regelmäßige Nutzung, also mindestens mehrmals pro Woche, sind die Medien mit der höchsten Alltagsrelevanz Handy, Internet und das Fernsehen, die von etwa 90 Prozent der Jugendlichen regelmäßig genutzt werden. Musik spielt für Jugendliche seit jeher eine zentrale Rolle, entsprechend hören vier von fünf Jugendlichen mindestens mehrmals pro Woche Radio oder MP3-Dateien. Tonträger wie CDs werden mit 54 Prozent nur noch von jedem zweiten Jugendlichen regelmäßig genutzt.

Etwa jeder Zweite zwischen 12 und 19 Jahren fotografiert regelmäßig mit einer Digitalkamera. 45 Prozent kann man zu den regelmäßigen Spielern zählen, die sich entweder mit Computer- oder Konsolenspielen bzw. mit Spielen im Internet beschäftigen.
Das Lesen von Büchern ist auch in der digitalen Welt für zwei von fünf Jugendlichen eine reguläre Freizeitbeschäftigung. E-Books sind bislang noch nicht im Alltag angekommen: Nur vier Prozent der Jugendlichen lesen regelmäßig elektronische Bücher.
35 Prozent informieren sich regelmäßig in einer (gedruckten) Tageszeitung, 14 Prozent greifen hierzu auf die Onlineangebote der Verlage zurück. Die Nutzung von Filmen über DVD oder Video ist für jeden Dritten eine Option. Den Computer in der Freizeit ohne das Internet zu nutzen ist für knapp ein Viertel (23 %) relevant.
23 Prozent lesen regelmäßig (gedruckte) Zeitschriften, Ableger von Magazinen im Internet nutzen zwölf Prozent mindestens mehrmals pro Woche. Hörspiele und Hörbücher werden von zwölf Prozent gehört. Neun Prozent zeigen sich kreativ und drehen regelmäßig Videofilme.
Bei der Betrachtung der regelmäßigen Kinogänger ist es sinnvoll die Zeitspanne weiter zu definieren: Innerhalb von 14 Tagen gehen 18 Prozent der Jugendlichen ins Kino, 72 Prozent geben an, zumindest einmal im Monat einen Film im Kino anzuschauen.
Während Internet und Fernsehen von Jungen wie Mädchen gleichermaßen häufig genutzt werden, zeigt sich eine Präferenz der Mädchen für die Nutzung von Handy, Radio, Digitalkamera und Büchern. Jungen nutzen hingegen häufiger Computer-, Konsolen-, oder Onlinespiele, Tageszeitungen, DVD/Video sowie den Computer (offline)."

Medienpädagogischer Forschungsverbund Südwest/JIM-Studie 2013, S. 12: www.mpfs.de/fileadmin/JIM-pdf13/JIMStudie2013.pdf.

**Teilaufgabe 2: Die Leistung von Tabellen und Diagrammen unterscheiden**

Die folgenden drei Schaubilder sind einer sprachwissenschaftlichen Arbeit entnommen, die zwei Donald Duck-Comics untersucht, und zwar im Hinblick auf Satzlänge, Satzvollständigkeit Silbenzahl, Wortarten, Interjektionen, Fremdwörter. Die Studie aus dem Jahr 2000 will die Frage klären, ob „der Comic gute Jugendliteratur oder wertlose Unterhaltungslektüre" ist.

**Satzlänge (Linien-/Kurvendiagramm)**
Die folgende Grafik bezieht sich auf zwei Comics und zeigt das Verhältnis von kurzen und langen Sätzen.

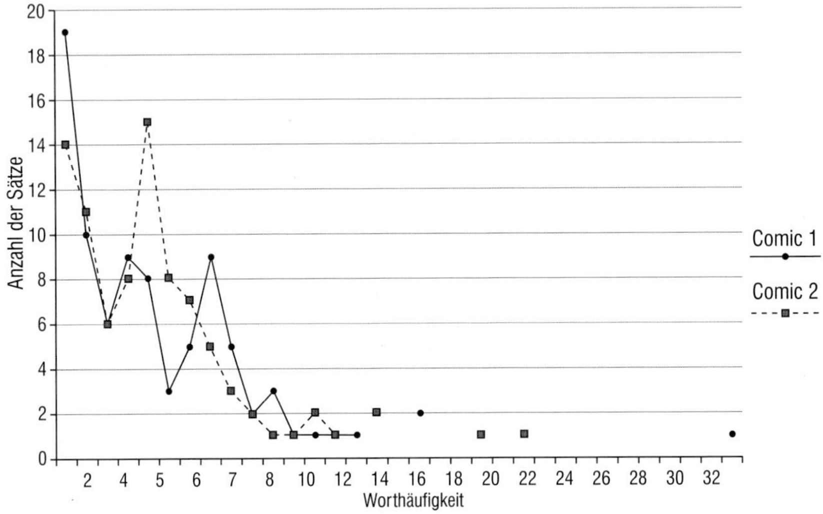


© LINSE: Linguistik-Server http://www.linse.uni-due.de/Projekte/comicsprache/enten/enten.htm #Korpusbeschreibung.

A

*(1) Formulieren Sie, welche Information das Diagramm bietet. Lösung: Die meisten Sätze haben nur ein bis vier Wörter. Lediglich vier bis fünf Sätze haben zwischen zehn und 15 Wörtern.*

*(2) Warum wäre es unpraktisch, diese Ergebnisse in Form einer Tabelle darzustellen? Wie würde eine solche Tabelle aussehen?*

A

**Teilaufgabe 3: Silbenzahl der Wörter (Tabelle)**

| | 1-silbig | 2-silbig | 3-silbig | 4-silbig | 5-silbig |
|---|---|---|---|---|---|
| Comic 1 | 302 | 134 | 38 | 18 | 4 |
| Comic 2 | 316 | 143 | 36 | 12 | - |

*(1) Formulieren Sie, welche Information dieses Diagramm bietet.*

*(2) Fassen Sie die Informationen aus beiden Schaubildern zusammen.*

A

**Teilaufgabe 4: Wortarten (Kreisdiagramm)**

**Comic 1**

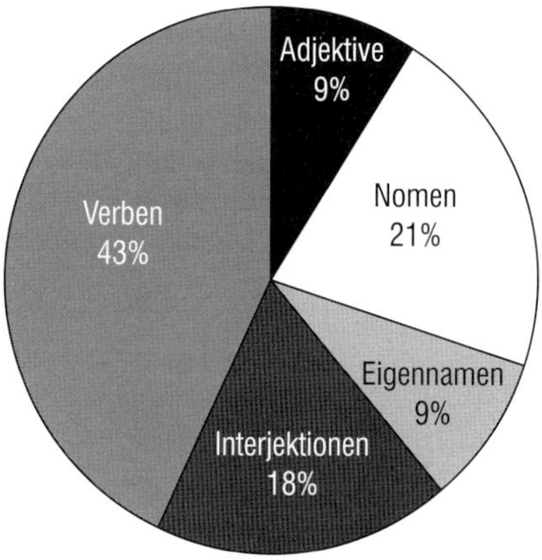


© LINSE: Linguistik-Server. http://www.linse.uni-due.de/Projekte/comicsprache/enten/enten.htm#Wortuntersuchung.

**Comic 2**

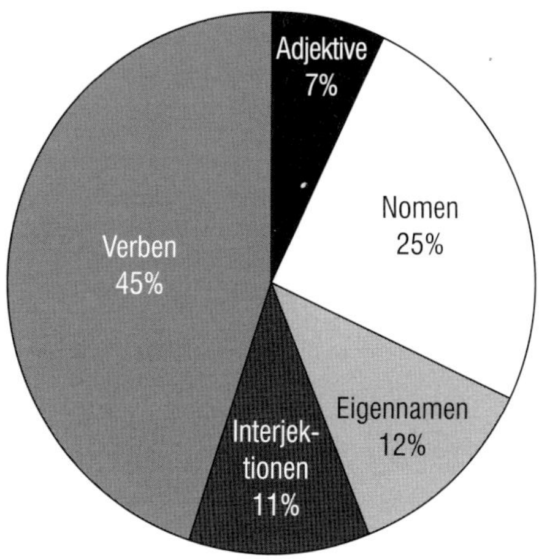


© LINSE: Linguistik-Server. http://www.linse.uni-due.de/Projekte/comicsprache/enten/enten.htm#Wortuntersuchung.

*(1) Formulieren Sie, welche Information diese beiden Kreisdiagramme bieten.*
*(2) Geben Sie die Informationen, die Sie bisher aus der Tabelle und den Diagrammen gewonnen haben, in einem zusammenhängenden Text wieder.*
*(3) Erklären Sie, warum für die Ergebnisse dieser Wortuntersuchung ein Kreisdiagramm besser geeignet ist als ein Balkendiagramm. Lösung: Kreisdiagramme stellen Teilwerte eines Ganzen als Teile eines Kreises dar.*

A

**Teilaufgabe 5: Verhältnis zwischen vollständigen und unvollständigen Sätzen (Kreisdiagramm)**

**Comic 1 N: 86**

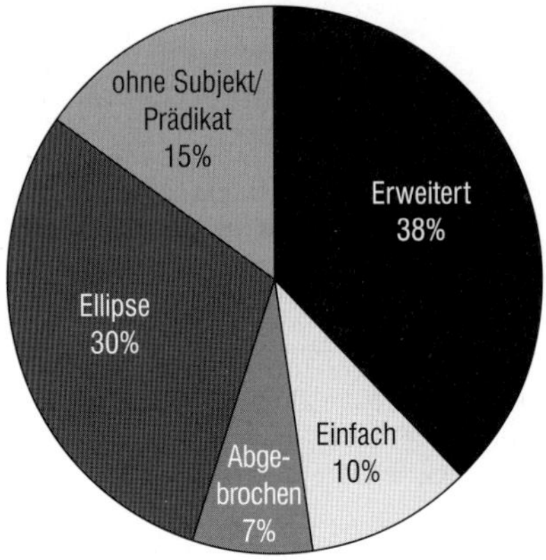




Diagramm

**Comic 1: Traugott Taugerich**

**Untersuchte Sätze N: 86**

| | **Comic 1** |
|---|---|
| vollständige Sätze | 41 |
| Davon: einfache Sätze (ein Verb und seine Ergänzungen) | 9 |
| Davon: erweiterte Sätze (einfache Sätze, die darüber hinaus weitere Satzelemente enthalten. Z. B.: „Mein Auto ist vielleicht nicht schön, aber dafür zuverlässig!") | 32 |
| Unvollständige Sätze | 45 |
| Davon: abgebrochene Sätze | 6 |
| Davon: Ellipsen | 26 |
| Davon: fehlendes Subjekt/Prädikat | 13 |

*(1) Nennen Sie den zentralen Unterschied zwischen den Informationen im Kreisdiagramm und in der Tabelle.*

*(2) Die Autoren der Studie, der die Tabellen und Diagramme entnommen sind, wollen die Frage klären, ob „der Comic gute Jugendliteratur oder wertlose Unterhaltungslektüre" ist. Welche Antwort erwarten Sie auf der Basis des hier präsentierten Materials (Wortlänge, Wortarten, Satzbau)?*

*(4) Überprüfen Sie, ob das Material geeignet ist, folgenden Text aus dem Jahr 1956 zu stützen.*

**Comics verdummen**

Die Verblödung, zu der die Comics durch ihr Stottern und Lallen den Leser führen, verschließt das Tor zum Buch endgültig, zu jeder Art von Buch – man darf sogar sagen: zum Sprechen und Denken. Es ist deshalb ein Fehler, den Comics immer nur vorzuwerfen, sie verdürben den jungen Leser „moralisch". Wir müssen vielmehr mit aller Entschiedenheit zum K a m p f g e g e n das System der Bildstreifen überhaupt aufrufen. Es wäre ein geradezu tragischer Irrtum, diese Frage nach der sprachlichen Form der Comics als eine ästhetische Frage obenhin abzutun. Die gesetzlich erfassbaren Comics verschwinden, aber die angeblich harmlosen Verblödungs-Comics geistern nach wie vor durch ungezählte Zeitungen. Auch sie müssen verschwinden. Vorläufig freilich können wir nichts gegen sie tun, als daß wir sie in Mißkredit bringen. Es sollte eigentlich nicht schwer fallen, ihre aufgeblasene Dummheit und Albernheit bei den Kindern und Eltern lächerlich zu machen." (Jugendschriften-Warte Nr. 4/1956, S. 26).

Wolf-Rüdiger Wagner 2010: Gefährliches Lesen. Die Schmutz und Schundkampagne in den 1950er Jahren. Hrsg. vom Niedersächsichen Landesamt für Lehrerbildung und Schulentwicklung. Hildesheim. S. 22 (Texte zur Medienbildung Nr. 5). In: http://www.nibis.de/nli1/chaplin/portal%20neu/materialien_verleih/nils_publikationen/texte_medbildung/web_gefaehrl_esen_.pdf, recherchiert am 20.05.2016.

A

**Leistungsaufgabe**

- *Schreiben Sie einen Gegentext zu dem Auszug aus der „Jugendschriften-Warte", in dem Sie für Comics als Jugendlektüre eintreten.*
- *Erklären Sie zunächst, was der Autor der „Jugendschriften-Warte" konkret meint, wenn er vom „Stottern und Lallen" der Comics spricht, und berücksichtigen Sie in Ihrem Plädoyer folgende Informationen zum „Kompetenzprofil der Comicschaffenden".*

**Was ein Comic-Autor wissen muss**

Wer Comics produziert, braucht nicht nur Wissen über die menschliche Anatomie, sondern auch über Körpersprache und über zwischenmenschliche Umgangsformen. Das schließt Wissen über soziale Werte, über unterschiedliche Lebensweisen und Sitten ein.

Was die Erfindung von Geschichten betrifft, so ist Wissen über den Verlauf von Ereignissen und die Leistung unterschiedlicher Perspektiven ebenso erforderlich wie Wissen über Mythen und Geschichte.

Will Eisner 1985 Comics and Sequential Art. Tamarac. Deutsch: Ders.: (1995): Mit Bildern erzählen. Comics & Sequential art. Wimmelbach.

# 4. Aufgabenkomplex Kompetenzbereich Umgang mit literarischen Texten (zu Teil A 3.4)

Vom Einzeltext zur Textverstehenskompetenz (Fokus auf Teil A:2.1.1 Das Verhältnis von kompetenz- und stofforientierten Aufgaben sowie auf 2.4.4 Erst handeln, dann denken? Handlungs- und produktionsorientierte Aufgaben)

Die beiden Aufgabenkomplexe beziehen sich auf die Erschließung kurzer Erzähltexte und den daran anschließenden Kompetenzzuwachs. In beiden Aufgabenkomplexen geht es um Erzähltexte, die in einer Pointe gipfeln, und in beiden Aufgabenkomplexen wird der Weg von der Erarbeitung zum Transfer dargestellt.

Die Pointe bietet nicht nur ein angenehmes Leseerlebnis, sie ist auch eine erzähltheoretisch relevante Kategorie. Denn das Vergnügen an der Pointe resultiert aus der Auflösung eines im Text angelegten Widerspruchs (vgl. Müller 2003: 104 f.). Es muss also ein Doppeltes gelernt werden: eine im Text angelegte *Inkongruenz* wahrzunehmen und zu benennen sowie auf Wissensbestände zurückzugreifen, um den – unerwarteten – Zusammenhang zu erschließen.

Während es im ersten Aufgabenkomplex darum geht, Pointen zu identifizieren und zu erklären, soll in der Sekundarstufe II gelernt werden, die Erklärung von Pointen hinsichtlich ihrer Plausibilität und Angemessenheit zu beurteilen.

Übersicht über den in diesem Kapitel vorgestellten Aufgabenkomplex:

| Klasse | Ziel/Thema | Gegenstände | Aufgabenmerkmale |
|---|---|---|---|
| 5/6 | Verrätselungsstrategien erklären<br>Sprachliche Bilder erschließen | Rätsel | Halbfertigprodukte<br>Halboffene Aufgaben |
| 7/8 | Pointen identifizieren und erklären | Johann Peter Hebel: Kalendergeschichten<br>Die Pointe als erwartungswidrige gute Idee | Kombination von Fragen und Operatoren<br>Produktionsaufgaben<br>Vergleichsaufgaben<br>Übung<br>Transfer |

Tab. 17: Übersicht über die in diesem Kapitel vorgestellten Aufgabenkomplexe

## 4.1 Erster Aufgabenkomplex: Jahrgangsstufen 5/6

**Thema**: Rätsel lösen

**Ziel**: Strategien der Verrätselung kennen und nutzen

Vor dem Hintergrund, dass Rätsel eine sehr alte Form sind und dass es – wie beim Rätsel der Sphinx – manchmal um Leben und Tod ging, soll gelernt werden, dass Rätsel einerseits Hinweise auf die Lösung geben müssen, andererseits aber die Lösung verbergen müssen. Solche Verrätselung geschieht oft durch die Vermenschlichung oder Verlebendigung, d. h. durch sprachliche Bilder wie Metaphern und Metonymien. Am Beispiel einiger Rätsel unterschiedlichen Schwierigkeitsgrads werden sowohl die Lösungshinweise als auch die Verhüllungsstrategien untersucht. Im Zentrum steht die Frage: Als was wird das Lösungswort oder die Lösung dargestellt? Mit menschlichen Merkmalen, Merkmalen von anderen Lebewesen (Tieren)? Handlungsorientierung besteht bei Rätseln darin, sie zu lösen.

**Gegenstände:** Rätsel

- Friedrich Güll: Ich habe keinen Schneider
- Volksmund: Vogel federlos
- Volksmund: Ein Baum steht in der ganzen Welt
- Friedrich Wagner-Poltrock: Welcher Igel
- Rätsel der Sphinx
- Friedrich Güll: Wir Brüder, ihrer mehr als dreißig (Leistungsaufgabe)

**Bezugsquelle**: Bezugsquelle: Friedrich Wagner-Poltrock: Welcher Igel und Friedrich Güll: Wir Brüder, ihrer mehr als dreißig: Barbara Bartos-Höppner (Hrsg.) 1984: Kindergedichte unserer Zeit. Mit Zeichnungen von Christine Wilhelm. Würzburg: Arena, S. 142; 144.

Friedrich Güll: Ich habe keinen Schneider: http://www.janko.at/Raetsel/Gedichte/1112.htm, recherchiert am 20.05.2016

Vogel federlos: Ludwig Reiners (Hrsg.) (1974): Der ewige Brunnen. München: Beck, S. 797.

Rätsel der Sphinx: https://de.wikipedia.org/wiki/Das_R%C3%A4tsel_der_Sphinx 20.05.2016

**Lernvoraussetzungen**: Vorausgesetzt ist die Bereitschaft, den eigenen Verstand zu benutzen. Da sich die in diesem Aufgabenkomplex angebotenen Rätsel sprachlicher Bilder bedienen, ist es erforderlich, zwischen Bildspender und Bildempfänger zu unterscheiden. Das Rätsel verlangt, den Bildempfänger zu identifizieren.

A

**Aufgabenfolge zum Bearbeiten ( B 7)**

**Teilaufgabe 1: Raten**

*(1) Welche der folgenden Rätsel kennt ihr und welche könnt ihr lösen? Lest die folgenden Rätsel und tauscht euch über sie aus. Ihr habt __ Minuten Zeit.*

| Nr. | Rätsel | Lösung |
|---|---|---|
| 1 | Ich habe keinen Schneider<br>Und hab doch sieben Kleider.<br>Wer mir sie auszieht, der muss weinen,<br>Und sollt er noch so lustig scheinen.<br>Friedrich Güll | |
| 2 | Es kam ein Vogel federlos,<br>saß auf dem Baume blattlos,<br>da kam die Jungfer mundlos<br>und fraß den Vogel federlos<br>von dem Baume blattlos.<br>Volksmund | |

| | | |
|---|---|---|
| 3 | Ein Baum steht in der ganzen Welt,<br>der zweiundfünfzig Nester hält,<br>in jedem Neste sieben Jungen,<br>doch sämtlich sind sie ohne Zungen.<br>Volksmund | |
| 4 | Wer geht, am Morgen auf vier,<br>am Mittag auf zwei und am Abend auf drei Beinen? | |
| 5 | Welcher Igel,<br>eins, zwei, drei,<br>legt' ein Mahagoni-Ei?<br>Friedrich Wagner-Poltrock | |

*(2) Welches Rätsel findet ihr leicht, welches schwer?*

*(3) Tauscht euch in der Klasse über eure Lösungen und Schwierigkeiten aus.*

Lösung: Nr. 1: Die Zwiebel; Nr. 2: Schneeflocke und Sonne; Nr. 3: Das Jahr mit Wochen und Tagen; Nr. 4: Der Mensch; Nr. 5: Die Kastanie

Die Lösung gibt an, was verrätselt wird. Es sind Alltagsdinge, wie Zwiebel und Kastanie. Der Mensch und Teile des menschlichen Körpers. Zeiteinheiten. Elemente, Gestirne.

A

**Teilaufgabe 2: Wie wird verrätselt?**

Der eigentliche Zweck des Rätsels ist nicht die Lösung, sondern das Lösen.

*(1) Der Rätselsteller muss Hinweise auf die Lösung geben. Was verrät der Rätselsteller von der Lösung? Er wählt ganz bestimmte Merkmale der Lösung aus. Trage sie in die zweite Spalte der folgenden Tabelle ein. Von der Zwiebel verrät er die Zahl sieben und ihre Wirkung auf den, der sie schält.*

| Lösung des Rätsels | Ausgewählte Merkmale | Was muss man fragen und wissen? |
|---|---|---|
| Zwiebel | Sieben Häute | Wer ist siebenfach umhüllt? |
| | Wirkung | Wirkung: weinen? |
| Kastanie | | |
| | | |
| Schneeflocke und Sonne | | |
| | | |

Lösung:

| Lösung des Rätsels | Ausgewählte Merkmale | Was muss man fragen und wissen? |
|---|---|---|
| Zwiebel | Die Zahl Sieben | Wer ist siebenfach umhüllt? |
| | Wirkung | Wirkung: weinen? |
| Kastanie | Stacheliges Äußeres | Wer hat außen Stacheln? |
| | Kern | Wer ist innen mahagonifarben? |
| Schneeflocke | Kommt auf kahlen Baum | Wann sind Bäume blattlos? Wer lässt sich auf blattlosen Bäumen nieder? |
| Sonne | Verschlingt, vernichtet ohne Mund | Wer vernichtet etwas auf blattlosen Bäumen? |

*(2) Der Rätselsteller muss die Lösung aber auch verbergen. Du fragst: Was tut der Rätselsteller, um die Lösung zu verbergen?*
*Bei der Zwiebel werden die sieben Häute als sieben Kleider, die man ausziehen kann, dargestellt. Kleider werden in der Regel nur von Menschen getragen. Die Verhüllung besteht also darin, der Zwiebel menschliche Merkmale zuzuweisen. Der Fachbegriff für diese Strategie heißt „Vermenschlichung“ oder „Personifikation“. Wenn ein Gegenstand als Tier dargestellt wird, dann ist das eine Verlebendigung. Werden Pflanzen, die ja etwas Lebendiges sind, als Tier dargestellt, dann spricht man nur von Beseelung – denn die „Seele“ macht den Unterschied zwischen Pflanzen und Tieren aus. Du fragst bei jedem Rätsel: Als was wird die Lösung dargestellt?*

Die Zwiebel wird als MENSCH dargestellt: Vermenschlichung (Pflanze als Mensch)

Die Kastanie wird als ............................. dargestellt: Tierwerdung (Pflanze als Tier)

Die Schneeflocke wird als ............................. dargestellt: Tierwerdung (Wasser als Tier)

Die Sonne wird als ................................ dargestellt: Vermenschlichung (Gestirn als Mensch)

*(3) Trage dann in die folgende Tabelle ein, woran du erkennst, ob es sich um Vermenschlichung oder Tierwerdung handelt.*

| | Wie wird verrätselt? Welche Strategie? | Erklärung: Woran erkenne ich die Strategie? |
|---|---|---|
| Zwiebel | Vermenschlichung | Kleider<br>Nur Menschen tragen Kleider |
| Kastanie | Tierwerdung | |
| Schneeflocke | Tierwerdung | |
| Sonne | Vermenschlichung | |

Lösung:

| Lösung | Wie wird verrätselt?<br>Welche Strategie? | Erklärung: Woran erkenne ich die Strategie? |
|---|---|---|
| Zwiebel | Vermenschlichung | Kleider<br>Nur Menschen tragen Kleider |
| Kastanie | Tierwerdung | Igel (Stacheln)<br>Braunes Ei |
| Schneeflocke | Tierwerdung | Vogel |
| Sonne | Vermenschlichung | Jungfer (junge Frau) |

A

**Teilaufgabe 3: das Gelernte transferieren**

*(1) Welche Merkmale der Lösung werden im folgenden Rätsel ausgewählt?*

Ein Baum steht in der ganzen Welt,
der zweiundfünfzig Nester hält,
in jedem Neste sieben Jungen,
doch sämtlich sind sie ohne Zungen.

Volksmund

Lösung:
Ausgewählt werden die Zahl der Wochen eines Jahres und die Zahl der Wochentage.

*(2) Als was werden diese Zeiteinheiten dargestellt?*

Lösung:
Die Wochentage werden als junge Vögel dargestellt, die Wochen als die Nester für die Vögel. Das Jahr wird als Baum dargestellt, in dem sich die Nester mit den Vögeln befinden.

*(3) Bestimme jetzt die Strategie des Rätselstellers.*

Entscheide dich zwischen den folgenden Angeboten:
Es handelt sich um Merkmale aus der

- ❑ Tierwelt
- ❑ Pflanzenwelt
- ❑ nicht-menschlichen Natur
- ❑ Menschenwelt

Lösung:
Es handelt sich um Merkmale aus der nicht-menschlichen Natur. Wir können diese Strategie entweder als Verlebendigung oder als Naturalisierung von Zeiteinheiten bezeichnen.

A

**Teilaufgabe 4: Differenzieren – anspruchsvolle Transferaufgabe**
*(1) Welche Aspekte der Lösung werden im folgenden Rätsel ausgewählt?*
*Wer geht, am Morgen auf vier, am Mittag auf zwei und am Abend auf drei Beinen?*

Lösung:
Ausgewählt werden

- Zeiteinheiten, Zeitabschnitte,
- die Art und Weise der Fortbewegung und die Körperteile zur Fortbewegung.

*(2) Als was werden diese Zeiteinheiten dargestellt?*
Lösung:
Die Lebensalter werden als Tageszeiten dargestellt: die Kindheit als Morgen, das Erwachsenenleben als Mittag, das Alter als Abend.
*(3) Als was werden die Fortbewegungsmittel dargestellt?*
Lösung:
Sie werden alle als Beine dargestellt.

*(4) Bestimme jetzt die Strategie des Rätselstellers.*
Lösung: Hier werden drei Strategien genutzt:

- Lebensalter werden durch Tageszeiten ersetzt. Sie werden dadurch zugleich geschrumpft.
- Die Arme des Krabbelkinds werden als Beine bezeichnet. Tausch der Körperteile.
- Der Gehstock des alten Menschen wird verlebendigt.

A

**Leistungsaufgabe für die Klassenarbeit**

Wir Brüder, ihrer mehr als dreißig,
vom Morgen bis zum Abend fleißig,
wir treiben emsig dies und das,
und alles unter deiner Nas.
Bald singen wir, bald sprechen wir,
bald schlingen wir, bald zechen wir.
Machst du vergnügt uns auf das Haus,
so lachen wir zum Fenster raus
und stehen in Front im weißen Rock
zu ebner Erd, im ersten Stock.
Ist einer krank, zuckt dir sein Weh
vom Kopf hinab bis zu der Zeh;
und geht dann einer von uns fort,
ist dir's doch allemal ein Tort.
Drum glücklich, wenn wir sind gesund
einhundert Jahr und eine Stund!

Friedrich Güll

*(1) Löse das Rätsel, indem du nach Hinweisen des Rätselstellers suchst.*
*Wenn dir die Lösung nicht gelingt, dann kannst du sie von der Lehrkraft zur Weiterarbeit erhalten.*
*ODER:*
*(1) Die Lösung dieses Rätsels heißt: Die Zähne.*
*(2) Welche Merkmale der Lösung werden im folgenden Rätsel ausgewählt?*
*(3) Als was wird die Lösung dargestellt?*
*(4) Bestimme jetzt die Strategie des Rätselstellers.*
Lösungen: (1)-(2): Die Anzahl „mehr als dreißig"; Tätigkeiten, die mit dem Mund zu tun haben
(3): Als Brüder, die menschliche Merkmale haben (z. B. sind fleißig, sind gesund oder krank) und menschliche Tätigkeiten verrichten (z. B. lachen, stehen vorne, gehen fort)
(4): Es handelt sich um die Vermenschlichung/Personifizierung des menschlichen Gebisses.

## 4.2 Zweiter Aufgabenkomplex: Jahrgangsstufen 7/8

**Thema:** Merkmale und Funktionen der Pointe in Bezug auf konkrete Texte bestimmen
**Ziel:** Pointen identifizieren und erklären
Es geht in erster Linie um die Thematisierung und Reflexion des Lesevergnügens. Im Zentrum steht die Frage: Warum gefallen diese Geschichten? Sie erzeugen Spannung durch einen textinternen Widerspruch (Inkongruenzen) und lösen diese Spannung auf überraschende Weise auf. Es geht also darum, zunächst das Problem zu benennen und dann die gute Idee, die zur Lösung der Spannung führt. Erst auf dieser Basis lässt sich ermitteln, wie die gute Idee zustande kommt: Wie sie funktioniert, worin das Unerwartete besteht. In einem dritten Schritt lässt sich klären, welchen Effekt die gute Idee für den Sinn der Erzählung birgt. Anders formuliert: Welcher weitere Textsinn dadurch erzeugt wird (vgl. Müller 2003: 104).
**Gegenstände:** Kalendergeschichten von Johann Peter Hebel:
*Der kluge Richter; Die falsche Schätzung*
*Der Vater und der Sohn* (Transfer)
*Die leichteste Todesstrafe* (Leistungsaufgabe)

**Lernvoraussetzungen:** Um pointierte Erzählungen zu verstehen, ist es erforderlich, bei den fraglichen Texten globale Kohärenz zu etablieren, d. h. den gesamten inhaltlichen Zusammenhang zu sichern. Im Unterschied zum Witz ist die Textmenge bei Kalendergeschichten in der Regel größer und bei Hebel kommt eine gewisse Antiquiertheit des Wortschatzes hinzu.

Auch wenn das Ziel im Erwerb der Kompetenz besteht, Merkmale und Funktionen der Pointe zu ermitteln und zu bestimmen, geht es doch zunächst und allem voran um das Verständnis des einzelnen Textes als Individuum. Insofern repräsentiert dieser zweite Aufgabenkomplex das Verhältnis von kompetenz- und stofforientierten Aufgaben.

Darüber hinaus dient er auch als Beispiel für den Beitrag von handlungs- und produktionsorientierten Aufgaben zum Textverstehen.

## Aufgabenfolge zum Bearbeiten ( B 8)

**Johann Peter Hebel: Der kluge Richter**

Daß nicht alles so uneben sei, was im Morgenlande geschieht, das haben wir schon einmal gehört. Auch folgende Begebenheit soll sich daselbst zugetragen haben. Ein reicher Mann hatte eine beträchtliche Geldsumme, welche in ein Tuch eingenähet war, aus Unvorsichtigkeit verloren. Er machte daher seinen Verlust bekannt und bot, wie man zu tun pflegt, dem ehrlichen Finder eine Belohnung, und zwar von hundert Talern an. Da kam bald ein guter und ehrlicher Mann dahergegangen. „Dein Geld habe ich gefunden. Dies wird's wohl sein! So nimm dein Eigentum zurück!" So sprach er mit dem heitern Blick eines ehrlichen Mannes und eines guten Gewissens, und das war schön. Der andere machte auch ein fröhliches Gesicht, aber nur, weil er sein verloren geschätztes Geld wieder hatte. Denn wie es um seine Ehrlichkeit aussah, das wird sich bald zeigen. Er zählte das Geld und dachte unterdessen geschwinde nach, wie er den treuen Finder um seine versprochene Belohnung bringen könnte. „Guter Freund", sprach er hierauf, „es waren eigentlich 800 Taler in dem Tuch eingenäht. Ich finde aber nur noch 700 Taler. Ihr werdet also wohl eine Naht aufgetrennt und Eure 100 Taler Belohnung schon herausgenommen haben. Da habt Ihr wohl daran getan. Ich danke Euch." Das war nicht schön. Aber wir sind auch noch nicht am Ende. Ehrlich währt am längsten, und Unrecht schlägt seinen eigenen Herrn. Der ehrliche Finder, dem es weniger um die 100 Taler als um seine unbescholtene Rechtschaffenheit zu tun war, versicherte, daß er das Päcklein so gefunden habe, wie er es bringe, und es so bringe, wie er's gefunden habe. Am Ende kamen sie vor den Richter. Beide bestanden auch hier noch auf ihrer Behauptung, der eine, daß 800 Taler seien eingenäht gewesen, der andere, daß er von dem Gefundenen nichts genommen und das Päcklein nicht versehrt habe. Da war guter Rat teuer.

Aber der kluge Richter, der die Ehrlichkeit des einen und die schlechte Gesinnung des andern zum voraus zu kennen schien, griff die Sache so an: er ließ sich von beiden über das, was sie aussagten, eine feste und feierliche Versicherung geben und tat hierauf folgenden Ausspruch: „Demnach, und wenn der eine von euch 800 Taler verloren, der andere aber nur ein Päcklein mit 700 Talern gefunden hat, so kann auch das Geld des letztern nicht das nämliche sein, auf welches der erstere ein Recht hat. Du, ehrlicher Freund, nimmst also das Geld, welches du gefunden hast, wieder zurück und behältst es in guter Verwahrung, bis der kommt, welcher nur 700 Taler verloren hat. Und dir da weiß ich keinen andern Rat, als du geduldest dich, bis derjenige sich meldet, der deine 800 Taler findet." So sprach der Richter, und dabei blieb es.

Johann Peter Hebel 1911: Schatzkästlein des rheinischen Hausfreundes. Leipzig.

A

**Teilaufgabe 1: Den Erzählschluss von *Der kluge Richter* als erwartungswidrig kennzeichnen:**

*(1) Gemeinsame Lektüre der Erzählung bis zum „Gerichtstermin" und Klärung der Sachlage. Schreibe die Geschichte zu Ende.*

*(2) Präsentation der Schülertexte mit Fokussierung auf den jeweils gewählten Schwerpunkt:*

Wir hören drei bis vier Schülerlösungen.

Achtet jeweils darauf,

- ob es einen Richterspruch gibt,
- ob sich der Schüler auf die Ehre des Finders konzentriert,
- oder auf den Geiz des Besitzers,
- ob der Schülertext bewertende Elemente enthält.

Als Ergebnis der Arbeit mit den Schülertexten sollte eine kleine Statistik entstehen, die veranschaulicht, dass die meisten Schüler keinen Richterspruch formuliert haben, sondern allenfalls eine Art Zuspruch (Ermunterung zu einem Kompromiss oder Ermahnung an den Geizigen, sein Versprechen zu halten).

A

*(3) Präsentation des Originalschlusses und Vergleich mit den Schülerlösungen*

- *Wie findet ihr den Schluss, wie er im Original steht? Gebt eine Begründung.*
- *Was ist daran besonders?*
- *Worin besteht der größte Unterschied zu dem Schluss, den du geschrieben hast?*

A

**Teilaufgabe 2: Den erwartungswidrigen Schluss auf eine unerwartete „gute Idee" zurückführen**

*(1) Erkläre, worin hier die Überraschung besteht.*

Lösung: Der Richter schlägt den Betrüger mit seinen eigenen Argumenten: Der Richter unterstellt, dass tatsächlich 800 Taler in das Tuch eingenäht waren.

*(2) Für wen ergreift die Pointe Partei? Diskutiert, ob es sich um einen parteiischen Richterspruch handelt.*

**Teilaufgabe 3: Wie kommt die „gute Idee" zustande? Wie funktioniert das Überraschungsprinzip?**

*(1) Lies folgende Kalendergeschichte und überprüfe, ob sie auch eine Überraschung bietet.*

*(2) Wenn ja, erkläre, worin sie besteht.*

**Johann Peter Hebel: Der kluge Sultan (1810)**

Zu dem Großsultan der Türken, als er eben an einem Freitag in die Kirche gehen wollte, trat ein armer Teufel von seinen Untertanen mit schmutzigem Bart, zerfetztem Rock und durchlöcherten Pantoffeln, schlug ehrerbietig und kreuzweise die Arme übereinander und sagte: „Glaubst du auch, großmächtiger Sultan, was der Prophet sagt?" Der Sultan, so ein gütiger Herr war, sagte: „Ja, ich glaube, was der Prophet sagt." Der arme Mann fuhr fort: „Der Prophet sagt im Alkoran: Alle Muselmänner (das heißt, alle Mohamedaner) sind Brüder. Herr Bruder, so sei so gut und teile mit mir das Erbe." Dazu lächelte der Sultan und dachte: Das ist eine neue Art, ein Almosen zu betteln, und gibt ihm einen Löwentaler. Der Türke beschaut das Geldstück lang auf der einen Seite und auf der anderen Seite. Am Ende schüttelt er den Kopf und sagt: „Herr Bruder, wie komme ich zu einem schäbigen Löwentaler, so du doch mehr Silber und Gold hast, als hundert Maulesel tragen können, und meinen Kindern daheim werden vor Hunger die Nägel blau, und mir wird nächstens der Mund ganz zusammenwachsen. Heißt das geteilt mit einen Bruder?" Der gütige Sultan aber hob warnend den Finger in die Höhe und sagte: „Herr Bruder, sei zufrieden und sage ja niemand, wieviel ich dir gegeben habe, denn unsere Familie ist groß, und wenn unsere andern Brüder alle auch kommen, und verlangen ihr Erbteil von mir, so wird's nicht reichen, und du musst noch herausgeben." Das begriff der Herr Bruder, ging zum Bäckermeister Abu Tlengi, und kaufte ein Laiblein Brot für seine Kinder, der Sultan aber begab sich in die Kirche und verrichtete sein Gebet.

Johann Peter Hebel (1911): Schatzkästlein des rheinischen Hausfreundes. Leipzig.

Lösung zu (2): Die gute Idee des Großsultans besteht darin, dass er das Prinzip des brüderlichen Teilens als ein allgemeines betrachtet und dadurch den Bittsteller in die Schranken weist. Dieser akzeptiert die kleine Gabe aus Furcht, dass sie durch die Anwendung des Teilens auf alle noch geringer würde.

**Teilaufgabe 4: Den Lernzugewinn definieren**

Im Zusammenhang des Literaturunterrichts gibt es nur wenige Beispiele für Dekontextualisierungsaufgaben. Die folgenden Aufgaben orientieren sich an den Hinweisen bei Felten/Stern (2012: 26) und bedürfen der Erprobung. Zu klären wäre dabei, ob jede der drei folgenden Operationen zielführend ist oder ob es deren Kombination bedarf oder ob sich eine der Operationen besonders bewährt. Die Erprobung dürfte auch Hinweise auf den empirischen Schwierigkeitsgrad geben.

A

*(1) Notiere in einem kurzen Text, was die beiden Erzählungen von Hebel gemeinsam haben.*

Lösung: Auch hier gilt: Das vom Bittsteller vorgebrachte Argument (Brüderlichkeit) wird letztlich gegen ihn gewendet.

*(2) Geschichten mit Pointen bereiten Vergnügen. Erkläre, woran das liegt.*

Lösung: Das Vergnügen resultiert daraus, dass ein Problem besteht und dass dieses Problem eine unerwartete Lösung erfährt.

*(3) Formuliere, was du an den beiden Geschichten über Pointen gelernt hast.*

Lösung: Pointen überraschen durch die unerwartete Lösung eines Problems. Sie befriedigen auch dadurch, dass sie einen Widerspruch, der im Text angelegt ist, aufheben.

Übungsaufgabe: Erkläre, worin im folgenden Text die Pointe besteht.

**Johann Peter Hebel: Die Ohrfeige**

Ein Büblein klagte seiner Mutter: „Der Vater hat mir eine Ohrfeige gegeben." Der Vater aber kam dazu und sagte: „Lügst du wieder? Willst du noch eine?"

Johann Peter Hebel: Schatzkästlein des rheinischen Hausfreundes. Kritische Gesamtausgabe. Leipzig.

Lösung: Der Vater überführt sich selbst durch seine Widersprüchlichkeit: Er bestreitet die Ohrfeige („Lügst du wieder?") und gesteht sie zugleich ein („Willst du noch eine?").

## Leistungsaufgabe für die Klassenarbeit

**Johann Peter Hebel: Die leichteste Todesstrafe**

Man hat gemeint, die Guillotine sei's. Aber nein! Ein Mann, der sonst seinem Vaterland viele Dienste geleistet hatte und bei dem Fürsten wohl angeschrieben war, wurde wegen eines Verbrechens, das er in der Leidenschaft begangen hatte, zum Tode verurteilt. Da half nicht Bitten, nicht Beten. Weil er aber sonst bei dem Fürsten wohl angeschrieben war, ließ ihm derselbe die Wahl, wie er am liebsten sterben wolle; denn welche Todesart er wählen würde, die sollte ihm werden. Also kam zu ihm in den Turn der Oberamtsschreiber: „Der Herzog will Euch eine Gnade erweisen. Wenn Ihr wollt gerädert sein, will er Euch rädern lassen; wenn Ihr wollt gehenkt sein, will er Euch henken lassen. Es hängen zwar schon zwei am Galgen, aber bekanntlich ist er dreischläferig. Wenn Ihr aber wollt lieber Rattenpulver essen, der Apotheker hat. Denn welche Todesart Ihr wählen werdet, sagt der Herzog, die soll Euch werden. Aber sterben müsst Ihr, das werdet Ihr wissen." Da sagte der Malefikant: „Wenn ich denn doch sterben muss, das Rädern ist ein biegsamer Tod, und das Henken, wenn besonders der Wind geht, ein beweglicher. Aber Ihr versteht's doch nicht recht. Meines Orts, ich habe immer geglaubt, der Tod aus Altersschwäche sei der sanfteste, und den will ich denn auch wählen, und keinen andern", und dabei blieb er und ließ sich's nicht ausreden. Da musste man ihn wieder laufen und fortleben lassen, bis er an Altersschwäche selber starb. Denn der Herzog sagte: „Ich habe mein Wort gegeben, so will ich's auch nicht brechen."
Dies Stücklein ist von der Schwiegermutter, die niemand gerne umkommen lässt, wenn sie ihn retten kann.

Johann Peter Hebel (1911): Schatzkästlein des rheinischen Hausfreundes. Kritische Gesamtausgabe Leipzig.

A

1. Schreibe auf, welche Figuren am Geschehen beteiligt sind und was du über sie erfährst.
2. Welche Todesarten werden im Text erwähnt?
3. Erkläre, worin die Pointe dieser Erzählung besteht.
4. Warum ist diese Pointe erwartungswidrig?
5. Überprüfe, ob mit dieser Pointe eine Bewertung verbunden ist. Wer oder was wird hier belohnt?

# 5. Aufgabenkomplex: Umgang mit pragmatischen Texten

Komplexität bewältigen (zu Teil A: 2.3.2 Wann ist eine Aufgabe komplex?)

Textverstehen ist ein geistiger Vorgang. Wenn über das Verstandene Auskunft gegeben werden soll – und das ist häufig der Fall –, dann muss es verbalisiert werden. Dabei spielt die Unterscheidung von Redeinhalt und Redekennzeichnung eine wichtige Rolle. Deshalb beziehen sich die beiden folgenden Aufgabenkomplexe darauf, was der Autor tut, wenn er etwas sagt.

Während es im ersten Aufgabenkomplex darum geht, sprachliche Handlungen zu identifizieren und zu benennen, soll in der Sekundarstufe II die Einsicht in den Zusammenhang zwischen Textschwierigkeit und deren Bewältigung durch die Kennzeichnung der sprachlichen Handlungen befördert werden.

Es folgt eine Übersicht über die in diesem Kapitel vorgestellten Aufgabenkomplexe:

| Klasse | Ziel/Thema | Gegenstände | Aufgabenmerkmale |
|---|---|---|---|
| 8 –10 | Ermittlung und Formulierung der in einem Text enthaltenen sprachlichen Handlungen | „Gewissensfrage" aus dem Magazin der Süddeutschen Zeitung | Verknüpfung von Wissen und Können<br>Zuordnungsaufgaben |
| 11/12 | Einsicht in den Zusammenhang zwischen Textschwierigkeit und deren Bewältigung durch die Kennzeichnung der sprachlichen Handlungen | Gerhard Roth 2003: Fühlen, Denken, Handeln. Wie das Gehirn unser Verhalten steuert. | Verknüpfung von Wissen und Können<br>MC-Aufgaben<br>Überprüfungsaufgaben<br>Aspektgeleitete Analyseaufgaben<br>Aufgaben mit unterschiedlichem Schwierigkeitsgrad |

Tab. 18: Übersicht über die in diesem Kapitel vorgestellten Aufgabenkomplexe

## 5.1 Erster Aufgabenkomplex Jahrgang 8 –10

**Thema**: Redewiedergabe Jahrgangsstufen 8 –10
**Ziel:** Ermittlung und Formulierung der in einem Text enthaltenen sprachlichen Handlungen
Um Texte zu verstehen und um das Verstandene zu dokumentieren, sollten Schülerinnen und Schüler schon ab dem 8. Jahrgang für Sprachhandlungen sensibilisiert werden. Sie sollen lernen, Sprachhandlungen von ihrem Inhalt zu unterscheiden. Dafür braucht es keine langen Texte. Wichtiger ist, dass die angebotenen Texte unterschiedliche Sprachhandlungen verknüpfen. Dafür erscheinen die an den Ethikberater Erlinger gerichteten Gewissensfragen besonders geeignet. Die Schwierigkeit bei der Wahrnehmung und Benennung von Sprachhandlungen besteht darin, dass sie oft implizit bleiben und folglich erschlossen werden müssen.

Eine Serie von Gewissensfragen anzubieten, ist didaktisch sinnvoll, weil es einerseits übertragbares Wissen zu erwerben gibt, das aber immer leicht modifiziert werden muss. Die Gewissensfragen sind zwar ähnlich aufgebaut, bieten aber immer Besonderheiten.
Hinweis: Wenn Schüler die sprachlichen Handlungen ermitteln sollen, können sprachliche Muster hilfreich sein.
In den „Gewissensfragen" wird die Sprachhandlung „fragen" sowohl am Fragezeichen als auch am Satzbau erkennbar.
Etwas anders verhält es sich mit Material 2. Dort handelt es sich um einen indirekten Fragesatz: „Ich bin mir aber nicht sicher, ob mein Angebot überhaupt fair ist."
**Gegenstände:** „Gewissensfragen" aus dem Magazin der Süddeutschen Zeitung
**Lernvoraussetzungen:** Mit dem Redeinhalt, also mit dem, was der Autor sagt, sind die Schüler durch das Schreiben von Nacherzählungen und Inhaltswiedergaben vertraut. Um im Unterricht Sprachhandlungen zu thematisieren, kann sowohl auf den Schreib- als auch auf den Sprachunterricht in den Klassenstufen 5–7 zurückgegriffen werden. Denn die Schüler kennen sowohl den Unterschied zwischen fragen, bitten, sich entschuldigen als auch zwischen erzählen, berichten und beschreiben.

A

**Aufgabenschritte zur Bearbeitung (B 9)**
**Teilaufgabe 1: Lesen und auswählen**

- *Im Folgenden findest du zwei Gewissensfragen, die an den Ethikberater Dr. Erlinger gestellt wurden, damit er sie im Magazin der Süddeutschen Zeitung beantwortet.*
- *Lies die zwei „Gewissensfragen" aufmerksam und wähle diejenige aus, die du interessanter findest.*

## Zwei Gewissensfragen

**Material 1: Leserbrief 1**
Kürzlich besuchte ich ein Sportgeschäft und ließ mich ausführlich beraten. Der Verkäufer empfahl mir ein Paar schöne Turnschuhe, die mein Budget aber überschritten. Später bestellte ich eben jene Schuhe deutlich günstiger im Internet. War das vertretbar oder besteht die moralische Verpflichtung, die Beratung als Dienstleistung angemessen zu entlohnen?

Max A., Amberg, SZ Magazin 31/ 2014.

**Material 2: Leserbrief 2**
Es kommt vor, dass ich mich als Lehrer beim Addieren von Punkten verzähle und ein Schüler deshalb eine bessere Note als verdient erhält. Wenn er mich dann auf den Fehler hinweist, stelle ich ihn vor die Wahl, ob er die bessere Note behalten will oder ob ich seine echte Leistung bewerten soll. Ich bin mir aber nicht sicher, ob mein Angebot überhaupt fair ist. Weil nicht selten Schüler dann die verdiente (schlechtere) Note wählen, könnte es sein, dass der moralische Druck für andere zu hoch ist, um sich für die bessere, aber leistungsmäßig unverdiente Note zu entscheiden.

Reinhard K., München, SZ Magazin 06/ 2006.

A

**Teilaufgabe 2: Zwischen Redeinhalt und Redekennzeichnung unterscheiden**

- *In der Tabelle, die zu jedem der beiden Texte gehört, findest du in der linken Spalte, was der Fragesteller tut. Ergänze in der rechten Spalte jeweils den passenden Inhalt, also was der Autor sagt.*

**Tabelle zu Material 1**

| Was tut der Autor? | Was sagt der Autor? |
|---|---|
| Schildert eine nicht untypische Situation. | |
| Schildert sein Verhalten zur Bewältigung der Situation | |
| Formuliert seine Unsicherheit als indirekte Frage an E. | |
| Begründet seine Frage | |
| Schildert eine nicht untypische Situation | |
| Schildert sein Verhalten zur Bewältigung der Situation | |
| Formuliert seine Unsicherheit als indirekte Frage an E. | |

**Schwierigere Version:** Soll die Aufgabe schwieriger werden, lässt sich die Tabelle auch anders einsetzen. Sie enthält den Inhalt der Sprachhandlungen, also was der Autor sagt, und die Aufgabe besteht darin, die Sprachhandlung zu bestimmen und zu formulieren.

| Was tut der Autor? | Was sagt der Autor? |
|---|---|
| | L. verzählt sich beim Addieren von Leistungspunkten, sodass die Schüler bessere Noten erhalten als verdient. |
| | L. lässt Schüler wählen, ob L. die Note anpassen soll oder nicht. |
| | Ob das Angebot fair ist |
| | Erfahrung, dass Schüler die Anpassung der Note wählen;<br>Hoher moralischer Druck |

Lösung: Tabelle zu Material 1

| Was tut der Autor? | Was sagt der Autor? |
|---|---|
| Schildert eine nicht untypische Situation | L. verzählt sich beim Addieren von Leistungspunkten, sodass die Schüler bessere Noten erhalten als verdient. |
| Schildert sein Verhalten zur Bewältigung der Situation | L. lässt Schüler wählen, ob L. die Note anpassen soll oder nicht. |

| | |
|---|---|
| Formuliert seine Unsicherheit als indirekte Frage an E. | Ob das Angebot fair ist |
| Begründet seine Frage | Erfahrung, dass Schüler die Anpassung der Note wählen;<br>Hoher moralischer Druck |

A

**Teilaufgabe 3: einen Text referieren**

*Gib nun den Text mit eigenen Worten wieder. Beginne folgendermaßen: N.N. berichtet …*

A

**Teilaufgabe 4: eine „Gewissensfrage" beantworten**

*Lies die folgende „Gewissensfrage" und formuliere, wie du antworten würdest. Diskutiert eure Antworten in der Kleingruppe.*

**Material 3: „Gewissensfrage" von Julia L. aus Oberhaching**

Wie jedes Jahr zum Valentinstag veranstaltet die Schülervertretung unseres Gymnasiums heuer eine Rosenaktion: Schülerinnen und Schüler können sich für einen Euro gegenseitig gelbe, weiße, rote Rosen oder Grußkarten schicken. Wenn dann am 14. Februar die Boten durch die Klassenzimmer gehen, fängt der unausgesprochene Wettstreit an. Wer bekommt die meisten Rosen? Und von wem? Wer gar keine? Ich finde, dass diese Aktion alles andere als verbindend ist! Sollte man das Ganze nicht besser abschaffen?

Julia L., Oberhaching SZ Magazin Heft 06/2007.

A

**Teilaufgabe 5: an einem längeren und komplexeren Text arbeiten**

*Lies die Antwort des Ethikberaters Dr. Erlinger und formuliere seine Antwort ganz knapp.*

**Material 4: Antwort auf die „Gewissensfrage" von Julia L.**

Von Dr. Dr. Rainer Erlinger

Ich bin ebenso wenig ein Freund von Zuneigungsbekundungen nach dem Kalender wie von emotionalen Massenveranstaltungen. Insofern stehe ich dem Valentinstag skeptisch gegenüber. Andererseits sollte man jede Aktivität begrüßen, mit der Menschen sich ihre Zuneigung ausdrücken. Das trifft auf den Valentinstag sicherlich zu, ganz unabhängig davon, woher dieser – am Ende dann doch eher unpersönliche – Brauch nun kommt, wie er hierzulande populär wurde oder welche Branche damit ihre Absatzinteressen verfolgt. Kurz, ein zusätzlicher Anreiz, einem nahe stehenden Menschen zu zeigen, dass man ihn mag, eignet sich im Prinzip, das Zusammenleben zu verbessern.

Gilt das auch für die organisierte Blumenverteilung? Da habe ich meine Bedenken. Die Fans der legendären *Peanuts*-Comics von Charles M. Schulz kennen die Nöte von Charlie Brown am Valentinstag. Ihm passiert genau das, was Du als negative Folge beschreibst. In der verfilmten Episode *Be my Valentine* wartet er sehnsüchtig auf Valentinskarten, und, obwohl er jedem in der Klasse eine geschrieben hat, erhält er keine einzige, was ihn kränkt und seine Rolle als ewiger Verlierer zementiert. In der Tat stellt die Anzahl der erhaltenen Karten in den USA einen Gradmesser der Beliebtheit dar. Das könnte man zwar als jährlich wiederkehrenden Anreiz ansehen, sich sozial richtig zu verhalten; ich fürchte jedoch, dass dabei eher die Schwächeren unter die Räder kommen – wie eben unser liebenswerter, aber von den Mitschülern übergangener rundköpfiger Freund.
Damit soll nicht aus politischer Korrektheit heraus eine nette Aktion in Frage gestellt werden, nur weil sie auch weniger schöne Nebeneffekte aufweist; aber der menschliche Gewinn eines nahezu industrialisierten Aufmerksamkeitsaustausches erschließt sich mir ohnehin nicht auf Anhieb."

SZ Magazin Heft 06/2007.

A

**Teilaufgabe 6: Sprachhandlungen zuordnen**

*(1) Ordne jedem Abschnitt der Antwort Erlingers (Tabelle A) das passendste Angebot aus Tabelle B zu und trage den entsprechenden Buchstaben in die freie rechte Spalte ein.*

**Tabelle A: Was sagt der Autor?**

| **Gewissensfrage „Rosenaktion"** | |
|---|---|
| **Was sagt der Autor?** | **Was tut der Autor?** |
| Ich bin ebenso wenig ein Freund von Zuneigungsbekundungen nach dem Kalender wie von emotionalen Massenveranstaltungen. Insofern stehe ich dem Valentinstag skeptisch gegenüber. | |
| Andererseits sollte man jede Aktivität begrüßen, mit der Menschen sich ihre Zuneigung ausdrücken. Das trifft auf den Valentinstag sicherlich zu, ganz unabhängig davon, woher dieser – am Ende dann doch eher unpersönliche – Brauch nun kommt, wie er hierzulande populär wurde oder welche Branche damit ihre Absatzinteressen verfolgt. | |
| Kurz, ein zusätzlicher Anreiz, einem nahe stehenden Menschen zu zeigen, dass man ihn mag, eignet sich im Prinzip, das Zusammenleben zu verbessern. | |
| Gilt das auch für die organisierte Blumenverteilung? Da habe ich meine Bedenken. | |

| | |
|---|---|
| Die Fans der legendären Peanuts-Comics von Charles M. Schulz kennen die Nöte von Charlie Brown am Valentinstag. Ihm passiert genau das, was du als negative Folge beschreibst. In der verfilmten Episode Be my Valentine wartet er sehnsüchtig auf Valentinskarten, und obwohl er jedem in der Klasse eine geschrieben hat, erhält er keine einzige. Die Fans der legendären Peanuts-Comics von Charles M. Schulz kennen die Nöte von Charlie Brown am Valentinstag. | |
| Ihm passiert genau das, was du als negative Folge beschreibst. | |
| In der verfilmten Episode Be my Valentine wartet er sehnsüchtig auf Valentinskarten, und, obwohl er jedem in der Klasse eine geschrieben hat, erhält er keine einzige, was ihn kränkt und seine Rolle als ewiger Verlierer zementiert. | |
| In der Tat stellt die Anzahl der erhaltenen Karten in den USA einen Gradmesser der Beliebtheit dar. | |
| Das könnte man zwar als jährlich wiederkehrenden Anreiz ansehen, sich sozial richtig zu verhalten; | |
| ich fürchte jedoch, dass dabei eher die Schwächeren unter die Räder kommen – wie eben unser liebenswerter, aber von den Mitschülern übergangener rundköpfiger Freund. | |
| Damit soll nicht aus politischer Korrektheit heraus eine nette Aktion in Frage gestellt werden, nur weil sie auch weniger schöne Nebeneffekte aufweist;<br>aber der menschliche Gewinn eines nahezu industrialisierten Aufmerksamkeitsaustausches erschließt sich mir ohnehin nicht auf Anhieb. | |

**Tabelle B: Was tut der Autor?**

A: Äußert aber auch seine Befürchtung
B: Bezieht sich verallgemeinernd auf ein konkretes Land
C: Formuliert – eingeschränkt – seine ablehnende Position
D: Formuliert allgemein, was er vom geschilderten Sachverhalt hält
E: Formuliert die Gegenposition
F: Formuliert die mit dem Brauch verbundene Absicht
G: Gibt ein Beispiel
H: Knüpft an die Position der Fragerin an
I: Nennt die Folgen
J: Stellt eine rhetorische Frage und beantwortet sie eher negativ
K: Wendet die Gegenposition ins Prinzipielle

Lösung 1:
1D 2E 3K 4J 5G 6H 7I 8B 9F 10A 11C

*(2) Ordne jedem Abschnitt der Antwort Erlingers das passendste Angebot aus dieser Tabelle zu und trage den entsprechenden Buchstaben in die freie rechte Spalte ein und beschreibe kurz die Sprachhandlung.*

Lösung 2: Tabelle zu Erlingers Antwort

| **Was sagt der Autor?** | **Was tut der Autor?** |
|---|---|
| 1. Ich bin ebenso wenig ein Freund von Zuneigungsbekundungen nach dem Kalender wie von emotionalen Massenveranstaltungen. Insofern stehe ich dem Valentinstag skeptisch gegenüber. | D Formuliert allgemein, was er vom geschilderten Sachverhalt hält |
| 2. Andererseits sollte man jede Aktivität begrüßen, mit der Menschen sich ihre Zuneigung ausdrücken. Das trifft auf den Valentinstag sicherlich zu, ganz unabhängig davon, woher dieser – am Ende dann doch eher unpersönliche – Brauch nun kommt, wie er hierzulande populär wurde oder welche Branche damit ihre Absatzinteressen verfolgt. | E Formuliert die Gegenposition |
| 3. Kurz, ein zusätzlicher Anreiz, einem nahe stehenden Menschen zu zeigen, dass man ihn mag, eignet sich im Prinzip, das Zusammenleben zu verbessern. | K Wendet die Gegenposition ins Prinzipielle |
| 4.Gilt das auch für die organisierte Blumenverteilung? Da habe ich meine Bedenken. | J Stellt eine rhetorische Frage und beantwortet sie eher negativ |
| 5. Die Fans der legendären Peanuts-Comics von Charles M. Schulz kennen die Nöte von Charlie Brown am Valentinstag. | G Gibt ein Beispiel |
| 6. Ihm passiert genau das, was du als negative Folge beschreibst. In der verfilmten Episode Be my Valentine wartet er sehnsüchtig auf Valentinskarten, und obwohl er jedem in der Klasse eine geschrieben hat, erhält er keine einzige. Die Fans der legendären Peanuts-Comics von Charles M. Schulz kennen die Nöte von Charlie Brown am Valentinstag. Ihm passiert genau das, was Du als negative Folge beschreibst. | H Knüpft an die Position der Fragerin an |
| 7. In der verfilmten Episode Be my Valentine wartet er sehnsüchtig auf Valentinskarten, und, obwohl er jedem in der Klasse eine geschrieben hat, erhält er keine einzige, was ihn kränkt und seine Rolle als ewiger Verlierer zementiert. | I Nennt die Folgen |
| 8. In der Tat stellt die Anzahl der erhaltenen Karten in den USA einen Gradmesser der Beliebtheit dar. | B Bezieht sich verallgemeinernd auf ein konkretes Land |

| | |
|---|---|
| 9. Das könnte man zwar als jährlich wiederkehrenden Anreiz ansehen, sich sozial richtig zu verhalten; | F Formuliert die mit dem Brauch verbundene Absicht |
| 10. ich fürchte jedoch, dass dabei eher die Schwächeren unter die Räder kommen – wie eben unser liebenswerter, aber von den Mitschülern übergangener rundköpfiger Freund. | A Äußert aber auch seine Befürchtung |
| 11. Damit soll nicht aus politischer Korrektheit heraus eine nette Aktion in Frage gestellt werden, nur weil sie auch weniger schöne Nebeneffekte aufweist; aber der menschliche Gewinn eines nahezu industrialisierten Aufmerksamkeitsaustausches erschließt sich mir ohnehin nicht auf Anhieb. | C Formuliert – eingeschränkt – seine ablehnende Position |

A

**Teilaufgabe 7: Übungsaufgabe, die auch als Leistungsaufgabe geeignet ist:**
Du sollst nun selbstständig die Sprachhandlungen in Erlingers Antwort auf die „Notenfrage" (Material 2: SZ Magazin 06/2006) ermitteln und kennzeichnen.

Es kommt vor, dass ich mich als Lehrer beim Addieren von Punkten verzähle und ein Schüler deshalb eine bessere Note als verdient erhält. Wenn er mich dann auf den Fehler hinweist, stelle ich ihn vor die Wahl, ob er die bessere Note behalten will oder ob ich seine echte Leistung bewerten soll. Ich bin mir aber nicht sicher, ob mein Angebot überhaupt fair ist. Weil nicht selten Schüler dann die verdiente (schlechtere) Note wählen, könnte es sein, dass der moralische Druck für andere zu hoch ist, um sich für die bessere, aber leistungsmäßig unverdiente Note zu entscheiden.

Reinhard K., München.

*Im Anschluss an den Text findest du eine Tabelle mit Sprachhandlungen, die du für die Bearbeitung der Aufgabe nutzen kannst.*

**Material 5: Antwort auf die „Gewissensfrage" von Reinhard K., München**
Von Dr. Dr. Rainer Erlinger
„Die einfachen Ziffern Eins bis Sechs scheinen zu komplexen Zahlen zu mutieren, wenn sich neben dem Schüler auch der Lehrer verrechnet hat. Nun müssen die Folgen von dessen Fehlern analysiert werden, um einen moralischen Notenschlüssel zu erhalten. Dabei sollen Gleichbehandlung und Ehrlichkeit integriert werden. Im Sinne der Gleichbehandlung müsste die Note angepasst werden; die Ehrlichkeit wird dagegen besser gefördert, wenn die Zensur bleibt, weil die Schüler ermutigt werden, nachträglich entdeckte Fehler offen zu legen, statt sie zu verheimlichen. Gebührt einem Vorrang? Dahinter stehen zwei grundlegende ethische Werte: Gerechtigkeit und Wahrheit. Bei Platon, einer Wurzel abendländischer Philosophie, findet man einerseits in Nomoi, dass die Wahrheit „allen Gütern für die Götter, für die Menschen vorangeht", andererseits lässt er in Der Staat Sokrates über die Gerechtigkeit sagen, sie „gehört zu dem Schönsten, nämlich zu dem, was sowohl um seiner selbst willen wie wegen der daraus entspringenden Folgen von jedem geliebt werden muss, der glücklich

werden will". Moralisch geht also weder Wahrheitspunkt vor Gerechtigkeitsstrich noch umgekehrt, die Frage bleibt primär eine pädagogische; in dieser Hinsicht haben meine Recherchen ergeben, dass erfahrene Lehrer meist die bessere Note belassen, obwohl schulrechtlich auch das Gegenteil möglich wäre. Schließlich die Wahlmöglichkeit. Ich halte sie nicht für unfair, im Gegenteil, mir gefällt die Idee. Trotz allen Drucks von außen lassen Sie den Schülern mehr autonome Entscheidung. Vor allem aber »zwingt« hier eine Rechenaufgabe zur Auseinandersetzung mit Gerechtigkeit und Wahrheit, Gruppendruck und persönlichem Vorteil, letztlich auch mit Freiheit und Eigenverantwortung. Das jedoch kann ich aus ethischer Sicht nur begrüßen."

http://sz-magazin.sueddeutsche.de/texte/anzeigen/336/Die-Gewissensfrage.

*Du findest hier eine Tabelle mit Sprachhandlungen, die du für die Bearbeitung der Aufgabe nutzen kannst.*

| Der Verfasser | | |
|---|---|---|
| analysiert ... | bezweifelt ... | kritisiert ... |
| argumentiert für/gegen | diskutiert ... | stellt/beantwortet die Frage... |
| befasst sich mit ... | ergänzt ... | stellt die These auf, dass ... |
| beobachtet ... (z.B. eine Zunahme des Datenmissbrauchs) | erklärt/expliziert, dass .../ erläutert ... | teilt ... in ... und ... ein |
| berücksichtigt ... | fasst ... als .../ fasst zusammen | trägt verschiedene Beispiele zusammen |
| beschreibt ... /stellt ... fest / (wie folgt) dar... | folgert .../ zieht den Schluss | unterscheidet zwischen ... und ... |
| betont ... | greift auf ... zurück. | untersucht ... |
| beurteilt ... | gibt einen Überblick über .../ gibt ein Beispiel für... | vergleicht ... |
| bewertet ... | interpretiert ... | zeigt auf, dass ... |
| bezieht die Position ... | kommt zu dem Ergebnis, dass ... | zweifelt an, dass ... |

Orientiert an Ruhmann 2003.

*Wähle aus der oben stehenden Tabelle die jeweils passende Sprachhandlung aus. Trage die Sprachhandlung in die Zellen der rechten Spalte ein.*

Der Klarheit halber wird hier die Tabelle mit Lösung abgedruckt:

| **Autor/Titel: Dr. Dr. Rainer Erlinger (2006): Antwort auf die „Gewissensfrage“ von Reinhard K., München** | |
|---|---|
| **Was sagt der Autor?** | **Was tut der Autor?** |
| Die einfachen Ziffern Eins bis Sechs scheinen zu komplexen Zahlen zu mutieren, wenn sich neben dem Schüler auch der Lehrer verrechnet hat. Nun müssen die Folgen von dessen Fehlern analysiert werden, um einen moralischen Notenschlüssel zu erhalten. | *gibt einen Überblick über* (das Problem) |
| Dabei sollen Gleichbehandlung und Ehrlichkeit integriert werden. Im Sinne der Gleichbehandlung müsste die Note angepasst werden; die Ehrlichkeit wird dagegen besser gefördert, wenn die Zensur bleibt, weil die Schüler ermutigt werden, nachträglich entdeckte Fehler offen zu legen, statt sie zu verheimlichen. | *erläutert* (das Problem als Spannungsfeld zwischen Gleichbehandlung und Ehrlichkeit) |
| Gebührt einem Vorrang? | *fragt nach* (dem Vorrang der beiden Prinzipien |
| Dahinter stehen zwei grundlegende ethische Werte: Gerechtigkeit und Wahrheit. Bei Platon, einer Wurzel abendländischer Philosophie, | greift zurück auf (Platon) |
| einerseits in „Nomoi“, dass die Wahrheit „allen Gütern für die Götter, für die Menschen vorangeht“, | *gibt ein Beispiel dafür* (was Wahrheit bei Platon ist) |
| andererseits lässt er in „Der Staat“ Sokrates über die Gerechtigkeit sagen, sie „gehört zu dem Schönsten, nämlich zu dem, was sowohl um seiner selbst willen wie wegen der daraus entspringenden Folgen von jedem geliebt werden muss, der glücklich werden will“. | gibt ein Beispiel dafür (was Gerechtigkeit bei Platon ist) |
| Moralisch geht also weder Wahrheitspunkt vor Gerechtigkeitsstrich noch umgekehrt, die Frage bleibt primär eine pädagogische; in dieser Hinsicht haben meine Recherchen ergeben, dass erfahrene Lehrer meist die bessere Note belassen, obwohl schulrechtlich auch das Gegenteil möglich wäre. | *unterscheidet* (zwischen Moral und Pädagogik) und kommt zu dem Ergebnis, dass (moralisch keines von beiden den Vorrang hat) |
| Schließlich die Wahlmöglichkeit. Ich halte sie nicht für unfair, im Gegenteil, mir gefällt die Idee. Trotz allen Drucks von außen lassen Sie den Schülern mehr autonome Entscheidung. | *greift zurück auf* (die Wahlmöglichkeit) und bezieht die Position, dass (sie den Schülern mehr „autonome Entscheidung“ lasse) |
| Vor allem aber „zwingt“ hier eine Rechenaufgabe zur Auseinandersetzung mit Gerechtigkeit und Wahrheit, Gruppendruck und persönlichem Vorteil, letztlich auch mit Freiheit und Eigenverantwortung. Das jedoch kann ich aus ethischer Sicht nur begrüßen. | *interpretiert* (das Problem als begrüßenswertes Mittel zur Auseinandersetzung mit zentralen ethischen Fragen) |

## 5.2 Zweiter Aufgabenkomplex Jahrgang 11/12

**Ziel**: Einsicht in den Zusammenhang zwischen Textschwierigkeit und deren Bewältigung durch die Kennzeichnung der sprachlichen Handlungen
**Gegenstand**: Gerhard Roth: Fühlen, Denken, Handeln. Wie das Gehirn unser Verhalten steuert.
**Lernvoraussetzungen:** Die Schüler sind zum einen in der Lage, Verstehensbarrieren zu identifizieren und sie zum Anlass eines textnahen Lesens zu nehmen. Zum anderen können Redeinhalt (Was sagt der Autor?) und Redekennzeichnung (Was tut der Autor?) unterscheiden.

### Aufgabenschritte zur Bearbeitung (B 10)

A

**Teilaufgabe 1: Verstehen, worum es geht**
*Lesen Sie den folgenden Text von Gerhard Roth und formulieren Sie die Grundposition des Verfassers.*
Einfachere Variante: *Lesen Sie den folgenden Text von Gerhard Roth und prüfen Sie, welche der folgenden Formulierungen die Grundposition des Verfassers am besten wiedergibt.*

1. Die Verständigung durch unterschiedliche Zeichensysteme ist abhängig von den im Laufe des Lebens gesammelten Erfahrungen.
2. Die Persönlichkeit ist genetisch vorbestimmt.
3. Menschen sind in ihrem Erleben weitgehend innengeleitet, sodass ein totales gegenseitiges Verstehen unmöglich ist.
4. Es ist nicht dasselbe ist, wenn zwei Personen dasselbe tun.
5. Die Sprache des Menschen verdeckt die eigentlichen Erfahrungen des Individuums.

**Gerhard Roth: Fühlen, Denken, Handeln. Wie das Gehirn unser Verhalten steuert.**
Das Ausmaß der Kommunikation beruht auf dem Ausmaß gemeinsamer Lebenserfahrung. Hier gilt nicht nur: Wenn zwei dasselbe tun, ist es nicht dasselbe, sondern auch: *Wenn zwei dasselbe erleben, ist es überhaupt nicht dasselbe.* Der Grund hierfür liegt auf der Hand: Wenn es [...] zutrifft, dass unsere Persönlichkeit sich früh formt, und zwar aufgrund genetischer Vorgaben und stark prägender früher Erlebnisse, dann kommt es hierdurch sehr bald zu einem höchst individuellen Verlauf unserer „Lebensbahn", in der ein bestimmter Schritt in der Ausformung unserer Persönlichkeit unterschiedliche Reaktionen der Umwelt auslöst. Diese wirken auf uns zurück, wir tun wieder etwas und so fort. Natürlich gibt es dabei Anlässe zur Modifikation unseres Verhaltens, meist aber wirkt unser Umgang mit der Umwelt *selbststabilisierend.* Auf diese Weise entwickeln Personen ihre ganz eigene Weltsicht und Lebensführung, die bei unterschiedlichen Personen sehr unterschiedlich sein kann, selbst wenn sie in ähnlichen Umgebungen leben.
Eine gemeinsame Sprache *täuscht* uns allerdings dabei; sie überdeckt meist die tiefgreifenden Unterschiede in der privaten Lebenserfahrung. In der Erklärung unseres eigenen Handelns gebrauchen wir diejenigen Formulierungen, von denen wir meinen, dass unsere Umwelt sie in aller Regel als Handlungserklärungen akzeptiert; ob und in welchem Maße dies auch wirklich so ist, können wir niemals abschließend feststellen. Die gesellschaftlich vermittelte Sprache gaukelt uns vor, es gäbe eine überindividuelle Argumentationsebene, eine

universelle Logik der Kommunikation. Diese gibt es vielleicht dort, wo es um abstraktes Wissen, nicht aber dort, wo es um individuelle Lebenserfahrung und individuelles Handeln geht. Wir werden mit dieser Tatsache nur deshalb nicht ständig konfrontiert, weil wir unseren Anspruch an erfolgreiche Kommunikation, an *Verstehen* variabel halten. Mit dem Fahrkartenverkäufer ist Verstehen leicht hergestellt, mit dem Kollegen, Vorgesetzten oder Mitarbeiter ist das schon schwieriger, weil hier in aller Regel bewusst und erst recht unbewusst unterschiedliche Lebenserfahrungen und Zielvorstellungen vorliegen, und am schwierigsten ist es mit dem Lebenspartner, mit dem es am leichtesten sein sollte. Hier sind unsere Erwartungen an Verstehen in der Regel am höchsten. Die vielbedauerte Tatsache, dass Lebenspartner sich letztlich fremd sind, ist eine natürliche Konsequenz aus der anderen Tatsache, dass Menschen sehr früh in ihren persönlichen Grundstrukturen festgelegt sind, und dass jahrzehntelanges Sprechen und Umgehen miteinander daran in aller Regel wenig ändern. Wir wünschen uns sehr, es gäbe mit dem geliebten Menschen ein „vollkommenes Verstehen". Sofern Menschen autonome, d.h. weitgehend innengeleitete Wesen sind, kann dies aber nicht der Fall sein."



Lösung für beide Varianten: Menschen sind in ihrem Erleben weitgehend innengeleitet, sodass ein totales gegenseitiges Verstehen unmöglich ist.

A

**Teilaufgabe 2: Textschwierigkeit erklären**

Experten halten den Text von Gerhard Roth für anspruchsvoll bzw. eher schwer zu verstehen. Sie stützen sich dabei vor allem auf drei Aspekte:

- Informationsstruktur
- Voraussetzungsreichtum
- Syntax und Wortschatz

*Analysieren Sie Roths Text im Hinblick auf diese drei Aspekte und entscheiden Sie, ob Sie dem Urteil der Experten zustimmen.*

Einfachere Variante: Etwas einfacher ist die Aufgabe, wenn die drei Aspekte mit spezifischen Untersuchungsfragen verknüpft werden.

(1) *Informationsstruktur: Hat der Text eine Überschrift? Sind Bezugnahmen klar und eindeutig? Wird das Verständnis durch Indirektheit in Form von Metaphorik erschwert? Sind die Aussagen kontra-intuitiv?*

(2) *Voraussetzungsreichtum: Schließen die Voraussetzungen an das Wissen und die Erfahrungen der Schüler/Leser an? Wieviel Abstraktionsfähigkeit ist von den Schülern/Lesern gefordert?*

(3) *Syntax und Wortschatz: Sind die Sätze übersichtlich und sind sie folgerichtig formuliert? Entsprechen die verwendeten Begriffe dem Alltagsgebrauch?*

*Überprüfen Sie Roths Text anhand dieser Fragen und bestimmen Sie anschließend den Schwierigkeitsgrad des Textes.*

Lösung:[16]

- Zu (1): Die Informationsstruktur ist schwierig. Dem Text fehlt eine Überschrift: Die Schüler werden bereits zu Beginn mit kontroversen Aussagen konfrontiert (Wenn zwei dasselbe tun, ist es nicht dasselbe) und können diese Aussagen in keine Schublade (kognitive Domäne) stecken, sie können sie nicht einordnen. Das eigentliche Thema des Textes erschließt sich auf den ersten Blick nicht.
- Die *Bezugspunkte der Wiederaufnahmen* sind oftmals nicht ganz leicht zu erschließen. Diese stehen nämlich häufig nicht im Text, sondern müssen von den Schülern zunächst inferenziell erschlossen werden (z.B. hier, 2. Zeile: Worauf bezieht sich „hier"? Auf das Ausmaß an Kommunikation? Auf das Ausmaß an Lebenserfahrung? Oder auf die Annahme, dass das Ausmaß an geteilter Lebenserfahrung das Ausmaß an Kommunikation bestimmt? Oder auch dabei, Zeile 13: Worauf bezieht sich das hier genau?)
- Zu (2): Der Text ist recht voraussetzungsreich, der Autor spricht viele Themen an, erklärt diese aber recht wenig. Vor allem bezieht er sich in Punkten, die für das Verständnis des Textes wichtig sind, auf Dinge, die jungen Prüflingen noch fremd sein dürften, weil ihnen die Erfahrung und das Vorwissen fehlen (Warum sollten sich Lebenspartner schlechter verstehen als zwei vollkommen Fremde? Und warum täuscht uns Sprache, wenn sie im täglichen Leben doch eher vermittelt?). Der Autor erwartet von seinen Rezipienten ein sehr hohes Maß an Abstraktionsvermögen, was den Schülern jedoch schwer fallen dürfte (Im „Normalfall" verstehe ich mich mit meinem Lebenspartner sicherlich besser als mit einem Fahrkartenverkäufer, es liegt lediglich an den wesentlich komplexeren Themen und Zielperspektiven, dass ich das dann vielleicht doch nicht tue).
- Zu (3): Es gibt einige sehr komplexe Sätze mit bis zu 60 Wörtern.

A

**Teilaufgabe 3: Textverständnis vergleichen**

*Ermitteln Sie, in welcher der beiden folgenden Prüfungsarbeiten das Textverständnis besser zum Ausdruck kommt. Achten Sie darauf, ob die Prüflinge auch formulieren, was der Autor tut. Begründen Sie Ihr Urteil anhand der beiden Arbeiten.*

**Prüfungsarbeit 1:**

Bei dem vorliegenden Sachtext handelt es sich um einen Auszug aus der wissenschaftlichen Abhandlung „Fühlen, Denken, Handeln. Wie das Gehirn unser Verhalten steuert." von Gerhard Roth. […] Mit diesem fachbezogenen Thema richtet er sich an ein gebildetes und interessiertes Publikum, welches in dem Bereich Kommunikation und Sprache bewandert ist. Der Text setzt Offenheit für das Thema und Konzentration voraus, da es durch die gehobene und Fachsprache, sowie den komplexen Argumentationsgang, an einigen Stellen Verständnisschwierigkeiten aufwirft.

Gerhard Roth formuliert zunächst die These, die Kommunikation, d.h. die Verständigung durch unterschiedliche Zeichensysteme, sei abhängig und beeinflusst durch die, im Laufe des Lebens gesammelten Erfahrungen. Dazu führt er an, dass egal welche Handlung man

16 Die Analyse von Gerhard Roths Text im Hinblick auf Verstehensbarrieren verdanke ich Franziska Steinäcker.

ausführe oder welche Erlebnisse man habe, seien diese auch bei zwei Personen gleich, niemals dasselbe bewirke. Die Persönlichkeit werde durch die unterschiedlich wahrgenommenen Erfahrungen unterschiedlich geprägt.
Um diese These zu bekräftigen argumentiert er mit biologischen und pädagogischen Tatsachen. Die Persönlichkeit sei genetisch vorbestimmt, bestimmte Merkmale des Charakters werden von den Eltern geerbt. [...]
Allerdings schränkt er den Einfluss der Umwelt auf die Persönlichkeit ein, indem er sagt, dass sie auf sie einfließe, allerdings nicht stark verändere, eher stabilisierend und festigend wirke. (vgl. Z. 3–10) Aus den angeführten Argumenten resümiert er, dass aus den persönlichen Erfahrungen eine eigene, individuelle Weltanschauung resultiere, die trotz ähnlicher Lebensumstände vollkommen unterschiedlich sein könne. (vgl. Z. 10–12)
Im weiteren Verlauf des Textes wechselt Roth auf die Sprach- und Kommunikationsebene. Er stellt die These auf, die Sprache der einzelnen Gesellschaft könne die unterschiedliche und ganz individuelle Lebenserfahrung nicht angemessen wiedergeben und ausdrücken. (vgl. Z. 13–14) Wir verwenden eine Form der Kommunikation, die Sprache um unser Handeln und unsere Beweggründe anderen Mitgliedern der Gesellschaft zu vermitteln. Dazu würden wir die, festgelegten sprachlichen Konvention verwenden, die es uns ermögliche unsere Taten unserem Gegenüber zu erklären und auf Verständnis und Akzeptanz zu stoßen. (vgl. Z. 14–17) [...]
Daraufhin personifiziert er die Sprache, und behauptet, dieses von der Gesellschaft festgelegte Zeichensystem habe keine "überindividuelle Argumentationsebene" (vgl. Z. 18) genauso wenig wie eine "universelle Logik der Kommunikation" (vgl. Z. 19) Damit versucht Roth zu übermitteln, dass nur bei dem Austausch von abstraktem Wissen, bei dem man sich auf bestimmte sprachliche Konventionen geeinigt habe, um auf dieser Ebene, durch feststehende Begriffe und Definitionen einander helfen und einen Wissensaustausch betreiben zu können, sowie durch ein einheitliches linguistisches System – die Grammatik, zur Ordnung von Satzstrukturen und der Gedanken, solche Begriffe benutzen könne.
Wolle man allerdings persönliche Lebenserfahrungen und individuelle Handlungen vermitteln, scheitere diese Konvention und Logik. (vgl. Z. 18–19) Roth ist der Meinung, dass diese Störung der Kommunikation nicht auffalle, weil wir uns den gegebenen Situationen anpassen würden und unsere „Ansprüche an eine erfolgreiche Kommunikation" (vgl. Z. 22) unterschiedlich gewichten würden. Um diese These verständlich zu machen, führt er ein dreigliedriges Beispiel an. [...]

**Prüfungsarbeit 2:**
Der Textauszug „Fühlen, Denken, Handeln. Wie das Gehirn unser Verhalten steuert" von Gerhard Roth ist 2003 in der neuen, vollständig, überarbeiteten Ausgabe des Buches „Fühlen, Denken, Handeln. Wie das Gehirn unser Verhalten steuert" erschienen.
Der Autor geht davon aus, dass gemeinsame Lebenserfahrungen sich positiv auf die gemeinsame Kommunikation auswirken. Gerhard Roth geht ebenfalls davon aus, dass Menschen dieselbe Situation unterschiedlich erleben (Zeile 2–3). Diese eigene Erfahrung sorgt dafür, dass der Mensch sich individuell entwickelt und individuell auf Situation reagiert (Zeile 4–7). Laut Gerhard Roth entwickeln sich Mensch auch unter fast identischen Lebensbedingungen unterschiedlich (Zeile 10–12).
Wir Menschen scheinen jedoch zu denken dieselbe Situation durchlebt zu haben wie andere. An diesem Trugschluss ist die Sprache Schuld, weil sie nicht differenziert genug ist (Zeile 13–17). Der Mensch spricht wie es die Gesellschaft von ihm verlangt (Zeile 14–17).
Da der Mensch eine erfolgreiche Kommunikation will, lässt er sich auf diese Gesellschaft ein und akzeptiert die Regeln (Zeile 21–22). Doch dieser Versuch scheitert meistens im Beruf oder Liebe, weil hier bewusste und unbewusste Erfahrungen bzw. Vorstellungen die Kommunikation erschweren. Auch die in der Kindheit erworbene Individualität und das individuale Verständnis erschweren die Kommunikation (Z. 23–30).

Der Text endet mit dem Wunsch vollkommenes Verstehen zu haben, dies ist jedoch nicht möglich solange der Mensch vom Gehirn gesteuert wird (Z. 30–32).
Der Verfasser vertritt die Meinung, dass Menschen unterschiedlich erleben und dies sie prägt. Diese Individualität lässt sich durch Sprache nicht differenziert genug beschreiben, somit ist ein Verstehen beider Seiten nur bedingt möglich.
Zum Text selber kann gesagt werden, dass er für ein Publikum geschrieben wurde, welches ein gewisses Hintergrundwissen besitzt. Der Autor verwendet nicht durchgängig Fachtherme wie z. B. Kommunikation (Zeile 1, 19 oder 22).
Gerhard Roth verwendet als Stilmittel z. B. ein Sprichwort: „Wenn zwei dasselbe tun, ist es nicht dasselbe (Zeile 2). Hiermit leitet er auf seine Hypothese über. Des Weiteren verwendet er das Wort „wir" sehr häufig. Hiermit stellt er wie in Zeile 21 oder auch 30 eine direkte Beziehung zwischen Leser und sich selbst her. Der stellt sich und den Leser auf eine gleiche Ebene. Mit den Nebensätzen die mit „weil" Beginnen begründet er das vorher beschriebene wie in Zeile 21–22.

Lösung:
Arbeit 1 ist deutlich kohärenter als Arbeit 2. Sie dokumentiert die Argumentation Roths selbstständig und macht an allen entscheidenden Punkten Roths sprachliche Handlungen explizit.

A

**Teilaufgabe 4: Analyseergebnisse vergleichen**
*Ermitteln Sie in den vorliegenden Prüfungsarbeiten (s.o. Arbeit 1 und 2, S. 189–191), welche Sprachhandlungen die Prüflinge jeweils benennen. Vergleichen Sie Ihre Befunde und erklären Sie das Ergebnis des Vergleichs.*

Lösung:
Arbeit 1: er richtet sich an – er setzt voraus – er formuliert – er führt an – er argumentiert – er schränkt ein – er sagt – er resümiert – er wechselt auf die Sprach- und Kommunikationsebene – er stellt die These auf – er personifiziert die Sprache – er versucht zu übermitteln – er ist der Meinung – er führt ein dreigliedriges Beispiel an.
Arbeit 2: er geht davon aus – er vertritt die Meinung – er stellt sich und den Leser auf eine gleiche Ebene – er begründet.

**Übungsaufgabe**

Untersuchen Sie die vorliegende Prüfungsarbeit daraufhin, ob und in welcher Weise die sprachlichen Handlungen des Autors Gerhard Roth berücksichtigt werden. Verfassen Sie einen Kommentar zu dieser Arbeit, in dem Sie die Resultate Ihrer Untersuchung formulieren.

**Prüfungsarbeit:**
Der Sachtext „Fühlen, Denken, Handeln. Wie das Gehirn unser Verhalten steuert" von Gerhard Roth (2003) handelt von der Kommunikation des Menschen, die durch seine eigene Persönlichkeit abhängig ist.
Der mir vorliegende Text ist in drei Abschnitte unterteilt.
Nach Gerhard Roth hängt das Ausmaß der Kommunikation mit den eigenen Lebenserfahrungen eines Menschen zusammen, wie er im ersten Abschnitt (Z. 1–12) verdeutlicht.

Er stellt schon in der zweiten Zeile die These auf, dass es nicht dasselbe ist, wenn zwei Personen dasselbe tun. In den nächsten Zeilen begründet er direkt seine These, indem er behauptet, dass die Persönlichkeit eines Menschen durch die Genetik und selbst erlebter Ereignisse schon im frühen Alter geformt wird (Z. 4–5). Zudem stellt der Autor sich mit dem Leser auf eine Stufe und bezieht in somit ein (Z. 4, unsere Persönlichkeit).
Dies geschieht allerdings durch den ganzen Text (Z. 13: uns, Z. 15: unsere Welt, Z. 30: Wir).
Gerhard Roth besagt, dass jeder Mensch anders auf seine Umwelt reagiert (Z. 7) und die Auseinandersetzung der Umwelt ist für uns stabilisierend (Z. 9–10).
Der Autor vertritt die These, dass verschiedene Menschen also verschiedene Weltansichten bedeuten.
Jede Person hat somit ihre eigene Vorstellung der Weltansicht (Z. 10–11).
Die Lebensführung ist auch nicht gleich wenn sie unter gleichen Verhältnissen oder Gegebenheiten leben. Jeder Mensch gestaltet somit sein Leben anders. (Z. 11–12) Der nächste Abschnitt (Z. 13–20) bezieht sich auf die Sprache des Menschen.
Gerhard Roth vertritt die These, dass die Sprache des Menschen die eigentlichen Erfahrungen des Individuums verdeckt (Z. 13–14) und das jeder für sein Handeln eine andere Formulierung hat (Z. 14–15).
Es ist nie deutlich festzustellen, wie die Umwelt unsere Formulierungen akzeptiert (Z. 15–17).
Der Autor kritisiert die gesellschaftlich vermittelte Sprache (Z. 17–18), die eventuell nur beim abstrakten Wissen, jedoch nicht bei menschlichen Lebenserfahrungen oder Handeln weiterhelfen kann (Z. 19–20).
Der letzte Absatz des Textes (Z. 21–32) verdeutlicht die Kommunikation des Menschen mit anderen Mitmenschen, wobei es dort nach Roth große Unterschiede gibt. Die Kommunikation und das denken wird für das Individuum als angemessen angesehen (Z. 21–22). [...]
Jedes Individuum fühlt anders, hat seine eigenen Gefühle und auch Denkweise.
Von seinem Lebenspartner würden die meisten behaupten, dass dieser einen immer versteht und die gleiche Einstellung hat. Doch für Gerhard Roth ist die Kommunikation der Lebenspartner am schwierigsten (Z. 25–26). Er besagt, dass man sich eigentlich fremd ist (Z. 27–28), da der Mensch früh seine eigene Grundstruktur entwickelt und daran nichts mehr geändert werden kann. Das Kommunizieren und das Umgehen der beiden Partner tragen da auch nicht mehr zu bei (Z. 28–30).
Jedoch gehen die Partner oft davon aus, dass der andere ihn auch ohne Worte versteht und weiß was er fühlt. In den letzten beiden Zeilen beschreibt Gerhard Roth den Menschen als autonom, der ein innengeleitetes Wesen sei und dass der Mensch nie über ein „vollkommenes Verstehen" verfügt (Z. 30–32).

Lösung:

*Ermitteln der sprachlichen Handlungen:* Er stellt die These auf – er begründet seine These – er behauptet – er stellt sich mit dem Leser auf eine Stufe – er bezieht ein – er vertritt die These – er bezieht sich auf – er kritisiert – er verdeutlicht – er besagt – er beschreibt.

*Bewertung:* Der Prüfling gibt nicht nur den Redeinhalt wieder, er nennt auch sprachliche Handlungen. Dennoch bleibt unklar, inwieweit der Text verstanden wurde. Denn der Prüfling stellt dreimal fest, dass der Autor eine These aufstellt. Der Redeinhalt ist teilweise sehr nah an der Textvorlage.

# 6. Aufgabenkomplex Kompetenzbereich Umgang mit Hörbüchern, Theaterinszenierungen und Filmen (zu Teil A 3.6)

Filmvergleich als Erkenntnismittel (Fokus auf Teil A: 2.2.1 Lernaufgaben: Verfahren sowie auf 1.4.8 Stellenwert von Aufgaben im Unterrichtsprozess)

Der Aufgabenkomplex bezieht sich schwerpunktmäßig darauf, was *Suspense* bedeutet und wie mit den Mitteln der Kamera im Film Spannung erzeugt werden kann.

| Klasse | Ziel/Thema | Gegenstände | Aufgabenmerkmale |
|---|---|---|---|
| 11/12 | Wie im Film Spannung erzeugt werden kann: verschiedene Arten der Spannungserzeugung unterscheiden | „Das indische Tuch“ (1963) (Edgar Wallace), Regisseur ist Alfred Vohrer; „North by northwest“ (1959), Deutsch: Der unsichtbare Dritte, Regisseur ist Alfred Hitchcock; Hitchcock in: François Truffaut (1973); Hitchcock discusses North by northwest James Bond | Beobachtungsaufgaben, Vergleichsaufgaben, Auswertungsgespräch, Sicherung des Gelernten |

Tab. 19: Übersicht über den in diesem Kapitel vorgestellten Aufgabenkomplex

**Thema:** Wie im Film Spannung erzeugt werden kann: Vergleichsaufgaben
**Ziel:** Verschiedene Arten der Spannungserzeugung im Film unterscheiden
**Gegenstände:** „Das indische Tuch“ (1963) (Edgar Wallace). Regisseur ist Alfred Vohrer. „North by Northwest“ (1959). Deutsch: Der unsichtbare Dritte. Regisseur ist Alfred Hitchcock. Hitchcock im Interview mit François Truffaut (1973): Was würden Sie tun, Herr Hitchcock? Hitchcock discusses North by Northwest
**Lernvoraussetzungen:** Vorausgesetzt ist basales Wissen über filmische Gestaltungsmittel: Kameraeinstellungen und -perspektiven identifizieren und ihre Funktion erklären. Was die Raumgestaltung und Lichtregie betrifft, so kann im Literaturunterricht erworbenes Wissen dienlich sein.

**Aufgabenschritte ( B 11)**

A

**Teilaufgabe 1: Kleingruppengespräch**
*Tauscht euch in der Kleingruppe darüber aus, wann ein Film beim Zuschauer Spannung erzeugt.*
*Haltet eure Ergebnisse in Stichpunkten fest.*

A

**Teilaufgabe 2: „Das indische Tuch": Rezeption 1 als Vergleichsbasis**
*Schaut euch den Trailer eines Kriminalfilms von 1963 an: Das indische Tuch (Edgar Wallace). Regisseur ist Alfred Vohrer.*
Die erste Minute dürfte ausreichen.

Bezugsquelle:
https://www.youtube.com/watch?v=u83CfBVsN6g (recherchiert am 07.10.2015).

*Tauscht euch darüber aus, ob ihr den Trailer spannend findet. Erklärt, wie ihr zu eurer Einschätzung gelangt seid.*

A

**Teilaufgabe 3: „Das indische Tuch": Rezeption 2: wiederholende Rezeption zum Vergleich mit Rezeption 1**
*Analyse des Trailers: Schaut euch den Trailer noch einmal an und notiert, mit welchen filmischen Mitteln Spannung erzeugt werden soll.*
*Kameraeinstellungen: Welche Kameraeinstellungen herrschen vor?*
*Raum- und Lichtgestaltung: Welche Orte werden gezeigt? Wodurch sind sie gekennzeichnet? Welche Lichtverhältnisse, welche Tageszeit?*
Anschließend: Verhandlung der Lösungen im Auswertungsgespräch:
Die im Trailer erzeugte Atmosphäre wird durch einschlägige – klischeehafte – filmische Mittel erzeugt: düsterer Innenräume, wenig Beleuchtung; ständige Interaktion; Wechsel von Untersicht und Aufsicht.
Es sollte deutlich werden, dass hier klischeehafte filmische Mittel genutzt werden.

A

**Teilaufgabe 4: „North by Northwest": Rezeption 3 als Vergleichsbasis**

- *Schaut euch folgende Szene an. Sie dauert viereinhalb Minuten.*
  North by Northwest: Sidewalk Scene
  Bezugsquelle: https://www.youtube.com/watch?v=mEpT9QC3CNU (recherchiert am 07.10.2015)
- *Achtet auf Kameraeinstellungen: Welche Kameraeinstellungen herrschen vor?*
- *Raum- und Lichtgestaltung: Welche Orte werden gezeigt? Wodurch sind sie gekennzeichnet? Welche Lichtverhältnisse, welche Tageszeit?*
- *Ton: Welche Töne, Geräusche, Musik bestimmen die Szene?*

- *Tauscht euch darüber aus, wie ihr diese Szene findet, und vergleicht sie mit dem Anfang des Films „Das indische Tuch".*

A

**Teilaufgabe 5: „North by Northwest“: Rezeption 4: Wiederholte Rezeption zum Vergleich mit Rezeption 3**

Diese Szene stammt aus einem berühmten Film von Alfred Hitchcock.

Sie gilt als Prototyp für Suspense, also für eine bestimmte Art von Spannungserzeugung. Sie funktioniert nur dann, „wenn der Zuschauer in eine Gefahr eingeweiht ist, die einer Figur der Handlung droht, von der diese aber noch nichts ahnt. Der Zuschauer ist besser informiert als die Figur des Films, er weiß mehr, was – nach der Hitchcock‘schen Auffassung von Suspense – die Involviertheit des Zuschauers steigert und intensiviert und einen eigenen Typus von Spannungserleben hervorbringt.“

- *Ihr seht diese Szene an der Busstation nun noch einmal und im Anschluss die darauf folgende Szene. Das dauert insgesamt sieben Minuten.*

Es geht darum, dass der Held ermordet werden soll. Aber das weiß nur der Zuschauer. Der Held glaubt, dass er an dieser Busstation den Geheimdienstmann treffen wird, für den er fälschlicherweise gehalten wird, und will mit seiner Hilfe die Verwechslung aufklären.

Sidewalk Scene
Bezugsquelle: https://www.youtube.com/watch?v=mEpT9QC3CNU (recherchiert am 07.10.2015)

gefolgt von Cropduster Scene
Bezugsquelle: https://www.youtube.com/watch?v=GbpUcAI86MY (recherchiert am 07.10.2015)

- *Tauscht euch darüber aus, an welchen Stellen das Wissen des Zuschauers die Wahrnehmung der Szene beeinflusst.*

*Anschließend: Verhandlung der Lösungen im Auswertungsgespräch:*

A

**Teilaufgabe 6: Sicherung des Auswertungsgesprächs**

Überprüft, inwieweit eure Ergebnisse mit den Erklärungen, die Hitchcock selber gegeben hat, übereinstimmen.

**Entweder Infotext 1:**

**Alfred Hitchcock im Interview François Truffaut:**

„Auf den Einfall [die Szene mit dem Flugzeug in der Wüste] bin ich so gekommen. Ich wollte mich gegen die Schablone stellen. Ein Mann kommt an einen Ort, wo er wahrscheinlich umgebracht wird. Wie wird das im allgemeinen gemacht? Eine finstere Nacht an einer engen Kreuzung in der Stadt. Das Opfer steht im Lichtkegel einer Laterne. Das Pflaster ist noch feucht vom letzten Regen. Großaufnahme einer schwarzen Katze, die eine Mauer entlang streicht. Eine Einstellung von einem Fenster, hinter dem schemenhaft das Gesicht eines Mannes auftaucht, der nach draußen blickt. Langsam nähert sich eine schwarze Limousine, und so weiter. Ich habe mich gefragt, was das genaue Gegenteil einer solchen Szene wäre. Eine völlig verlassene Ebene in hellem Sonnenschein, keine Musik, keine schwarze Katze, kein geheimnisvolles Gesicht hinterm Fenster."

François Truffaut (1973): Mr. Hitchcock, wie haben Sie das gemacht? München: Heyne, S. 250.

Oder Infotext 2:
Hitchcock discusses North by northwest (in englischer Sprache):
https://www.youtube.com/watch?v=ig_7Es1h0eQ (recherchiert am 07.10.2015)

A

**Teilaufgabe 7: James Bond Skyfall: Szenenanalyse**

*Ihr seht nun die Eröffnungsszene eines James Bond-Films von 2013.*

- *Tauscht euch darüber aus, ob ihr diese Szene als spannend erlebt und begründet eure Urteile.*

Bezugsquelle: https://www.youtube.com/watch?v=tHRLX8jRjq8 (recherchiert am 07.10.2015)

A

**Teilaufgabe 8: Transfer**

- *Vergleicht diese Szene aus „Skyfall" mit den Szenen der beiden anderen Filme „Das indische Tusch" und „North by Northwest" im Hinblick auf die Kameraführung sowie die Raum- und Lichtgestaltung.*

Sicherung:

- drei Arten von Spannungserzeugung
- durch Atmosphäre
- durch Wissensvorsprung des Zuschauers/Wissensvorenthalt des Helden
- durch technische Effekte

A

**Leistungsaufgabe (B 12)**

- *Lies den folgenden Informationstext und konkretisiere die Aussagen anhand der beiden Szenen „Sidewalk Scene" und „Cropduster Scene" aus dem Hitchcock Film „North by Northwest".*

**Infotext 3: Suspense**

„Hitchcocks Auffassung von Suspense nimmt die unterschiedlichen Wissensstände von Zuschauer und Protagonist als dessen besondere Charakteristik – nur dann, wenn der Zuschauer in eine Gefahr eingeweiht ist, die einer Figur der Handlung droht, von der diese aber noch nichts ahnt, stellt sich der Effekt des Suspense ein. Der Zuschauer ist besser informiert als die Figur des Films, er weiß mehr, was – nach der Hitchcock'schen Auffassung von Suspense – die Involviertheit des Zuschauers steigert und intensiviert und einen eigenen Typus von Spannungserleben hervorbringt. Das informationelle Verhältnis, das man Suspense nennt, ist reflexiv: Zur Situationsbeschreibung, die dem Zuschauer zugänglich ist, gehört auch das Wissen, dass er mehr weiß als der Held. Wenn nun der Zuschauer weiß, dass die Situation tatsächlich eine andere ist als diejenige, die die Figur sich entwirft, muss die Situationsdefinition des Zuschauers eine Simulation der Situationsdefinition der Filmfigur umfassen. Der Zuschauer ist dazu gezwungen, die Oberfläche des Geschehens „mit doppeltem Blick" zu interpretieren – bezogen auf das, was er selbst weiß, aber auch bezogen auf ein Konstrukt einer Person der Erzählung und deren Kenntnis der Handlung."

http://filmlexikon.uni-kiel.de/index.php?action=lexikon&tag=det&id=355, recherchiert am 07.10.2015.

Lösungshinweise:

Zu konkretisieren wäre:

- (1) Der unterschiedliche Wissensstand von Zuschauer und Protagonist: Der Zuschauer weiß, dass der Protagonist (Cary Grant) ermordet werden soll, während dieser ahnungslos ist und den Mann zu treffen sucht, mit dem er glaubt verwechselt zu werden.
- (2) Simulation der Situationsdefinition der Filmfigur: Der Zuschauer identifiziert sich dennoch mit dem Protagonisten und übernimmt dessen Perspektive, erlebt, was dieser erlebt.
- (3) Dieser doppelte Blick steigert die Spannung aufs Äußerste.

# 7. Aufgabenkomplex Kompetenzbereich Sprache und Sprachgebrauch untersuchen (zu Teil A 3.7)

Vor der Erarbeitung zum Transfer (Fokus auf Teil A: 2.2.1 Lernaufgaben als Abfolge von Erarbeitung, Übung und Transfer)

Der Aufgabenkomplex bezieht sich auf lexikalische Fragen. Da die Schüler bereits mit den meisten Wortarten vertraut sind, bietet dieser Aufgabenkomplex die Möglichkeit, sie unter funktionalem Aspekt zu betrachten.

| Klasse | Ziel/Thema | Gegenstände | Aufgabenmerkmale |
|---|---|---|---|
| 7/8 | Inhaltswörter und Funktionswörter unterscheiden | Wörterlisten, Bertolt Brecht: „Vergnügungen", Informationstext | Ermittlungsaufgaben, Erklärungsaufgaben, Zuordnungsaufgaben, Übung und Transfer |

Tab. 20: Übersicht über den in diesem Kapitel vorgestellten Aufgabenkomplex

**Thema:** Inhaltswörter und Funktionswörter unterscheiden
**Ziel:** Die Schüler sollen Inhaltswörter und Funktionswörter unterscheiden können. Bei Inhaltswörtern geht es darum, sie bestimmten Lebens- oder Sachbereichen zuzuordnen. Listen, die die 100 am häufigsten gebrauchten Wörter verzeichnen, bestehen größtenteils aus Funktionswörtern. Funktionswörter sind so wichtig, weil sie unter anderem zur Darstellung einer Abfolge oder Reihenfolge gebraucht werden, zur Erklärung und Begründung, zur Entgegensetzung und zum Vergleich, zur Verstärkung und Abschwächung von Aussagen.
**Gegenstände:** Wörterlisten, Bertolt Brecht: „Vergnügungen", Informationstext
**Lernvoraussetzungen:** Die Schüler sind zum einen in der Lage, Verstehensbarrieren zu identifizieren und sie zum Anlass eines textnahen Lesens zu nehmen. Zum anderen können Redeinhalt (Was sagt der Autor?) und Redekennzeichnung (Was tut der Autor?) unterscheiden.

**Aufgabenschritte zur Bearbeitung ( B 13)**
**Teilaufgabe 1: Den Unterschied von Inhalts- und Funktionswörtern erarbeiten**

> „Wir müssen [...] unterscheiden zwischen den Inhaltswörtern und den Funktionswörtern unserer Sprache: Inhaltswörter wie Baum, Vase, Regenschirm können benutzt werden, um auf Objekte der außersprachlichen Welt Bezug zu nehmen." (Schwarz/Chur 2007: 83 f.) Sie haben eine vom Textzusammenhang unabhängige Bedeutung. Das heißt: Sie haben eine festgelegte Bedeutung, die vom Verwendungszusammenhang losgelöst ist.

*(1) Notiere fünf Inhaltswörter zum Bereich „Schule".*
*Funktionswörter (auch: grammatische Wörter) wie Konjunktionen (und, weil), Präpositionen (auf, an) und Adverbien (bald, sehr) drücken dagegen Beziehungen zwischen Sachverhalten aus, beziehen sich aber nicht direkt auf einzelne Dinge, Zustände oder Vorgänge.*
*(2) Verknüpfe diese fünf Wörter mit Funktionswörtern zu einem kleinen Text.*
*Im Folgenden findet ihr zwei Wörterlisten mit den 100 häufigsten Wörtern. Sie stammen aus unterschiedlichen Zusammenhängen.*
*(3) Markiere in der ersten Liste alle Inhaltswörter.*
*Vergleiche deine Ergebnisse mit deinem Lernpartner und werte sie aus.*

**Liste 1**

Der die und in den von zu das mit sich des auf für ist im
Dem nicht ein Die eine als auch es an werden aus er hat dass
Sie nach wird bei einer Der um am sind noch wie einem über
Einen Das so Sie zum war haben nur oder aber vor zur bis
Mehr durch man sein wurde sei In Prozent hatte kann gegen vom
Können schon wenn habe seine Mark ihre dann unter wir soll ich
Eines Es Jahr zwei Jahren diese dieser wieder keine Uhr seiner
Worden Und will zwischen Im immer Millionen Ein was sagte

Für andere Quellen ergeben sich sicher andere Reihenfolgen, da die Anzahlen stark von Textsorte, Fachgebiet usw. abhängen.
(Stand vom 08.01.2001)

http://wortschatz.uni-leipzig.de/Papers/top100de.txt, recherchiert am 26.02.2016

Lösung: Prozent kann Können Mark Jahr Jahren Uhr Millionen

*(4) Ermittle in Liste 1 die Funktionswörter, die eine zeitliche Abfolge darstellen können.*
*(5) Ermittle nun die Inhaltswörter in Liste 2.*

**Liste 2**

die
und ich der
sie er ein
war es das
da in wir den
ist auf mit nicht
hat eine zu dann
einen aber einmal
sagte haben als dem sich
im habe hatte du nach am
kam an sind ans dass wieder ging
waren so noch Mutter auch meine von

war mir zum sehr bin einem wie ja ihn
wenn jetzt ihr ganz wollte ins mein mich doch
Hause immer sah Vater eines Tag uns schon Haus
mehr vor bei man weil Schule um kleine denn Mann
Katze geht Hund alle sagt konnte Frau Weg einer sein gehen

http://www.gut1.de/grundwortschatz/haeufigkeit.html, recherchiert am 07.10.2015.

Lösung:
war[17] - Mutter - ganz - Hause - Vater - Tag - Haus - Schule - Mann - Katze - Hund - Frau - Weg gehen

*(6) Zu welchen Bereichen gehören die Inhaltswörter der beiden Listen?*

Lösung (1): hat (vgl. FN) – kann – hatte – alle – Zeit – muss
Lösung zu (6): Die genannten Inhaltswörter lassen auf unterschiedliche Quellen schließen. Liste 2 hat stark familienbezogene Inhaltswörter, während Liste 1 Wörter wie „Uhr – Zeit – Prozent – Million" enthält und stärker wirtschaftsbezogen erscheint.

A

**Teilaufgabe 2: Erworbenes Wissen nutzen**
*Erkläre, warum im folgenden Gedicht von Bertolt Brecht kaum Funktionswörter zu finden sind.*

**Bertolt Brecht: Vergnügungen [1954]**
Der erste Blick aus dem Fenster am Morgen
Das wiedergefundene alte Buch
Begeisterte Gesichter
Schnee, der Wechsel der Jahreszeiten
Die Zeitung
Der Hund
Die Dialektik
Duschen, Schwimmen
Alte Musik
Bequeme Schuhe
Begreifen
Neue Musik
Schreiben, Pflanzen
Reisen
Singen
Freundlich sein.

„Vergnügungen", aus: Bertolt Brecht, Werke. Große kommentierte Berliner und Frankfurter Ausgabe, Band 15: Gedichte 5.


17 Das Problem der Wortlisten ist, dass kein syntaktischer Kontext gegeben ist und daher z.B. „sein" und „haben" sowohl Funktions- als auch Inhaltswort (im Sinne von „existieren" bzw. „besitzen") sein könnten.

Lösung:
Aufzählungen brauchen keine Verknüpfungen.
Das Gedicht konkretisiert die Überschrift, die ihrerseits ein Inhaltswort ist.

A

**Teilaufgabe 3: Funktionswörter klassifizieren**
*In jeder Reihe steht ein Funktionswort, das nicht zu den anderen passt. Unterstreiche es. Begründe anschließend, warum es nicht dazu gehört.*[22]

| **Funktionswörter** | **Begründung** |
|---|---|
| zuerst – später – danach – <u>dies</u> | |
| als – <u>weil</u> – nachdem – bevor | |
| <u>denn</u> – dieses – jener – solche | |
| weil – denn – <u>wenn</u> – da | |
| wenngleich – obwohl – <u>nachdem</u> – obschon | |
| auf diese Weise - <u>sodass</u> - dadurch - hiermit | |

Lösung:

| **Funktionswörter** | **Begründung** |
|---|---|
| zuerst – später – danach – dies | „dies“ ist Demonstrativpronomen, kein [Zeit-]Adverb |
| als – weil – nachdem – bevor | „weil“ ist keine zeitliche Konjunktion |
| denn – dieses – jener – solche | „denn“ ist Adverb, die anderen sind Pronomen |
| weil – denn – wenn – da | „wenn“ ist nicht kausal |
| wenngleich – obwohl – nachdem – obschon | „nachdem“ ist eine zeitliche Konjunktion |
| so – sodass – dadurch – hiermit | „sodass“ ist konsekutiv und Konjunktion |

A

**Teilaufgabe 4: Übung**
*Markiere im Text alle Funktionswörter.*

18 Angelehnt an: http://www.klett.de/web/uploads/313944_%20seite46_48.pdf, recherchiert am 07.10.2015.

**Die Qualität von Hausarbeiten**

„[...] Eine Stichprobe an der Universität Bielefeld hat die Verantwortlichen so alarmiert, dass sie dringenden Handlungsbedarf sahen. Ergebnis der Studie war nämlich, dass dort jede dritte Hausarbeit aus dem Internet zusammenkopiert war. Deshalb entschied sich das Rektorat nicht nur für den Kauf der Spezialsoftware „Turnitin", mit der die Arbeiten auf ungenannte Internet-Quellen überprüft werden, sondern auch für einen Kurs der Offenheit gegenüber den Studierenden. Zuerst wird den Studierenden das System vorgeführt, dann wird mit den Studenten über Ethik und Urheberrecht diskutiert und abschließend wird gezeigt, dass Plagiatoren hier zu fast 100 Prozent erwischt werden. Obwohl gar nicht mit harten Strafen gedroht wird, haben die Zahlen von Betrugsversuchen seitdem deutlich abgenommen."

Achim Himmelrath: „Wer Hausarbeiten fälscht, muss mit Strafen rechnen". 01.03.2008. http://www.karriere.de/studium/wer-hausarbeiten-faelscht-muss-mit-strafen-rechnen-6826/ 

Lösung:

Alle Wörter außer: Stichprobe Universität Bielefeld Verantwortlichen alarmiert dringenden Handlungsbedarf sahen Ergebnis Studie dritte Hausarbeit dem Internet zusammenkopiert entschied Rektorat Kauf Spezialsoftware „Turnitin" Arbeiten ungenannte Internet-Quellen überprüft Kurs Offenheit Studierenden System vorgeführt Studenten Ethik Urheberrecht diskutiert gezeigt Plagiatoren Prozent erwischt harten Strafen gedroht Zahlen Betrugsversuchen abgenommen

A

**Teilaufgabe 5: Übung**

*Welche der markierten Funktionswörter zeigen eine Einschränkung, einen Grund bzw. eine Folge an? Welche Funktionswörter zeigen eine Abfolge, welche ein Nebeneinander, welche einen Ausschluss an?*

| Einschränkung | Nebeneinander | Abfolge | Grund | Folge |
|---|---|---|---|---|
| | | | | |
| | | | | |
| | | | | |

Lösung:

| Einschränkung | Nebeneinander | Abfolge | Grund | Folge |
|---|---|---|---|---|
| obwohl | nicht nur,<br>sondern auch | zuerst | deshalb | so … dass |
| | | dann | | |
| | | abschließend | | |

A

**Teilaufgabe 6: Übung**

*Verknüpfe jeweils die beiden Sätze mithilfe von Funktionswörtern und stelle die angegebenen Beziehungen her. Arbeite im Heft.*

***Beziehung: Grund***

*An der Uni Bielefeld sehen die Verantwortlichen dringenden Handlungsbedarf. Jede dritte Hausarbeit war aus dem Internet zusammenkopiert.*

Lösung:

(a) An der Uni Bielefeld sehen die Verantwortlichen dringenden Handlungsbedarf, denn jede dritte Hausarbeit war aus dem Internet zusammenkopiert.

(b) An der Uni Bielefeld sehen die Verantwortlichen dringenden Handlungsbedarf, weil/da jede dritte Hausarbeit aus dem Internet zusammenkopiert war.

(c) Weil/Da jede dritte Hausarbeit aus dem Internet zusammenkopiert war, sehen die Verantwortlichen an der Uni Bielefeld dringenden Handlungsbedarf.

***Beziehung: Zeit***

*Eine Stichprobe an der Universität Bielefeld hat die Verantwortlichen alarmiert. Das Rektorat entschied sich für den Kauf der Spezialsoftware „Turnitin".*

Lösung:

(a) Nachdem eine Stichprobe an der Universität Bielefeld die Verantwortlichen alarmiert hatte, entschied sich das Rektorat für den Kauf der Spezialsoftware „Turnitin".

(b) Das Rektorat entschied sich für den Kauf der Spezialsoftware „Turnitin", nachdem eine Stichprobe an der Universität Bielefeld die Verantwortlichen alarmiert hatte.

***Beziehung: Folge***

*Eine Stichprobe an der Universität Bielefeld hat die Verantwortlichen alarmiert.*
*Das Rektorat entschied sich für den Kauf der Spezialsoftware „Turnitin".*

Lösung:

(a) Eine Stichprobe an der Universität Bielefeld hatte die Verantwortlichen alarmiert, sodass sich das Rektorat für den Kauf der Spezialsoftware „Turnitin" entschied.

(b) Eine Stichprobe an der Universität Bielefeld hat die Verantwortlichen alarmiert, was zur Folge hatte, dass sich das Rektorat für den Kauf der Spezialsoftware „Turnitin" entschied.

***Beziehung: Einschränkung***

*Die Verantwortlichen haben nicht mit harten Strafen gedroht. Jede dritte Hausarbeit war aus dem Internet zusammenkopiert.*

Lösung:

- (a) Die Verantwortlichen haben nicht mit harten Strafen gedroht, obwohl jede dritte Hausarbeit aus dem Internet zusammenkopiert war.
- (b) Obwohl jede dritte Hausarbeit aus dem Internet zusammenkopiert war, haben die Verantwortlichen nicht mit harten Strafen gedroht.

A

**Teilaufgabe 7: Spezialfall Präpositionen (schwierig)**

*In der Sprachwissenschaft wird diskutiert, ob Präpositionen nicht auch den Charakter von Inhaltswörtern haben. Sammelt Argumente für beide Positionen.*

Lösung:

Im Hinblick auf die Relationierungsfunktion der Präpositionen ist von Funktionswörtern zu sprechen, im Hinblick auf Ordnung mentaler Prozesse handelt es sich um Inhaltswörter.

# Literatur

Abraham, Ulf/Bremerich-Vos, Albert/Frederking, Volker/Wieler, Petra (Hrsg.) 2003: Deutschdidaktik und Deutschunterricht nach PISA. Freiburg.

Abraham, Ulf/Baurmann, Jürgen/Feilke, Helmuth 2015: Materialgestütztes Schreiben. In: Praxis Deutsch, H. 251, S. 4–12.

Artelt, Cordula/Stanat, Petra/Schneider, Wolfgang/Schiefele, Ulrich/Lehmann, Rainer 2004: Die PISA-Studie zur Lesekompetenz: Überblick und weiterführende Analysen. In: Schiefele, Ulrich/Artelt, Cordula/Schneider, Wolfgang/Stanat, Petra (Hrsg.): Struktur, Entwicklung und Förderung von Lesekompetenz. Vertiefende Analysen im Rahmen von PISA 2000. Wiesbaden. S. 139–168.

Bachmann, Thomas/Becker-Mrotzeck, Michael 2010: Schreibaufgaben situieren und profilieren. In: Pohl, Thorsten/Steinhoff, Torsten (Hrsg.): Textformen als Lernformen. Duisburg. S. 191–209. http://www.koebes.uni-koeln.de/pohl_steinhoff.pdf (recherchiert am 27.09.2015)

Bächler, Wolfgang (1979 ): Ins Weiße blickend. In: Gerth, Klaus et al. (Hrsg.), TS 6, Texte für die Sekundarstufe, Ausgabe Orientierungsstufe. Hannover. S. 160.

Baumert, Jürgen 2002: Transparenz und Verantwortung. In: Nelson Killius, Jürgen Kluge und Linda Reisch (Hrsg.), Die Bildung der Zukunft. Frankfurt a. M. S. 213–228.

Baumert, Jürgen/Kunter, Mareike 2006: Stichwort: Professionelle Kompetenz von Lehrkräften. In: Zeitschrift für Erziehungswissenschaft, S. 469–520. Online verfügbar: http://www.researchgate.net/publication/227084030_Stichwort_Professionelle_Kompetenz_von_Lehrkrften [recherchiert am 27.09.2015]

Becker-Mrotzek, Michael/Mörs, Michaela 2015: Sprechen und Zuhören. Unter Mitarbeit von Wendelin Breyer und Ralf Kuschel. In: Becker-Mrotzek, Michael/Kämper van den Boogaart, Michael/Köster, Juliane/Stanat, Petra/Gippner, Gabriele (Hrsg.): Bildungsstandards aktuell. Deutsch in der Sekundarstufe II. Braunschweig. S. 20–65.

Behrens, Ulrike/Böhme, Katrin (Hrsg.) 2014: Bildungsstandards Deutsch: konkret: Sekundarstufe I: Aufgabenbeispiele, Unterrichtsanregungen, Fortbildungsideen. Berlin.

Biesemann, Jutta et. al. 2005: deutsch.punkt. Allgemeine Ausgabe für Gymnasien Sprach-, Lese- und Selbstlernbuch Band 1: 5. Schuljahr. Leipzig.

Blatt, Inge/Frahm, Sarah 2014: Explorative Analysen zur Entwicklung der Rechtschreibkompetenz im Rahmen der NEPS-Studie (Klassenstufe 5–7). In: Didaktik Deutsch 34. S. 12–36.

Böhme, Katrin 2012: Prüfungsaufgaben im schriftlichen Deutschabitur. In: Feilke, Helmuth/Köster, Juliane/Steinmetz, Michael (Hrsg): Textkompetenzen in der Sekundarstufe II. Stuttgart. S. 307–329.

Braun, Johanna 1981: Aus einem Brief an den Herausgeber. In: Dvoretzky, Edward: Lessing Heute. Beiträge zur Wirkungsgeschichte. Stuttgart. Hans-Dieter Heinz, S. 36–43. Brecht, Bertolt 1932: Geschichten vom Herrn Keuner. Zürcher Fassung. Hrsg. v. Erdmut Wizila. Frankfurt a. M. 2004.

Brecht, Bertolt 1934: Tierverse. In: Bertolt Brecht. Gesammelte Werke in 20 Bänden. Band 9. Frankfurt a. M. S. 508–511.

Brecht, Bertolt 1954: Vergnügungen. In: Bertolt Brecht. Gesammelte Werke in 20 Bänden. Band 10. Frankfurt a. M. S. 1022.

Brecht, Bertolt 1967: Geschichten vom Herrn Keuner. In: Bertolt Brecht. Gesammelte Werke in 20 Bänden. Band 12. Frankfurt a. M. S. 375–415.

Bremerich-Vos, Albert 2013: Schülerinnen und Schüler analysieren und interpretieren literarische Texte – Anmerkungen zu zwei „Operatoren", insbesondere zur Zumutung, Formmerkmale zu semantisieren. In: Feilke, Helmuth/Köster, Juliane/Steinmetz, Michael (Hrsg): Textkompetenzen in der Sekundarstufe II. Stuttgart. S. 21–40.

Brinker, Klaus 2005: Linguistische Textanalyse. Eine Einführung in Grundbegriffe und Methoden. 6. Auflage Berlin. (Grundlagen der Germanistik 29)

BS AHR 2012: Bildungsstandards im Fach Deutsch für die Allgemeine Hochschulreife (Beschluss der KMK vom 18.10.2012). In: http://www.kmk.org/dokumentation/veroeffentlichungen-beschluesse/bildung-schule/qualitaetssicherung-in-schulen.html#c7035 [recherchiert am 27.09.2015].

BS HSA 2004: Bildungsstandards im Fach Deutsch für den Hauptschulabschluss. In: http://www.kmk.org/fileadmin/veroeffentlichungen_beschluesse/2004/2004_10_15-Bildungsstandards-Deutsch-Haupt.pdf [recherchiert am 27.09.2015].

BS MSA 2003: Bildungsstandards im Fach Deutsch für den Mittleren Schulabschluss. In: http://www.kmk.org/fileadmin/veroeffentlichungen_beschluesse/2003/2003_12_04-BS-Deutsch-MS.pdf [recherchiert am 27.09.2015].

BS PS 2004: Bildungsstandards im Fach Deutsch für den Primarbereich (Jahrgangsstufe 4). In: http://www.kmk.org/fileadmin/veroeffentlichungen_beschluesse/2004/2004_10_15-Bildungsstandards-Deutsch-Primar.pdf [recherchiert am 27.09.2015].

Busch, Hans-Hartwig/Drescher, Klaus-Jürgen/Eilert, Karin 2007: Sprechen, Schreiben – Kommunizieren. Deutsch für die berufliche Schule. Hamburg.

Cline, Tony/Frederickson, Norah (Eds.) 1996: Curriculum Related Assessment, Cummins and Bilingual Children. Avon: Multilingual Matters.

Cummins, Jim 1979: Cognitive/academic language proficiency, linguistic interdependence, the optimum age question and some other matters. Working Papers on Bilingualism, No. 19. S. 121–129.

Online: http://www.educ.ualberta.ca/staff/olenka.Bilash/best%20of%20bilash/bics%20calp.html [recherchiert am 27.09.2015].

De Jong, Ton/Ferguson-Hessler, Monica 1996: Types and qualities of knowledge. In: Educational psychologist 31. Nr. 2. S. 105–113.

Dittmann, Jürgen/Geneuss, Katrin A./Nennstiel, Christoph/Quast, Nora A. 2003: Schreibprobleme im Studium – Eine empirische Untersuchung. In: Ehlich, Konrad/Steets, Angelika (Hrsg.): Wissenschaftlich schreiben – lehren und lernen. Berlin/New York. S. 155–185.

Dürr, Hans-Peter 1988: Das Netz des Physikers. München, Wien. (Original: Sir Arthur Eddington (1939): The Philosophy of Physical Science.)

Eisner, Will 1995: Mit Bildern erzählen. Comics & Sequential art. Wimmelbach.

Erlinger, Rainer: Die Gewissensfrage. In: http://sz-magazin.sueddeutsche.de/texte/liste/l/10 [Süddeutsche Zeitung, recherchiert am 07.10.2015].

Fay, Johanna 2010: Kompetenzfacetten in der Rechtschreibdiagnostik. Rechtschreibleistung im Test und freien Text. In: Didaktik Deutsch 29. S. 15–36.

Fay, Johanna/Berkling, Kay/Stüker, Sebastian 2012: Automatische Analyse von Rechtschreibfähigkeit auf Basis von Speech-Processing-Technologien. In: Didaktik Deutsch 32. S. 14–37.

Felten, Michael 2011: Doch, er ist wichtig! In: DIE ZEIT, 3.11.2011 Nr. 45. http://www.zeit.de/2011/45/C-Lehrer-Studie [recherchiert am 27.09.2015].

Felten, Michael/Stern, Elsbeth 2012: Lernwirksam unterrichten: Im Schulalltag von der Lernforschung profitieren. Berlin.

Fingerhut, Margret/Fingerhut, Karlheinz 1984: Naturlyrik. Ein Arbeitsbuch. Textband und Begleitband für den Lehrer. Frankfurt a. M.

Fix, Martin 2006: Texte schreiben: Schreibprozesse im Deutschunterricht. Paderborn.

Frederking, Volker/Wieser, Dorothee 2015: Sich mit Texten und Medien auseinandersetzen. In: Becker-Mrotzek, Michael/Kämper-van den Boogaart, Michael/Köster, Juliane/Stanat, Petra/Gippner, Gabriele (Hrsg.): Bildungsstandards aktuell: Deutsch in der Sekundarstufe II. Braunschweig. S. 176–235.

Freudenberg, Ricarda 2012: Zur Rolle des Vorwissens beim Verstehen literarischer Texte. Eine qualitativ-empirische Untersuchung. Wiesbaden.

Frentz, Hartmut u. a 2002: Unsere Muttersprache 7. Neubearbeitung. Berlin. (Sprachbuch Deutsch)

Frickel, Daniela A. 2010: Textschwierigkeit als Parameter literarischen Textverstehens. Erörtert am Beispiel kleiner Prosa. In: Gerhard Rupp, Jan Boelmann, Daniela Frickel (Hrsg.): Aspekte literarischen Lernens: junge Forschung in der Deutschdidaktik. Münster. S. 113–128.

Fuhrmann, Helmut 1993: Die Furie des Verschwindens: Literaturunterricht und Literaturtradition. Würzburg.

Funke, Reinold/Kleinbub, Iris 2015: Sprachliche Reflexivität: Werkzeug oder kultureller Habitus? Ausschreibungstext für das SDD 2016, Sektion 7. http://symposion-deutschdidaktik.de/fileadmin/dateien/downloads/aktivitaeten/veranstaltungsarchiv/Ausschreibung_und_Sektionstexte_Ludwigsburg_2016.pdf [recherchiert am 06.08.2015].

Funke, Joachim 2006: Komplexes Problemlösen. In: Funke, Joachim (Hrsg.): Denken und Problemlösen. Enzyklopädie der Psychologie C.2.8. Göttingen u. a. S. 375–445.

Gaudig, Hugo 1909: Didaktische Präludien. Leipzig.

Geipel, Maria 2015: Slacklining – Informationstexte überarbeiten. Deutschunterricht 1. S. 18–25.

Großschedl, Jörg 2010: Einfluss ausgewählter instruktionaler Maßnahmen auf Struktur und Niveau zellbiologischen Wissens. Berlin.

Hebel, Johann Peter 1999: Schatzkästlein des rheinischen Hausfreundes. Kritische Gesamtausgabe. Leipzig.

Himmelrath, Armin 2008: Wer Hausarbeiten fälscht, muss mit Strafen rechnen. http://www.karriere.de/studium/wer-hausarbeiten-faelscht-muss-mit-strafen-rechnen-6826/[recherchiert am 07.10.2015].

Homer 1990: Die Odyssee. Deutsche Übersetzung von Johann Heinrich Voß: Frankfurt a. M.

Ingenkamp, Karlheinz (Hrsg.) 1971: Test in der Schulpraxis. Eine Einführung in Aufgabenstellung, Beurteilung und Anwendung von Tests. Weinheim u. a.

Ingenkamp, Karlheinz 1971: Die Fragwürdigkeit der Zensurengebung. Weinheim u. a.

IQB: Aufgabensammlung Deutsch. In: https://www.iqb.hu-berlin.de/bista/abi/deutsch [recherchiert am 06.10.2015].

IQB: Begleitende Dokumente – Aufgabensammlung Fach Deutsch. In: https://www.iqb.hu-berlin.de/bista/abi/deutsch/dokumente [recherchiert am 22.09.2015].

IQB: Vergleichsarbeiten Deutsch. Sek. I. In: https://www.iqb.hu-berlin.de/vera/aufgaben/de1

IQSH: Projekte der Lernstandserhebung. In: http://vera.lernnetz.de/content/faq7.php [recherchiert am 07.10.2015].

Jandl, Ernst: wien:heldenplatz. In: Ernst Jandl: Poetische Werke. Laut und Luise. Verstreute Gedichte 2. München. S. 46.

Jonassen, David H. 2000: Toward a Design Theory of Problem Solving. In: Educational Technological Research& Development. Vol. 48. No. 4. S. 63–85.

Jong, Ton de/Ferguson-Hessler, Monica G. M. 1996: Types and Qualities of Knowledge. In: Educational Psychologist. 31 (2) S. 105-113.

Kämper-van den Boogaart, Michael/Pieper, Irene 2008: Literarisches Lesen. In: Didaktik Deutsch Sonderheft. S. 46–65.

Kammler, Clemens 2012: Interpretationskompetenz und ihre Überprüfung. Anmerkungen zu einem Grundproblem der Literaturdidaktik. In: Arbeitskreis Literaturdidaktik im Symposion Deutschdidaktik: Frickel, Daniela A./Kammler, Clemens/ Rupp, Gerhard (Hrsg.): Literaturdidaktik im Zeichen von Kompetenzorientierung und Empirie. Freiburg i. Br. S. 235–251.

Karg, Ina 2005: Mythos PISA. Vermeintliche Vergleichbarkeit und die Wirklichkeit eines Vergleichs. Göttingen.

Klieme, Eckhard 2010: Wieviel Inhalt darf's denn sein? In: Bildung bewegt Nr. 9, S. 7–11. Zugänglich via Internet: http://lsa.hessen.de/irj/servlet/prt/portal/prtroot/slimp.CMReader/HKM_15/LSA_Internet/med/1f1/1f140fbe-cc1a-0d21-f012-f31e238 9e481,22222222-2222-2222-2222-222222222222. [recherchiert am 21.09.2015].

KMK 2012: Operatoren für das Fach Deutsch (Stand: Oktober 2012). Zugänglich via Internet: http://www.kmk.org/fileadmin/pdf/Bildung/Auslandsschulwesen/Kerncurriculum/Operatoren_fuer_das_Fach_Deutsch_Stand_Oktober_2012_ueberarbeitet.pdf [recherchiert am 27.09.2015].

Köster, Juliane 2005: Evaluation von Kompetenzen im Deutschunterricht – neues Etikett oder bildungspolitische Wende? In: Heidi Rösch (Hrsg.): Kompetenzen im Deutschunterricht. Frankfurt a. M. S. 53–71.

Köster, Juliane 2006a: Das Deutschabitur in Zeiten von Bildungsstandards – Vergleichbarkeit der Prüfungsleistungen und ihrer Bewertung. In: Didaktik Deutsch 21. S. 78–90.

Köster, Juliane 2006b: Erst arbeiten – dann diskutieren. Der Ort des Lehrer-Schüler-Gesprächs im Verlauf der Unterrichtsstunde. In: Lernchancen 54. S. 16–18.

Köster, Juliane 2015: Merkmalslisten, Prototypen, Exemplare – Wege zur Didaktisierung von Gattungs- und Genrewissen. In: Leseräume Heft 1. S. 1–13. (PDF)

Köster, Juliane/Winkler, Iris 2015: Lesen. Unter Mitarbeit von Christian Becker, Désirée Burba, Angelika Kienzle. In: Becker-Mrotzek, Michael/Kämper-van den Boogaart, Michael/Köster, Juliane/Stanat, Petra/Gippner, Gabriele (Hrsg.): Bildungsstandards aktuell. Deutsch in der Sekundarstufe II. Braunschweig. S. 120–175.

Köster, Juliane/Spinner, Kaspar H. 2002: Vergleichendes Lesen. Basisartikel. Praxis Deutsch. Nr. 173. S. 6–15.

Konforowitsch, Andrej Grigorjewitsch 1990: Logischen Katastrophen auf der Spur – Mathematische Sophismen und Paradoxa. Leipzig.

Kunter, Mareike/Baumert, Jürgen/Blum, Werner (Hrsg.) 2011: Professionelle Kompetenz von Lehrkräften: Ergebnisse des Forschungsprogramms COAKTIV. Münster.

Kunter, Mareike/Voss, Thamar 2011: Das Modell der Unterrichtsqualität in COACTIV: Eine multikriteriale Analyse. In: Kunter, Mareike et al. (Hrsg.): Professionelle Kompetenz von Lehrkräften. Ergebnisse des Forschungsprogramms COACTIV, Münster. S. 85–113.

Lechner, Manfred 2007. Unterrichten heißt: Aufgaben stellen. Befunde und Konsequenzen. In: Seminar 2. S. 122–133.

Legutke, Michael K. 2006: Aufgabe – Projekt – Szenario. Über die großen Perspektiven und die kleinen Schritte. In: Bausch, Karl-Richard/Burwitz-Melzer, Eva/Königs, Frank G./ Krumm, Hans-Jürgen (Hrsg.): Aufgabenorientierung als Aufgabe. Arbeitspapiere der 26. Frühjahrskonferenz zur Erforschung des Fremdsprachenunterrichts. Tübingen. S. 140-148. (Gießener Beiträge zur Fremdsprachendidaktik)

Leuders, Timo/Prediger, Susanne 2012: „Differenziert Differenzieren" – Mit Heterogenität in verschiedenen Phasen des Mathematikunterrichts umgehen. In Lazarides, Rebecca/Ittel, Angela (Hrsg.): Differenzierung im mathematisch-naturwissenschaftlichen Unterricht - Implikationen für Theorie und Praxis: Bad Heilbrunn. S. 35–66.

Liedtke, Rüdiger 2004: Die Vertreibung der Stille. Leben mit der akustischen Umweltverschmutzung. Vollständig überarbeitete Neuausgabe. München.

Lindauer, Thomas/Schneider, Hansjakob 2007: Lesekompetenz ermitteln: Aufgaben im Unterricht. In: Andrea Bertschi-Kaufmann (Hrsg.): Lesekompetenz – Leseleistung – Leseförderung. Grundlagen, Modelle und Materialien. S. 109–125. (Lehren lernen 1)

Lintorf, Katrin/McElvany, Nele/Rjosk, Camilla/Schroeder, Sascha/Baumert, Jürgen/Schnotz, Wolfgang/Horz, Holger/Ullrich, Mark 2011: Zuverlässigkeit von Lehrerurteilen – Reliabilität verschiedener Urteilsmaße bei Einschätzung von Aufgabenschwierigkeiten. In: Unterrichtswissenschaft. 39 (2). S. 102–120.

Lipowsky, Frank 2006: Auf den Lehrer kommt es an. Empirische Evidenzen für Zusammenhänge zwischen Lehrerkompetenzen, Lehrerhandeln und dem Lernen der Schüler. Zeitschrift für Pädagogik. 52. 51. Beiheft. S. 47–70.

Matt, Peter von 1989: Liebesverrat. Die Treulosen in der Literatur. München.

Mandl, Heinz/Friedrich, H. Felix/Hron, Aemilian (1986): Psychologie des Wissenserwerbs. In: Weidenmann, Bernd/Krapp, Andreas/Hofer, Manfred/Huber, Günter L./Mandl, Heinz (Hrsg.): Pädagogische Psychologie. München. S. 143–218.

Matuschek, Stefan 2013: Was heißt: „Literatur lesen lernen?". In: Feilke, Helmuth/Köster, Juliane/Steinmetz, Michael (Hrsg.): Textkompetenzen in der Sekundarstufe II. Stuttgart. S. 63–74.

Messner, Rudolf/Blum, Werner unter Mitarbeit der Forschergruppe 2006: Selbstständiges Lernen im Fachunterricht. Kassel. Vorwort. Auch: http://www.uni-kassel.de/upress/online/frei/978-3-89958-193-5.volltext.frei.pdf (recherchiert am 27.09.2015).

Meyer, Hilbert 2004: Was ist guter Unterricht? Berlin.

Moormann, Marianne 2007: Einige Ansätze zur Kategorisierung begrifflichen Wissens und ihre Konkretisierung am Beispiel des Ableitungsbegriffs. http://www.mathematik.tu-dortmund.de/ieem/cms/media/BzMU/BzMU2007/Moormann.pdf [recherchiert am 22.09.2015].

Mittelstraß, Jürgen 2012: Vom Geist der Technik. Working Paper 2012/02. www.uni-siegen.de/fokos. http://www.uni-siegen.de/fokos/organisation/images/fokos-wp2012-02-mittelstrass-a.pdf [recherchiert am 27.09.2015].

Müller, Ralph 2003: Theorie der Pointe. Paderborn.

Mythentor: http://www.mythentor.de/griechen/troja9.htm. [recherchiert am 27.04.2015].

Neumann, Astrid/Steinhoff, Torsten 2015: Schreiben. Unter Mitarbeit von Christine Schaubs und Andrea Stadter. In: Becker-Mrotzek, Michael/Kämper-van den Boogaart, Michael/Köster, Juliane/Stanat, Petra/Gippner, Gabriele (Hrsg.): Bildungsstandards aktuell. Deutsch in der Sekundarstufe II. Braunschweig. S. 66–119.

Niedersächsisches Landesamt für Lehrerbildung und Schulentwicklung (NiLS) (2010): Gefährliches Lesen. Die Schmutz- und Schundkampagne in den 1950er Jahren. Texte zur Medienbildung. https://de.wikipedia.org/wiki/Bernstein-Hypothese#Restringierter_und_elaborierter_Code_in_der_Gegen.C3.BCberstellung [recherchiert am 06.10.2015].

Ortner, Hanspeter 2000: Schreiben und Denken. Tübingen.

Ossner, Jakob 2006: Kompetenzen und Kompetenzmodelle im Deutschunterricht. In: Didaktik Deutsch 21. S. 5–19, sowie die Diskussion dieses Modells in Didaktik Deutsch 21. S. 5–24.

Ossner, Jakob 2007: Sprachbewusstheit: Anregung des inneren Monitors. In: Willenberg, Heiner (Hrsg.): Kompetenzhandbuch für den Deutschunterricht. Baltmannsweiler. S. 134–147.

Ossner, Jakob 2013: Erklären und Zeigen. In: Didaktik Deutsch 34. S. 37–51.

Peyer, Ann 2011: Sätze untersuchen. Lernorientierte Sprachreflexion und grammatisches Wissen. Seelze.

Rehle, Cornelia 2009: Das Geheimnis der Aufgabenstellung oder: Wie findet man für jedes Kind das richtige Niveau? In: Thoma, Pius/Rehle, Cornelia (Hrsg.): Inklusive Schule. Leben und Lernen mittendrin. Bad Heilbrunn. S. 203–209.

Reinert, Johannes 2012: Die Inhaltsangabe im Deutschunterricht. Eine Video- und Interviewstudie zum Umgang mit einer viel diskutierten Textform. Zugänglich: http://nbn-resolving.de/urn:nbn:de:gbv:hil2-opus-1773 [recherchiert am 22.09.2015].

Reusser, Kurt 2014: Aufgaben – Träger der Lerngelegenheiten und -prozesse. In: Seminar 4. S. 77–101. Online: http://www.bak-online.de/downloads/Seminar4-2014S_77-101.pdf [recherchiert am 21.09.2015].

Riha, Karl: Sonett III. In: Karl Riha: so zier so starr/so form so streng. 14 text- und 9 bildsonette. Bielefeld.

Richtlinie für die Aufgabenstellung und Bewertung der Leistungen in der Abiturprüfung (ARI) vom 1. Februar 2008 in der Fassung vom 15. Oktober 2010. http://www.bildung.bremen.de/sixcms/media.php/13/ARI.pdf [recherchiert am 21.09.2015].

Roick, Thorsten/Henschel, Sophie 2015: Strategie zur Validierung von Kompetenzstrukturmodellen. In: Riegel, Ulrich/Schubert, Sigrid/Siebert-Ott, Gesa/Macha, Klaas (Hrsg.): Kompetenzmodellierung und Kompetenzmessung in den Fachdidaktiken. Münster. S. 11–28.

Rosebrock, Cornelia/Wirthwein, Heike 2014: Standardorientierung im Lese- und Literaturunterricht der Sekundarstufe I. Baltmannsweiler. S. 111–166.

Roth, Gerhard 2003: Fühlen, Denken, Handeln. Wie das Gehirn unser Verhalten steuert. Neue, vollst. überarb. Aufl. Frankfurt a. M.

Roth, Hans-Joachim 2008: Differenz – Entwicklung – Inklusion. Perspektiven für eine aufbauende sprachliche Bildung Eröffnungsvortrag auf dem 17. Kolloquium Deutschdidaktik – Köln, 16. September 2008. In: http://www.hf.uni-koeln.de/data/eso27/File/Download/Differenz%20Entwicklung%20Inklusion.pdf. [recherchiert am 27.09.2015].

Ruhmann, Gabriela 2003: Präzise denken, sprechen, schreiben – Bausteine einer prozessorientierten Propädeutik. In: Ehlich, Konrad/Steets, Angelika (Hrsg.): Wissenschaftlich schreiben – lehren und lernen. Berlin/New York. S. 211–234.

Rustemeyer, Ruth 2011: Einführung in die Unterrichtspsychologie 3. Aufl. Darmstadt.

Schäfers, Stefanie 2006: Aufgabenstellungen im Deutschunterricht. Eine Anleitung zur Formulierung verständlicher schriftlicher Aufgaben in der gymnasialen Oberstufe aus Sicht der Sprachwissenschaften. Münster.

Schmellentin, Claudia 2012: Kompetenzorientierung im Deutschunterricht: Auswirkungen auf Aufgaben im Bereich Grammatik. In: Keller, Stefan/Bender, Ute (Hrsg.): Aufgabenkulturen. Fachliche Lernprozesse herausfordern, begleiten, reflektieren. Seelze. S. 113–127.

Schneider, Hansjakob/Lindauer, Thomas 2007: Lesekompetenz ermitteln: Tests. In: Bertschi-Kaufmann, Andrea (Hrsg.): Lesekompetenz – Leseleistung – Leseförderung. Grundlagen, Modelle und Materialien. Zug. S. 126–139.

Schwab, Gustav (1928): Der Gesang der Sirenen. In: Ders.: Sagen des klassischen Altertums. Leipzig.

Schweitzer, Kirstin 2007: Der Schwierigkeitsgrad von Textverstehensaufgaben: ein Beitrag zur Differenzierung und Präzisierung von Aufgabenbeschreibungen. Frankfurt a. M.

Sperling, Silvia/Weiß, Stephan 2000: Ist der Comic gute Jugendliteratur oder wertlose Unterhaltungslektüre? In: http://www.google.de/imgres?imgurl=http://www.linse.uni-due.de/Projekte/comicsprache/enten/bilder/diagramm4.jpg&imgrefurl=http://www.linse.uni-due.de/Projekte/comicsprache/enten/enten.htm&h=210&w=400&tbnid=5qTCYFh5QJY9KM:&zoom=1&tbnh=90&tbnw=171&usg=__LdF8DyUSAMLSOpWsoNm3xvtZh_g=&docid=OLS0MGwQeFaZwM&client=firefox-a&sa=X&ei=bzlzVLPdMMjWPeDxgYAM&ved=0CFMQ9QEwCA&dur=4970 [recherchiert am 06.10.2015].

Spiewak, Martin 2005: Ein Gespräch mit dem Schulforscher Andreas Helmke über die Klischees des Lehrens. In: DIE ZEIT 21.07.2005 Nr. 30. http://www.zeit.de/2005/30/B-Helmke-Interview?page=all [recherchiert am 26.09.2015].

Spinner, Kaspar H. 2004: Lesekompetenz in der Schule. In: Schiefele, Ulrich/Artelt, Cordula/Schneider, Wolfgang/Stanat, Petra (Hrsg.): Struktur, Entwicklung und Förderung von Lesekompetenz. Vertiefende Analysen im Rahmen von PISA 2000. Wiesbaden. S. 125–138.

Spinner, Kaspar H. 2006: Literarisches Lernen. In: Praxis Deutsch. Nr. 200. S. 6–16. Auch in ders. 2007: Lesen nach PISA. Sonderheft Praxis Deutsch. Seelze. S. 4–14.

Spinner, Kaspar H. 2012: Wie Fachwissen das literarische Verstehen stört und fördert. In: Pieper, Irene/Wieser, Dorothee (Hrsg.): Fachliches Wissen und literarisches Verstehen. Studien zu einer brisanten Relation. Frankfurt a. M. S. 53–69.

Tacik, Markus o. J.: Was ist ein Versepos? – So erklären Sie es leicht verständlich. http://www.helpster.de/was-ist-ein-versepos-so-erklaeren-sie-es-leicht-verstaendlich_74991 [recherchiert am 22.09.2015].

Truffaut, François 1973: Mr. Hitchcock, wie haben Sie das gemacht? München.

Weinert, Franz E. 1999: Die fünf Irrtümer der Schulreformer. Welche Lehrer, welchen Unterricht braucht das Land? In: Psychologie heute 26 (7). S. 28–34.

Wieser, Dorothee 2015: Interpretationskulturen: Überlegungen zum Verhältnis von theoretischen und praktischen Problemen. In: Lessing-Sattari, Marie et al. (Hrsg.): Interpretationskulturen: Literaturdidaktik und Literaturwissenschaft im Dialog über Theorie und Praxis des Interpretierens. Frankfurt a. M. S. 39–60. (Beiträge zur Literatur- und Mediendidaktik)

Wild, Klaus-Peter/Krapp, Andreas 2001: Pädagogisch-psychologische Diagnostik. In: Krapp, Andreas/Weidemann, Bernd (Hrsg.): Pädagogische Psychologie. Ein Lehrbuch. 4., vollständig überarbeitete Auflage. Weinheim. S. 513–564.

Willenberg, Heiner 2007a: Die Kompetenztheorie für den Deutschunterricht baut noch kein Haus. In: Didaktik Deutsch 22. S. 13–22.

Willenberg, Heiner 2007b: Kompetenzen. In: Willenberg, Heiner (Hrsg.): Kompetenzhandbuch für den Deutschunterricht. Baltmannsweiler. S. 7–10.

Winkler, Iris 2005: Zur Beziehung von Unterrichtsmaterial, -gestaltung und -erfolg: Drei Aufgaben zu Georg Brittings „Brudermord im Altwasser" im Praxistest. In: Stückrath, Jörn/Strobel, Ricarda (Hrsg.): Deutschunterricht empirisch. Beiträge zur Überprüfbarkeit von Lernfortschritten im Sprach-, Literatur- und Medienunterricht. Baltmannsweiler. S. 177–196.

Winkler, Iris 2011: Aufgabenpräferenzen für den Literaturunterricht. Eine Erhebung unter Deutschlehrkräften, Wiesbaden.

Wortschatzlisten 2001: Uni Leipzig. http://wortschatz.uni-leipzig.de/Papers/top100de.txt [recherchiert am 07.10.2015].

Wulff, Hans Jürgen 2012: Suspense. In: Lexikon der Filmbegriffe. In: http://filmlexikon.uni-kiel.de/index.php?action=lexikon&tag=det&id=355 [recherchiert am 07.10.20159.

Zabka, Thomas 2006: Typische Operationen literarischen Verstehens. Zu Martin Luther ‚Vom Raben und Fuchs' (5./6. Schuljahr). In: Kammler, Clemens (Hrsg.): Literarische Kompetenzen – Standards im Literaturunterricht. Seelze. S. 80–101.

Zabka, Thomas 2007: Diskursive und poetische Aufgaben zur Texterschließung. In: Heiner Willenberg (Hrsg.): Kompetenzhandbuch für den Deutschunterricht. Baltmannsweiler. S. 199–209.

Zabka, Thomas 2012: Didaktische Analyse literarischer Texte. Theoretische Überlegungen zu einer Lehrerkompetenz. In: Frickel, Daniela A. u.a. (Hrsg.): Literaturdidaktik im Zeichen von Kompetenzorientierung und Empirie. Perspektiven und Probleme. Freiburg i. Br. S. 139–162.

Zabka, Thomas 2013: Literarische Texte werten. In Praxis Deutsch. Nr. 241. S. 4–12.

**Internetlinks**

Ranking der Krimis und Thriller mit den meisten Fernsehzuschauern in Deutschland von Januar bis November 2014. http://de.statista.com/statistik/daten/studie/372476/umfrage/krimis-und-thriller-mit-den-meisten-fernsehzuschauern/ (recherchiert am 22.09.2015).

Wie du deine Stimme wirkungsvoll einsetzt. http://www.beyourbest.de/charisma/wie-du-deine-stimme-wirkungsvoll-einsetzt/ [recherchiert am 06.10.2015].

Jemanden korrekt vorstellen. In: http://www.brigitte.de/kultur/lifestyle/knigge-vorstellen-556845/1.html [recherchiert am 30.08.2015].

Umgangsformen: Grüßen und Vorstellen. In: https://de.wikibooks.org/wiki/Umgangsformen:_Gr%C3%BC%C3%9Fen_und_Vorstellen [recherchiert am 06.10.2015].

Liste der häufigsten Wörter im Deutsch. https://de.wikipedia.org/wiki/Liste_der_h%C3%A4ufigsten_W%C3%B6rter_der_deutschen_Sprache [recherchiert am 07.10.2015].

North by Northwest: Cropduster Scen. https://www.youtube.com/watch?v=GbpUcAI86MY [recherchiert am 07.10.2015].

Hitchcock discusses North by Northwest. https://www.youtube.com/watch?v=ig_7Es1h0eQ (recherchiert am 07.10.2015).

North by Northwest: Sidewalk Scene. https://www.youtube.com/watch?v=mEpT9QC3CNU [recherchiert am 07.10.2015].

James Bond Skyfall 2013. https://www.youtube.com/watch?v=tHRLX8jRjq8 [recherchiert am 07.10.2015].

Wallace, Edgar: Das indische Tuch (Edgar Wallace). Regie: Alfred Vohrer. https://www.youtube.com/watch?v=u83CfBVsN6g [recherchiert am 07.10.2015].

http://www.ausbildungsoffensive-bayern.de/schueler/bewerbung/bewerbungstipps/anschreiben.html. [recherchiert am 07.10.2015].

Unter **www.friedrich-verlag.de** finden Sie Materialien zum Buch als Download.
Bitte geben Sie den achtstelligen Download-Code in das Suchfeld ein.

**DOWNLOAD-CODE:** **d14806ad**

---

**Hinweis:**

Das Download-Material enthält die Aufgabensequenzen des unterrichtspaktischen Teils B. Aus technischen und rechtlichen Gründen ist in manchen Fällen nur die Angabe eines Links zu YouTube™ möglich, so im Kapitel zu den szenischen Texten (Teil B, Kap. 6)



**Haben Sie Fragen zum Download? Dann wenden Sie sich bitte an den Leserservice der Friedrich Verlags GmbH. Schreiben Sie uns oder rufen Sie uns an!**

Sie erreichen unseren Leserservice
Montag bis Donnerstag von 8 – 18 Uhr
Freitag von 8 – 14 Uhr
Tel.: 05 11/4 00 04-150
Fax: 05 11/4 00 04-170
E-Mail: *leserservice@friedrich-verlag.de*

Wir freuen uns über Ihre Rückmeldungen und helfen Ihnen gerne weiter!